老子今註今譯

及評介

陳鼓應註譯
王雲五主編

臺灣商務印書館

《古籍今註今譯》序

中華文化精深博大，傳承頌讀，達數千年，源遠流長，影響深遠。當今之世，海內海外，莫不重新體認肯定固有傳統，中華文化歷久彌新、累積智慧的價值，更獲普世推崇。

語言的定義與運用，隨著時代的變動而轉化；古籍的價值與傳承，也須給予新的註釋與解析。商務印書館在先父王雲五先生的主持下，一九二〇年代曾經選譯註解數十種學生國學叢書，流傳至今。

臺灣商務印書館在臺成立六十餘年，繼承上海商務印書館傳統精神，以「宏揚文化、匡輔教育」為己任。六〇年代，王雲五先生自行政院副院長卸任，重新主持臺灣商務印書館，仍以「出版好書，匡輔教育」為宗旨。當時適逢國立編譯館中華叢書編審委員會編成《資治通鑑今註》（李宗侗、夏德儀等校註），委請臺灣商務印書館出版，全書十五冊，千餘萬言，一年之間，全部問世。

王雲五先生認為，「今註資治通鑑，雖較學生國學叢書已進一步，然因若干古籍，文義晦澀，今註之外，能有今譯，則相互為用，今註可明個別意義，今譯更有助於通達大體，寧非更進一步歟？」

因此，他於一九六八年決定編纂「經部今註今譯」第一集十種，包括：詩經、尚書、周易、周禮、禮記、春秋左氏傳、大學、中庸、論語、孟子，後來又加上老子、莊子，共計十二種，改稱《古籍今註今譯》，參與註譯的學者，均為一時之選。

臺灣商務印書館以純民間企業的出版社，來肩負中華文化古籍的今註今譯工作，確實相當辛苦。中華文化復興運動總會（國家文化總會前身）成立後，一向由總統擔任會長，號召推動文化復興重任，素有成效。六〇年代，王雲五先生承蒙層峰賞識，委以重任，擔任文復會副會長。他乃將古籍今註今譯列入文復會工作計畫，廣邀文史學者碩彥，參與註解經典古籍的行列。文復會與國立編譯館中華叢書編審委員會攜手合作，列出四十二種古籍，除了已出版的第一批十二種是由王雲五先生主編外，文復會與國立編譯館主編的有二十一種，另有八種雖列入出版計畫，卻因各種因素沒有完稿出版。臺灣商務印書館另外約請學者註譯了九種，加上《資治通鑑今註》，共計出版古籍今註今譯四十三種。茲將書名及註譯者姓名臚列如下，以誌其盛：

序號	書名	註譯者	主編	初版時間
1	尚書	屈萬里	王雲五（臺灣商務印書館）	五八年九月
2	詩經	馬持盈	王雲五（臺灣商務印書館）	六〇年七月
3	周易	南懷瑾	王雲五（臺灣商務印書館）	六三年十二月
4	周禮	林尹	王雲五（臺灣商務印書館）	六一年九月
5	禮記	王夢鷗	王雲五（臺灣商務印書館）	七三年一月
6	春秋左氏傳	李宗侗	王雲五（臺灣商務印書館）	六〇年一月
7	大學	宋天正	王雲五（臺灣商務印書館）	六六年二月
8	中庸	宋天正	王雲五（臺灣商務印書館）	六六年二月
9	論語	毛子水	王雲五（臺灣商務印書館）	六四年十月
10	孟子	史次耘	王雲五（臺灣商務印書館）	六二年二月
11	老子	陳鼓應	王雲五（臺灣商務印書館）	五九年五月

編號	書名	註譯者	出版者	出版年月
12	莊子	陳鼓應	王雲五（臺灣商務印書館）	六四年十二月
13	大戴禮記	高明	文復會、國立編譯館	六四年四月
14	春秋公羊傳	李宗侗	文復會、國立編譯館	六二年五月
15	春秋穀梁傳	薛安勤	文復會、國立編譯館	八三年八月
16	韓詩外傳	賴炎元	文復會、國立編譯館	六一年九月
17	孝經	黃得時	文復會、國立編譯館	六一年七月
18	列女傳	張敬	文復會、國立編譯館	八三年六月
19	新序	盧元駿	文復會、國立編譯館	六四年四月
20	說苑	盧元駿	文復會、國立編譯館	六六年二月
21	墨子	李漁叔	文復會、國立編譯館	六四年五月
22	荀子	熊公哲	文復會、國立編譯館	六三年九月
23	韓非子	邵增樺	文復會、國立編譯館	七一年九月
24	管子	李勉	文復會、國立編譯館	七七年七月
25	孫子	魏汝霖	文復會、國立編譯館	六一年八月
26	史記	馬持盈	文復會、國立編譯館	七六年七月
27	商君書	賀凌虛	文復會、國立編譯館	六六年三月
28	太公六韜	徐培根	文復會、國立編譯館	六五年二月
29	黃石公三略	魏汝霖	文復會、國立編譯館	六四年六月
30	司馬法	劉仲平	文復會、國立編譯館	六四年十一月
31	尉繚子	劉仲平	文復會、國立編譯館	六四年十一月
32	吳子	傅紹傑	文復會、國立編譯館	六五年四月
33	唐太宗李衛公問對	曾振	文復會、國立編譯館	六四年九月
34	資治通鑑今註	李宗侗等	國立編譯館	五五年十月
35	春秋繁露	賴炎元	文復會、國立編譯館	七三年五月

已列計畫而未出版：

序號	書名	譯註者	主編
36	公孫龍子	陳癸淼	文復會、國立編譯館 七五年一月
37	晏子春秋	王更生	文復會、國立編譯館 七六年八月
38	呂氏春秋	林品石	文復會、國立編譯館 七四年二月
39	黃帝四經	陳鼓應	臺灣商務印書館 八四年六月
40	人物志	陳喬楚	文復會、國立編譯館 八五年十二月
41	近思錄、大學問	古清美	文復會、國立編譯館 八九年九月
42	抱朴子內篇	陳飛龍	文復會、國立編譯館 八○年一月
43	抱朴子外篇	陳飛龍	文復會、國立編譯館 九一年一月
44	四書（合訂本）	楊亮功等	王雲五（臺灣商務印書館） 六八年四月

序號	書名	譯註者	主編
1	國語	張以仁	文復會、國立編譯館
2	戰國策	程發軔	文復會、國立編譯館
3	淮南子	于大成	文復會、國立編譯館
4	論衡	阮廷焯	文復會、國立編譯館
5	楚辭	楊向時	文復會、國立編譯館
6	文心雕龍	余培林	文復會、國立編譯館
7	說文解字	趙友培	國立編譯館
8	世說新語	楊向時	國立編譯館

臺灣商務印書館董事長 **王學哲** 謹序 二〇〇九年九月

重印古籍今註今譯序

古籍蘊藏著古代中國人智慧精華，顯示中華文化根基深厚，亦給予今日中國人以榮譽與自信。然而由於語言文字之演變，今日閱讀古籍者，每苦其晦澀難解，今註今譯為一解決可行之途徑。今註，釋其文，可明個別詞句；今譯，解其義，可通達大體。兩者相互為用，可使古籍易讀易懂，有助於國人對固有文化正確了解，增加其對固有文化之信心，進而注入新的精神，使中華文化成為世界上最受人仰慕之文化。

此一創造性工作，始於一九六七年本館王故董事長選定經部十種，編纂白話註譯，定名經部今註今譯。嗣因加入子部二種，改稱古籍今註今譯。分別約請專家執筆，由雲老親任主編。

此一工作旋獲得中華文化復興運動推行委員會之贊助，納入工作計畫，大力推行，並將註譯範圍擴大，書目逐年增加。至目前止已約定註譯之古籍四十五種，由文復會與國立編譯館共同主編，而委由本館統一發行。

古籍今註今譯自出版以來，深受社會人士愛好，不數年發行三版、四版，有若干種甚至七版、八版。出版同業亦引起共鳴，紛選古籍，或註或譯，或摘要註譯。迴應如此熱烈，不能不歸王雲老當初創意與文復會大力倡導之功。

已出版之古籍今註今譯，執筆專家雖恭敬將事，求備求全，然為時間所限，或因篇幅眾多，間或難免舛誤；排版誤置，未經校正，亦所不免。本館為對讀者表示負責，決將已出版之二十八種（本館自行約人註譯者十二種，文復會與編譯館共同主編委由本館印行者十六種）全部重新活版排印。為此與文復會商定，在重印之前由文復會請原註譯人重加校訂，原註譯人如已去世，則另約適當人選擔任。修訂完成，再由本館陸續重新印行。為期儘量減少錯誤，定稿之前再經過審閱，排印之後並加強校對。所有此等改進事項，本館將支出數百萬元費用。本館以一私人出版公司，在此出版業不景氣時期，不惜花費巨資重新排版印行者，實懷於出版者對文化事業所負責任之重大，並希望古籍今註今譯今後得以新的面貌與讀者相見。茲值古籍今註今譯修訂版問世之際，爰綴數語誌其始末。

臺灣商務印書館編審委員會謹識　一九八一年十二月二十四日

編纂古籍今註今譯序

由於語言文字習俗之演變，古代文字原為通俗者，在今日頗多不可解。以故，讀古書者，尤以在具有數千年文化之我國中，往往苦其文義之難通。余為協助現代青年對古書之閱讀，在距今四十餘年前，曾為本館創編學生國學叢書數十種，其凡例如左：

一、中學以上國文功課，重在課外閱讀，自力攻求；教師則為之指導焉耳。惟重篇巨帙，釋解紛繁，得失互見，將使學生披沙而得金，貫散以成統，殊非時力所許，是有需乎經過整理之書篇矣。本館鑒此，遂有學生國學叢書之輯。

二、本叢書所收，均重要著作，略舉大凡：經部如詩、禮、春秋；史部如史、漢、五代；子部如莊、孟、荀、韓，並皆列入；文辭則上溯漢、魏，下迄五代；詩歌則陶、謝、李、杜，均有單本；詞則多採五代、兩宋；曲則擷取元、明大家；傳奇、小說，亦選其英。

三、諸書選輯各篇，以足以表見其書，其作家之思想精神、文學技術者為準；其無關宏旨者，從刪削。所選之篇類不省節，作句讀，以免割裂之病。

四、諸書均為分段落，作句讀，以便省覽。

五、諸書均有註釋；古籍異釋紛如，即採其較長者。

六、諸書較為罕見之字，均注音切，並附注音字母，以便諷誦。

七、諸書卷首，均有新序，述作者生平，本書概要。凡所以示學生研究門徑者，不厭其詳。

然而此一叢書，僅各選輯全書之若干片段，猶之嘗其一臠，而未窺全豹。及一九六四年，余謝政後

家之必要，商之於余，以其係就全書詳註，足以彌補余四十年前編纂學生國學叢書之闕，遂予接受。甫

重主本館，適國立編譯館有今註資治通鑑之編纂，甫出版三冊，以經費及流通兩方面，均有借助於出版

歲餘，而全書十有五冊，千餘萬言，已全部問世矣。

余又以今註資治通鑑，雖較學生國學叢書已進一步，然因若干古籍，文義晦澀，今註以外，能有今

譯，則相互為用，今註可明個別意義，今譯更有助於通達大體，寧非更進一步歟？

幾經考慮，乃於一九六七年秋決定編纂經部今註今譯第一集十種，其凡例如左：

一、經部今註今譯第一集，暫定十種，其書名及白文字數如左。

大　學　　一七四七字

中　庸　　三五四五字

論　語　　一二七〇〇字

孟　子　　三四六八五字

以上共白文四八三三七九字

二、今註仿資治通鑑今註體例，除對單字詞語詳加註釋外，地名必註今名，年份兼註公元，衣冠文物莫不詳釋，必要時並附古今比較地圖與衣冠文物圖案。

三、全書白文四十七萬餘字，今註假定佔白文百分之七十，今譯等於白文百分之一百三十，合計白文連註譯約為一百四十餘萬言。

四、各書按其分量及難易，分別定期於半年內，一年內或一年半內繳清全稿。

五、各書除付稿費外，倘銷數超過二千部者，所有超出之部數，均加送版稅百分之十。

稍後，中華文化復興運動推行委員會制定工作實施計畫，余以古籍之有待於今註今譯者，不限於經部，且此種艱巨工作，不宜由獨一出版家擔任，因即本此原則，向推行委員會建議，幸承接納，經於工作計畫中加入古籍今註今譯一項，並由其學術研究出版促進委員會決議，選定第一期應行今註今譯之古籍約三十種，除本館已先後擔任經部十種及子部二種外，徵求各出版家分別擔任。深盼羣起共鳴，一集告成，二集繼之，則於復興中華文化，定有相當貢獻。

本館所任之古籍今註今譯十有二種，經慎選專家定約從事，閱時最久者將及二年，較短者不下一年，則以屬稿諸君，無不敬恭將事，求備求詳；迄今祇有尚書及禮記二種繳稿，所有註譯字數，均超出原預算甚多，以禮記一書言，竟超過倍數以上。茲當第一種之尚書今註今譯排印完成，問世有日，謹述緣起及經過如右。

王雲五　一九六九年九月二十五日

三次修訂版序

一九七三年湖南長沙馬王堆漢墓出土一大批帛書，其中帛書甲、乙本《老子》尤引人注目。豈料二十年後，一九九三年湖北荊門郭店村戰國楚墓又出土了為數眾多的竹簡，其中竟然出現三種《老子》摘抄本。消息傳出，舉世學子奔相走告。這批比馬王堆帛書早上百年的珍貴文獻，終於在一九九八年五月彙編成冊（《郭店楚墓竹簡》）由北京文物出版社印行問世。我們能目睹這一世界最古老的《老子》抄本，何其有幸！

郭店楚墓整理者彭浩先生根據竹簡形制及長短不同，將多種簡文《老子》分成甲、乙、丙三組，這三組《老子》摘抄本字數約當今本三分之一，章次安排與今本大不相同。拿通行本來仔細核對，可以發現章次雖迥異，但各本文義順序及其內容基本一致。三組簡文抄寫內容上各不相復，僅有一節相應於通行本六十四章下段文字，重出於甲、丙組中，兩相對比，丙組中的文句與馬王堆帛本及通行本接近。通體觀察，我們認為甲組文義接近《老子》祖本，它的抄寫年代，距離老聃逝世可能僅百餘年。

郭店簡文《老子》的問世，不僅打破了《老子》晚出說的謬誤，也大大擴展了老學寬廣的倫理空間。中外學者在這些方面紛紛發表專文討論，讀者有興趣，請參看鼓應主編的《道家文化研究》十七輯專刊《郭店楚墓〈老子〉專題研究》。

在多種通行本中，王弼本對歷代影響最大。所以本書仍以王本為主，參照其他各古本進行校釋。年前曾據馬王堆帛書本，做了一次慎審的修改，如今郭店簡本的公佈，我不得不再次進行修訂。我想這該是我有生之年最後一次為《老子今註今譯》修訂了。

一九九九年一月於台大哲學系

今年三月，本書第三次修訂版印行之後，又將全書校閱一過，發現少數文字和斷句標點，仍欠妥善，乃商請臺灣商務印書館編輯部同仁改正，並將書後附錄之〈老子校定文〉於前次修訂時疏漏之處，一併作了更正。謹此說明。

陳鼓應　二○○○年十二月一日

二次修訂版序

本書於一九七〇年初版，三年後曾略作修訂。由於我長期滯留海外，自一九七三年修訂後，迄未改版。我在北京大學多次開設老莊哲學課程，對於本書【註釋】部分早就感到有重新修改的必要。前年夏天，我回到闊別十四年的臺北，承商務總經理張連生先生面允，修改後重新排版由臺灣商務印書館一家出版。我遂於去年秋冬著手整理，日前完稿。這次修訂，主要在【註釋】部分進行了較多的更改，而【引述】部分，仍維持原樣，以保持我先前的觀點。我在寫這序文時，獲悉湖北荊門市出土了一批比馬王堆漢墓帛書更早的竹簡，其中與《老子》有關的殘簡尤引人矚目。該墓葬早至戰國中期，是則古史辨派學者所謂《老子》成書晚期說，更加不能成立。此前，我曾多次為文力主《老子》為老聃自著，其成書早於《論語》（近年來我曾發表過〈老學先於孔學〉、〈老子與孔子思想比較研究〉、〈老子與先秦道學各流派〉、〈論老子晚出說在考證方法常見的謬誤〉、〈墨子與老子思想上的聯繫〉等文，前三文收在拙著《老莊新論》書中，後兩文刊在《道家文化研究》第四、五輯。我對老學有些新的觀點，則尚未成文）。

近五、六年，在我已發表的論文裏，有兩個論題引起學界廣泛的爭論：一是《易傳》學派性質的問題，一是道家主幹說。前者，我連續寫了十幾篇文章，推翻《易傳》是儒家作品的舊說，而論證它是道

家學派之作（現已匯集成冊《易傳與道家思想》在臺灣商務印書館出版）。後者，我曾撰文論說中國哲學的主幹部分是道家思想而非儒家。今後的幾年我將在這一課題上，繼續探討。在我近來寫的文章裏，我曾一再提到老子是中國哲學之父，認為中國「哲學的突破」始於老子。事實上，對於整個中國哲學史，越往下探索，越深入研究，就越會認識到老子在中國哲學史上的影響，遠超過其他各家。

中國古典文化譯成外國文字，以《老子》的譯本最多，時至今日，每年仍有多種不同的老子譯本問世。在眾多研究著述中，對老子原文的闡釋，也常出現仁者見仁、智者見智的現象，拙著也只是提供一得之愚，尚祈專家學者不吝指正。

一九九六年春於臺北

修訂版序

一、本書正文以中華書局據華亭張氏所刊王弼注本為主，這個本子「玄」字因避清聖祖諱而改為「元」字，現在都把它改正過來。王注本有誤字或錯簡的，根據其他古本或近代校詁學者的考訂改正，並在註釋中說明。

二、本書的〔引述〕部分，是我自己的意見，聊供一得之愚。〔註釋〕部分，選集前人在《老》學上的精闢解說。這方面的工作花費的時間最多。本書寫作期間，曾參考古今註書一百多種，〔今譯〕基本上是依前人註解而語譯，此外參看張默生《老子章句新釋》與任繼愈《老子今譯》等書。本書修訂版並參考嚴靈峯《老子達解》的「語譯」部分，盡量求譯文的確當。

三、本書初版，沒有提老子其人及其書的問題。因為這方面的問題，前人討論得很多，而且由於古籍在這方面資料的欠缺，有些問題實在無法探出一個究竟來。然而學者們在這方面費的精力甚多，思想方面反倒略而不談。

《史記·老莊申韓列傳》替老子作了一個四百多字的傳，有關老子的生平事蹟。從梁啟超在民國十一年撰文提出質疑開始，引起了一場熱烈的爭論，多達五十萬字的文章，都搜集到《古史辨》這部書上。梁啟超和他的附和者提出了許多疑問和意見，張煦和胡適等人則作了有力的批駁。對於這類問題有

興趣的人，可以參看《古史辨》第四冊和第六冊。在這裏，僅綜合各家的意見，對老子其人及其書的問題，作下面幾點簡要的說明：

（一）關於姓名的問題：《史記》傳文中說：「老子者，……，姓李氏，名耳，字聃。」老子即老聃是可以確認的，先秦古書中可以為證（如《莊子》書上同一段話，前稱老聃，接著又稱老子）。關於「老子」有二說：一說「老」是尊稱，「老子」即後人所謂老先生的意思。一說「老」是姓氏，當時稱「子」的，如孔子、有子、曾子、陽子、墨子、孟子、莊子、以及其餘，都在氏族下面加「子」字（參看唐蘭〈老聃的姓名和時代考〉）。老聃或當姓老。古有老姓而無李姓：《世本》：「顓頊子有老童。」《風俗通義》：「老氏，顓帝子老童之後。」《左傳》成公十五年《傳》：「宋有司馬老佐。」又昭公十四年《傳》：「魯有司徒老祁。」可證古有以老為姓，而春秋二百四十年間無姓李者（見高亨《老子正詁》前記），在先秦典籍中沒有提到「李耳」，或由「老聃」兩字轉出亦未可知。「耳」和「聃」字義相應。「老」和「李」古音同，「李」姓或由「老」姓轉出，如荀卿轉為孫卿。

（二）關於問禮的問題，孔子問禮於老聃，《史記·孔子世家》與本傳所載稍異，但對問禮一事，則確認無疑。關於孔老相會和孔子學於老子的記載，見於《禮記·曾子問》四次，《莊子》五次（見〈天地〉、〈天道〉、〈天運〉、〈田子方〉及〈知北遊〉各篇）。此外也見於《孔子家語》和《呂氏春秋》（〈當染篇〉）。孔子訪老聃的故事出現在不同學派的典籍上，「在傳說不同的系統中，而發現可以互證的材料，則不能不說是有力的材料。」（語見徐復觀〈有關老子其人其書的再檢討〉，附《中國

人性論史》內）「孔子問禮的傳說，春秋以及戰國，必定是很流行，所以儒家都不能為他抑低孔子而埋

沒他。」（語見陳榮捷《戰國道家》，載於中研院史語所《集刊》第四十四本）。孔子問禮於老聃的

事，依然為多數學者所接受。

（三）著作時代問題：梁啟超認為《老子》書作於戰國之末，這說法自然引出《老》書與《論語》著

作先後的問題，也引出《老》書與《莊》書先後的問題。關於前者，頗可討論；關於後者，實無須費筆

墨。因《老》書前於《莊》，書是不成問題的事，不僅《莊》書上輒引「老聃」其人及《老》書文可

證，從他書中也可明證。如《戰國策‧齊策》載：「顏斶曰：老子曰：『雖貴必以賤為本，雖高必以下

為基；是以侯王稱孤寡不穀，是其賤之本與非。」這文出自老子三十九章。顏斶與齊宣王同時，亦即

與莊子同時；這時《老子》已成書，也就是成於《莊子》之前的「鐵證」（見嚴靈峯《辯老子書不後於

莊子書〉）。下面就出書時代問題分數項敘說：

（1）關於使用名詞：梁啟超說：「《老子》書中用『王侯』，『王公』，『萬乘之君』等字樣者凡五

處，用『取天下』字樣者凡三處，這種成語，像不是春秋時人所有；還有用『仁義』對舉的好幾處，這

兩個字連用，是孟子的專賣品，從前像是沒有的。」張煦隨即指出梁氏的疏誤：「《易‧蠱之上九》：

『不事王侯，高尚其事。』不是早已『王侯』聯用嗎？《易‧坎象》：『王公被險以守其國。』《離

象》：『六五之吉離王公也。』不是『王公』聯用嗎？又說：『《易‧繫辭下傳》說：『小人不恥不

仁，不畏不義。』《左傳》說：『酒以成禮，不繼以淫，義；以君成禮，弗納於淫，仁也。』仁義為

文，與老子所說「絕仁棄義」「先仁而後義」有何不同？《史記》引周初所制諡法云：「仁義之所往為王。」周初諡法篇義與此合，早以仁義為聯同，與老子『大道廢而後有仁義』有何不同？」（張煦〈梁任公提訴老子時代一案判決書〉，見《古史辨》第四冊下編三一七頁）張煦並指出梁氏誤把「取天下」的取字作《三國演義》「取上將首級如探囊取物」的取字。這句舊注：「取，治也。」所以說「取天下常以無事」即「無為而治」的意思，梁任公沒有弄清楚這句話的原義。至於以「萬乘之君」一句作為戰國時證據也不能成立，張季同指出《論語‧先進》：「千乘之國，攝乎大國之間。加之以師旅，因之以饑饉……。」可見千乘之國正是被大國蹂躪的小國，所以，在春秋時說萬乘之國當然是十分可以的（見張季同〈關於老子年代的一假定〉，《古史辨》第四冊下編四三一頁）。此外有人認為《老子》第三章「不尚賢」句是《老》書晚於墨子尚賢思想之證，唐蘭辯稱：「『不尚賢使民不爭』，更是與墨子的尚賢不相干，『賢』字是當時一個流行底題目，和『道』、『德』、『仁』、『義』、『名』、『實』一樣，各家的學說裏都要討論一下，決不能說某書受某書影響的。」（見《古史辨》第四冊三四九頁）。

有關其他詞句的議論，可參看《古史辨》。在這裏我們要特別指出：根據幾個片語隻字來考訂著作的年代是不可靠的。除非能把整本書的大部分和主要部分都加以審定，否則不能僅摸索到書中幾個字句有疑問而據以推定全書都有疑問。梁啟超等人妄斷《列子》是魏晉時代的偽作，所持的態度和論點都是同樣地誤謬的。

(2)關於引述：有人認為《論語》和《墨子》都未稱引《老子》，可見《老》書是晚出。但我們是否

也可由《老子》未稱引《論》《墨》而斷言《論》《墨》晚出呢？所以這論點是不能成立的。如莊子與孟子同時，兩書互不稱引。《韓非子》、《戰國策》引《老子》，難道因此可以否認《孟子》七篇的存在嗎？（見嚴靈峯《辯老子書不後於莊子書》）孟子沒有提到《易經》，我們不能說孟子時《易經》不存在。又如惠施和孟子同時在梁，孟子卻未提及惠子。因此以《論》《墨》未引《老》書而斷定它晚出是不足為據的。至於《論語》引述《老子》與否，仍值得商榷。《述而》篇：「竊比於我老彭。」舊說雖有以「老」即老子之說（如鄭玄注：「老，老聃。彭，彭祖。」），但多人以老彭指商賢大夫。然而《憲問》篇「或曰『以德報怨』」，「或曰」顯然是引別人的話，而這話正出於《老子》書上。由此可證《論語》曾引述《老》書。《論語·衛靈公》：「無為而治。」「無為」思想很可能來自老子。再則《說苑·敬慎篇》說：「叔向曰：老聃有言曰：『天下之至柔，馳騁乎天下之至堅。』」又曰：『人之生也柔弱，其死也剛強，萬物草木之生也柔脆，其死也枯槁。』」這裏所引的是《老子》四十三章和七十六章文字。叔向是晉平公時代的人，與孔子同時。假使劉向《說苑》所據不誤，則《老子》的成書年代，當在孔子之前（見嚴靈峯《辯老子書不後於莊子書》）。此外《太平御覽》三百二十二卷引「墨子曰：墨子為守，使公輸般服，而不肯以兵知，善持勝者，以強為弱。故老子曰：『道沖而用之，有弗盈也。』」這是《老子》第四章文，如果是《墨子》的佚文，那麼墨翟或他的及門弟子也一定誦讀過老子的書（見嚴文）。

（3）關於文體：馮友蘭在《中國哲學史》上認為：「《老子》非問答體，故應在《論語》、《孟子》

後。」然而《周易》與《詩》三百篇也非問答體，是否也應在《論》《孟》之後呢？何況《論語》本身
的大部分也不一定是問答，如《論語》第一篇共十六章，問答只有兩章；第四篇共二十六章，問答只有
一章；第七篇共三十七章，問答只有七章，其餘各篇，也是非問答居多數（見胡適《評論近人考據老子
年代的方法》，在《古史辨》第六冊）。馮友蘭還說：「《老子》之文為簡明之『經』體，可見其為戰
國時之作品。」胡適批駁說：這要我們先得承認「凡一切簡明之『經』體都是戰國時的作品」一個大前
提。至於什麼是簡明的「經」體更不容易說了。《老子》「道可道，非常道。名可名，非常名」和《論
語》「道之以政，齊之以刑。……道之以德，齊之以禮」，豈不是同一個文體？可見馮氏以文體作論斷
是不足為據的。

總結地說：老子即老聃，《老子》一書為老聃所作，成書年代不至晚於戰國初。在先秦典籍中，
《戰國策》（〈齊策〉、〈魏策〉），《莊子》（〈內〉〈外〉〈雜〉多篇），《荀子》（〈天論
篇〉），《韓非子》（〈解老〉〈喻老〉〈外儲說下篇〉〈六反篇〉），《呂氏春秋》（〈君守篇〉
等），《尹文子》（〈大道篇〉），《列子》（〈黃帝篇〉、〈說符篇〉），無不引述《老子》，各家
都明確地看到《老子》書。

我們還認為，《老子》這本書是一本專著而不是纂輯。這本書前後理論一貫，層層推出，成一家之
言（張季同持此說），而且「全書分明有著者自稱的『我』、『吾』，則非由編纂而成，甚為明顯。」
（徐復觀持此說），由《老子》書中沒有一處自稱「老子曰」或「老聃曰」，這也可以證明是老聃自

著。無論從文體或思想內容一貫性來看，這本書很可能是出於一人的手筆，當然，有些字句為其弟子或後學所附加，亦所不免的。

一九七三年年底於臺北

初版序

一

老子是個樸素的自然主義者。他所關心的是如何消解人類社會的紛爭，如何使人們生活幸福安寧。他所期望的是：人的行為能取法於「道」的自然性與自發性；政治權力不干涉人民的生活；消除戰爭的禍害；揚棄奢侈的生活；在上者引導人民返回到真誠樸質的生活形態與心境。老子哲學中的重要思想便是從這些基本觀點中引發出來的。但是由於老子用語的殊異性而產生許多誤解。下面指出比較流行的誤解，並加以澄清：

(一)一般人常以為老子思想是消沉的、厭世的或出世的。造成這種誤解是由於對他的重要觀念望文生義所致，例如：無為、不爭、謙退、柔弱、虛無、清靜等觀念都曾被人曲解。其實，「無為」是順任自然、不強作妄為的意思（這觀念主要是針對統治者提出的）。「不爭」是不伸展一己的侵佔意欲（這觀念主要也是針對統治者提出的）。「謙退」具有「不爭」的內涵，要人含藏內斂，不顯露鋒芒。「柔弱」並非懦弱，老子所說的「柔」是含有無比的韌性和持續性的意義。「虛」是形容道體的，如四章上說：「道沖，而用之，或不盈。」「沖」訓「虛」，意

指「道」體是虛狀的，虛狀的「道」體卻能發揮無窮的作用來。又如五章上說：「天地之間，其猶橐籥乎！虛而不屈。」這是說天地之間是虛空的，但萬物卻從這虛空中蓬勃生長。可見這個「虛」含有無窮的創造因子。用在人生的層面上，「虛」含有深藏的意義。「無」有兩種解釋：一是指稱「道」（如一章和四十章），因為「道」是無形無色而不可見的，所以用「無」來形容它的特性；另一是指空的空間（如十一章）。從上面簡略的解釋中，可以了解老子這些觀念不僅沒有消極的思想，相反的，卻蘊涵著培蓄待發的精神；一方面他關注世亂，極欲提供解決人類安然相處之道（如「無為」「不爭」「謙退」等觀念的提出，乃在於呼籲人收斂一己的佔有衝動，以消解社會爭端的根源），另方面，他要人凝鍊內在生命的深度（如「虛靜」等觀念的提出，乃在於期望人們發展主體的精神空間）。

老子說：「生而不有，為而不恃。」又說：「功成而不有」「為而不爭」「生」、「為」、「功成」便是要人創作從事：「不有」、「不恃」、「不爭」便是不必把創作的成果據為己有（這觀念羅素十分讚賞）。由此可知，老子的思想並沒有消沉出世的念頭。

（二）一般人又以為老子思想含有陰謀詐術。這是因為將《老子》書上的一些文句割離了它的脈絡意義而產生的誤解。例如：

（1）「無為而無不為。」這句話常被解釋為：表面上不做，暗地裏甚麼都來。事實上，「無不為」只是「無為」的效果，即是說，順其自然便沒有一件事做不好。

（2）「聖人後其身而身先，非以其無私邪！故能成其私。」有些人以為老子這話是叫人為「私」的，

「無私」只是個手段而已。其實這一章（第七章）的重點在於說「無私」。聖人的行為要效法天地的無私意（「天地之所以能長且久者，以其不自生。」「不自生」是不自貪其生的意思）。一個高位的人，由於機會的便利，往往容易搶先佔有，因而老子喚醒人要貢獻力量而不據有成果，如果能做到退讓無私（「後身」），自然會贏得人的愛戴（「身先」）。所謂「成其私」，相對於他人來說，得到大家的愛戴；相對於自己來說，成就了個人的精神生命。

(3)「古之善為道者，非以明民，將以愚之。」後人以為老子主張愚民政策。其實這裏所說的「愚」是真樸的意思。老子期望統治者培養出篤實的政風，引導人民以摯誠相處。老子不僅期望人民真樸，他更要求統治者以身作則。二十章上說：「我愚人之心也哉！」老子以「愚人之心」來讚許聖人的心態，可知「愚人」乃是治者的一個自我修養的理想境界。老子深深地感到人們攻心鬥智、機詐相見是造成社會混亂的根本原因，所以他極力提倡人們應歸真返樸。因而以「愚」（真樸）為人格修養的最高境界。

(4)「將欲歙之，必固張之；將欲弱之，必固強之；將欲廢之，必固興之；將欲取之，必固與之；是謂微明。」（「取」通行本誤作「奪」）三十六章這段文字被普遍誤解為含有權詐之術。其實老子這些話只在於分析事物發展的規律，他指出事物常依「物極必反」的規律運行；這是自然之理，任何事物都有向它的對立面轉換的可能，當事物發展到某一個極限時，它就會向相反的方向運轉，所以老子認為：在事物發展中，張開是閉合的一種徵兆，強盛是衰弱的一種徵兆。這裏面並沒有權詐的思想。

二

在各種誤說中，以三十六章「將欲歙之，必固張之」一段文字所引起的誤解最大。近代許多研究老子思想的學者也感到困惑不解，所以我們在這裏將作進一步的討論：

(一)誤解的由來：以為老子思想含有權詐的意味。這種誤解早在韓非時代就開始了，〈喻老篇〉說：

「越王入宦於吳，而觀之伐齊以弊吳，吳兵既勝齊人於艾陵，張之於江濟，強之於黃池，故可制於五湖，故曰：『將欲翕之，必固張之；；將欲弱之，必固強之。』晉獻公將欲襲虞，遺之以璧馬；知伯將欲襲仇由，遺之以廣車，故曰：『將欲取之，必固與之。』」

韓非以後，以宋儒的誤解最深，尤其是程朱和蘇子瞻。蘇子瞻說：

「老子之學，重於無為，輕於治天下，韓非得其所以輕天下之術，遂至殘忍刻薄。」

朱子的誤解還不如他們，他只說「老子便是楊氏。」只說老子「緊要處發出來，教人支吾不住。」

而二程的誤解可大了：

「與奪翕張，固有此理，老子說著便不是。」（《二程全書‧遺書》七）

「老子之言，竊弄闔闢者也。」（《遺書》十一）

「問《老子》書若何，曰：《老子》書，其言自不相入處如冰炭。其初欲談道之極玄妙處，後來卻入做權詐看上去，如『將欲取之，必固與之』之類。然老子之後有申韓，看申韓與

老子道甚懸絕，然其原乃自老子來。」（《遺書》十八）

老子思想導致權詐的誤解，固然和老子文字的含混性有關，然而讀者的不求甚解，也應負草率附會的責任。

（二）歷代學者的解釋：韓非和宋儒固然導致嚴重的誤解，但歷代卻有不少學者給予精確的解釋。下面徵引自漢到宋明各代學者的見解，供我們作參考：

漢嚴遵說：「實者反虛，明者反晦，盛者反衰，張者反弛，此物之性，自然之理也。」（《道德指歸論》）

宋董思靖說：「夫張極必歙，與甚必奪，理之必然。所謂『必固』云者，猶言物之將歙，必是本來已張，然後歙者隨之。此消息盈虛相因之理也。其機雖甚微隱而理實明。」（《道德真經集解》）

宋范應元說：「天下之理，有張必有翕，有強必有弱，有興必有廢，有與必有取。此春生夏長，秋斂冬藏，造化消息，盈虛之運固然也。然則張之、強之、興之、與之之時，已有翕之、弱之、廢之、取之之幾伏在其中矣。幾雖幽微而事已顯明也。故曰是謂微明。或者以數句為權謀之術，非也。」（《老子道德經古本集註》）

薛蕙說：「此章首明物盛則衰之理，次言剛強之不如柔弱，末則因戒人之不可用剛也。豈權詐之術？夫仁義聖智，老子且猶病之，況權詐乎！按《史記》陳平本治黃帝老子之術，及其封侯，嘗自言曰：『我多陰謀，道家之所禁，吾即廢亦已矣，終不能復起，以吾多陰禍也。』由是言之，謂老子為權

數之學，是親犯其所禁，而復為書以教人，必不然矣！」（《老子集解》）

明釋德清說：「此言物勢之自然，而人不能察。天下之物，勢極則反。譬夫日之將昃，必盛赫；月

之將缺，必盛盈；燈之將滅，必熾明。斯皆物勢之自然也。故固張者，翕之象；固強者，弱之萌也；

固興者，廢之機也；固與者，奪之兆也。天時人事，物理自然，第人所遇而不測識，故曰微明。」

（《道德經解》）

明朱得之說：「首八句，言造化乘除之機如此，非言人立心也。」（《老子通義》）

明王道說：「將欲云者，將然之辭也；必固云者，已然之辭也。造化消息盈虛、與時偕行之運，人事

有吉凶禍福相為倚伏之理，故物之將欲如彼者，必其已嘗如此者也。將然者，雖未形而難測；已然者，則

有實而可徵，人能據其已然而探其將然，則雖若幽隱而實為至明矣，故曰：是謂微明。」（《老子億》）

明陸長庚說：「此章之旨，說者多借其言以為陰謀揵闔之術自老氏，今為正之。言物之翕張、強

弱、廢興、予奪互相倚伏，皆理之一定而不可易者。其今之將欲如彼者，必昔之已然如此者。《易》有

之曰：『無平不陂，無往不復。』《象》曰：『無往不復，天地之際也。』」（《老子道德經玄覽》）

明林兆恩說：「世之詭譎者，即謂其得老子之術，豈非妄執『必固張之』之數言而訛訕之邪！且盈

而必缺，中而必昃，寒往而暑，晝往而夜，天道之常也。吾嘗執天道而傚老子之詞曰：『將欲缺之，必

固盈之；將欲昃之，必固中之；將欲暑之，必固寒之；將欲夜之，必固晝之。』謂之天有術可乎！萬物

之生而死，榮而悴，成而毀，亦天道也。天何心哉！由是觀之，則世之非老子者，非惟德不達老子之

意，亦且目不涉老子之文。」（《道德經釋略》）

明徐學謨說：「按此章解者紛紛，宋儒以『固』作『故』，既不得其字義，而乃指之為權謀，誣矣！即蘇子由亦謂其『幾於用智，與管仲孫武無異。』彼豈聞道而大笑之乎！」（《老子解》）

明陳懿典說：「物之欲斂聚者，必其已嘗張大者（『之』字作『者』字看）；物之將微弱者，必其已嘗剛強者也。；物之將欲廢墜者，必其已嘗興隆者也。；物之將欲失者，必其已嘗得者也。此理雖微妙而實明白易見。」（《道德經精解》）

明趙統說：「此推原事物自然之理，示為道者當知退晦示弱，不可取強於天下也。」（《老子斷註》）

明洪應紹說：「《易》曰：『尺蠖之屈，以求信也。龍蛇之蟄，以存身也。』與老聖之言，正互相發。蓋循環往復，天之道，物之理，人之事，無不皆然。惟早知之士，于其固然，知其將然，在張知歙，在強知弱。」（《老子測》）

如果我們細讀以上各家的注解，我們可以充分了解老子的原義，也可分辨宋儒程、朱等人的誤說。

《老子》書上一再提到「嬰兒」，要人歸真返樸，保持赤子之心。老子最反對人用心機，正如薛蕙所說的：「仁義聖智，老子且猶病之，況權詐乎！」可知陰謀詐術為「道家之所禁」是必然的道理。

老子曾說：「聖人常善救人，故無棄人；常善救物，故無棄物。」「善者吾善之，不善者吾亦善之。信者吾信之，不信者吾亦信之。」「聖人不積，既以為人己愈有，既以與人己愈多。」從這些言詞

中所表現的對社會關懷，當可領會老子的憂世之言與救世之心。然而他所用以拯救亂世的方法，確有欠積極改造的功能。

一九七〇年三月於臺灣大學哲學系研究室

目次

老子哲學系統的形成和開展

中國哲學一向是較關注人生和政治問題的。這些問題的討論，又常落到倫理道德的圈子裏，這樣一來，思想範圍常常被框在某些格式上。老子哲學的特異處，就在於擴大了這一個局限，把人類思考的範圍，由人生而擴展到整個宇宙。他看人生種種問題，乃從宏觀出發，而又能微觀地作多面的審視。

老子的整個哲學系統的發展，可以說是由宇宙論伸展到人生論，再由人生論延伸到政治論。然而，如果我們了解老子思想形成的真正動機，我們當可知道他的形上學只是為了應合人生與政治的要求而建立的(一)。

老子哲學的理論基礎是由「道」這個觀念開展出來的，而「道」的問題，事實上只是一個虛擬的問題。「道」所具有的種種特性和作用，都是老子所預設的。老子所預設的「道」，其實就是他在經驗世界中所體悟的道理，而把這些所體悟的道理，統統附托給所謂的「道」，以作為它的特性和作用。當然，我們也可以視為「道」是人的內在生命的呼聲，它乃是應合人的內在生命之需求與願望所開展出來的一種理論。

下面我將老子基本理論的部分，作一個分析和說明。從這些分析和說明中，可以看出老子哲學系統的發展，如何地由形上學的性質漸漸的落實到人生和政治的層面。於此，他提出了許多重要的觀念，用以作為實際人生的指引。

一　「道」的各種意義

「道」是老子哲學的中心觀念，他的整個哲學系統都是由他所預設的「道」而開展的。《老子》書上所有的「道」字，符號型式雖然是同一的，但在不同章句的文字脈絡中，卻具有不同的義涵㊀；有些地方，「道」是指形而上的實存者㊁；有些地方，「道」是指一種規律；有些地方，「道」是指人生的一種準則、指標、或典範。因而，同是談「道」，而義涵卻不盡同。義涵雖不同，卻又可以貫通起來。下面分別加以解說。

(一)實存意義的「道」

甲、「道」體的描述

老子認為「道」是真實存在的東西。在下面三章裏說得很清楚。十四章上說：

視之不見，名曰「夷」；聽之不聞，名曰「希」；搏之不得，名曰「微」。此三者，不可致詰，故混

而為一。其上不皦，其下不昧，繩繩不可名，復歸於無物。是謂無狀之狀，無物之象，是謂惚恍。迎之不

見其首，隨之不見其後。

二十一章上說：

道之為物，惟恍惟惚。惚兮恍兮，其中有象；恍兮惚兮，其中有物。窈兮冥兮，其中有精；其精甚

真；其中有信。

二十五章上又說：

有物混成，先天地生。寂兮寥兮，獨立而不改，周行而不殆，可以為天下母。吾不知其名，強字之曰

「道」。

老子說，有一個混然一體的東西（「有物混成」），不知道它的名字，勉強叫它做「道」。

為什麼不知道它的名字呢？因為我們既聽不見它的聲音，又看不見它的形體（寂兮寥兮）。換句話

說，它不是一個有具體形象的東西。管子說：「物固有形，形固有名」，「名」是隨著「形」而來的，既

然「道」沒有確定的形體，當然就「不可名」了。

「道」之不可名，乃是由於它的無形。為什麼老子要設定「道」是無形的呢？因為如果「道」是有形的，那必定就是存在於特殊時空中的具體之物了，存在於特殊時空中的具體事物是會生滅變化的。然而在老子看來，「道」卻是永久存在（「常」的東西），所以他要肯定「道」是無形的。為什麼老子又要反覆聲明「道」是「不可名」的呢？因為有了名，就會把它限定住了，而「道」是無限性的。通常我們用名來指稱某一事物，某一事物被命名以後，就不能再稱它為其他的東西了，例如我們用「菊花」這個東西，既經命名以後，就不再稱它為「茶花」或「薔薇」了。由於「道」的不可限定性，所以無法用語言文字來指稱它。老子在第一章的開頭就說：「道可道，非常『道』；名可名，非常『名』。」真常的「道」是不可言說的，無法用概念來表達的。現在勉強地用「道」字來稱呼它，只是為了方便起見。

「道」雖然沒有固定的形體，雖然超越了我們感覺知覺的作用，但它卻並非空無所有；「其中有象」、「其中有物」、「其中有精」、「其中有信」（二十一章），都說明了「道」是一個實有的存在體。

老子又告訴我們，這個實有的存在體，在這宇宙間是唯一的、絕對的（萬物則是雜多的、相對的），它的本身是永久常存，不會隨著外物的變化而消失，也不會因著外在的力量而改變，所以說：「獨立而不改。」（二十五章）在這裏，有些人把老子的「道」和希臘哲學家巴門尼底斯（Parmenides）的「存有」

（Being）相比附。這是似是而非的，因為巴門尼底斯所說的「存有」，固然是指唯一的、絕對的、永存的，同時又認為它是不變不動的。但是老子的「道」卻並不是固定不變的，它卻是不斷地在運動著，所以說：「周行而不殆。」（二十五章），「道」乃是一個變體，是一個動體，它本身是不斷地在變動著，整個宇宙萬物都隨著「道」而永遠在「變」在「動」（任何事物在變動中都會消失熄滅，而「道」則永遠不會消失熄滅──「獨立不改」的「不改」，就是指不會消失熄滅的意思）。由於「道」的變動，由是產生了天地萬物。

以上是對於「道」體的描述。下面引說「道」的產生天地萬物。

乙、宇宙的生成

老子說：「有物混成，先天地生。」「道」這個實存體，不僅在天地形成以前就存在，而且天地萬物還是它所創生的。下面幾章都明白的說到「道」是天地萬物創造的根源：

無，名天地之始；有，名萬物之母。（一章）

天下萬物生於有，有生於無。（四十章）

道沖而用之，或不盈。淵兮似萬物之宗。（四章）

道生一，一生二，二生三，三生萬物。（四十二章）

道生之，德畜之，物形之，勢成之。是以萬物莫不尊道而貴德。故道生之，德畜之；長之、育之；亭之，毒之；養之，覆之。（五十一章）

老子認為，「道」是一切存在的根源（「萬物之宗」），也是一切存在的始源。「道」是自然界中最初的發動者（The primordial natural force），它具有無窮的潛在力和創造力。萬物蓬勃的生長，都是「道」的潛在力之不斷創發的一種表現。從萬物生生不息、欣欣向榮的成長中，可以看出「道」有一種無窮的活力。

老子說：「道生一，一生二，二生三，三生萬物。」這裏所說的「一」「二」「三」，即形容「道」的創生萬物的歷程；「道」一層層地向下落實，而創生萬物。「道」創生萬物以後，還要使萬物得到培育，使萬物得到成熟，使萬物得到覆養（「長之育之；亭之毒之；養之覆之」）。從這裏看來，「道」不僅創生萬物就完事了，它還要內附於萬物，以畜養它們、培育它們。

老子認為「道」在品位上、在時序上都先於任何東西，它不受時間和空間的限制，不會因他物的生滅變化而有所影響，從這些角度來看，「道」是具有超越性的。從它的生長、覆育、畜養萬物來看，「道」又是內在於萬物的。

天地萬物是由「道」所產生的。老子在第一章上說：「無，名天地之始；有，名萬物之母。」又在四

十章上說：「天下萬物生於有，有生於無。」可見「無」和「有」是指稱「道」的。這裏的「無」「有」是老子哲學的專有名詞，「無」「有」似對立，而又相連續的。「無」含藏著無限未顯現的生機，「無」乃蘊涵著無限之「有」的。老子用「無」「有」來表示形上的「道」向下落實而產生萬物時的一個過程。

老子為什麼要用「無」「有」來指稱「道」呢？王弼說：「欲言無耶，而物由以成。欲言有耶，而不見其形。」（十四章註）換句話說，由於「道」之「不見其形」，所以用「無」來形容它；而這個「不見其形」的「道」卻又能產生萬物（「物由以成」），所以又用「有」來指稱它。可見老子所說的「無」並不是等於零，只因「道」之為一種潛藏力，它在未經成為現實性時，它「隱」著了。四十一章說：「道隱無名。」這個「隱」字用以形容「道」幽隱而未形，所以不被我們所識知。因而我們既不能用感官去接觸它，又不能用概念去表述它，於是老子不得已就用「無」字來作為「道」的別名。對於「道」的創生萬物和蘊涵萬物來說，老子又用個「有」字作為「道」的另一別名。總之，「無」「有」都是用來指稱「道」的，是用來表現「道」一層層地由無形質落實到有形質的一個先後而具持續性的活動過程[四]。

(二) 規律性的「道」

「道」體固然是無形而不可見，恍惚而不可隨，但它作用於萬物時，卻表現了某種規律，這些規律卻可作為我們人類行為的效準。因而《老子》書上，除了描述實存意義的「道」之外，許多地方所說的「道」，乃是意指規律性的「道」。

老子說：「反者道之動。」（四十章）老子認為自然界中事物的運動和變化莫不依循著某些規律，其中的一個總規律就是「反」：事物向相反的方向運動發展；同時，事物的運動發展總要返回到原來基始的狀態。因而，「反」字可作「相反」，也可作「返回」講（「反」即「返」）。它蘊涵了兩個概念：(1)相反對立。(2)返本復初。下面依次說明。

甲、對立轉化的規律

老子認為一切現象都是在相反對立的狀態下形成的。例如他說：

有無相生，難易相成，長短相形，高下相盈，音聲相和，前後相隨。（二章）

人間的存在價值也是對待形成的。例如老子說：

天下皆知美之為美，斯惡已；皆知善之為善，斯不善已。（二章）

老子認為任何事物都有它的對立面，同時因著它的對立面而形成。並認為「相反相成」的作用是推動事物變化發展的力量。進一步，老子說明相反對立的狀態是經常互相轉化的。他說：

禍兮！福之所倚；福兮！禍之所伏。（五十八章）

禍福相因，這使我們想起「塞翁失馬」的故事來。這段故事是說：「塞上之人，有善術者，馬無故亡而入胡，人皆弔之，其父曰：『此何遽不能為福乎？』居數月，其馬將胡駿馬而歸；人皆賀之，其父曰：『此何遽不能為禍乎？』家富良馬，其子好騎，墮而折其髀，人皆弔之，其父曰：『此何遽不為福乎？』居一年，胡人大入塞，丁壯者，引弦而戰，近塞之人，死者十九，此獨以跛之故，父子相保。故福之為禍，禍之為福，化不可極，深不可測也。」（《淮南子・人間訓》）這個故事在於說明人生過程中禍福相倚伏的情形。普通一般人只看到事物的表面，而不能進一層的透視其中隱藏著相反的可能性。因而在老子看來，禍患的事情，未始不潛藏著幸福的因素；幸福的事情，也未始不含藏著禍患的因子。這個道理，在經驗世界中處處可見，我們經常可以看到一個人處於禍患的境遇中，反倒激發他奮發的心志，使他邁向廣大的途徑；我們也經常可以看到一個人處於幸福的環境中，反倒養成他怠惰的習性，使他走向頹敗的路子。

世事盡如禍福相因一般地互相對立而又互相轉化。

老子認為一切事物都在對立的情狀中反覆交變著，這種反覆交變的轉化過程是無盡止的。

老子為什麼這樣重視事物相反對立的狀態和事物對立面的轉化呢？這不外有下面幾個原因：

(1)老子認為事物是在對立關係中造成的。因此觀察事物不僅要觀看它的正面，也應該注視它的反面

（對立面），兩方面都能兼顧到，才能算是對於一項事物作了全盤的了解。常人只知執守著正面的一端，然而老子則提醒大家更要從反面的關係中去把握正面的深刻涵義。

（2）老子不僅喚醒大家要從反面的關係中來觀看正面，以顯示正面的深刻涵義；同時他也提示大家要重視相反對立面的作用，甚至於他認為如能執守事物對立面所產生的作用當更勝於正面所顯示的作用。例如在雄雌、先後、高下、有無等等的對立狀態中，一般人多要逞雄、爭先、登高、據有；老子卻要人守雌、取後、居下、重無。老子認為守雌要勝於逞強，取後要勝於爭先。他說明下是高的基礎，奠基不鞏固，高的就要崩塌了。他又指出「有之以為利，無之以為用」，如果沒有「無」，那麼「有」就不能發揮出作用來⑤。這些例子，都說明了對於反面作用的把捉比正面的作用更大。

（3）老子認為事物的發展到某種極限的程度時，就改變了原有的狀況，而轉變成它的反面了。這就是古語所說的「物極必反」的觀念；事物達到強的頂峯、盛的極致時，也就是向下衰落的一個轉捩點。老子在三十六章上說：「將欲歙之，必固張之；將欲弱之，必固強之；將欲廢之，必固興之；將欲取之，必固與之。是謂微明。」這段話的意思是：「要收斂的，必定先擴張；要衰弱的，必定先強盛；要廢墮的，必定先興舉；要取去的，必定先給與。這就是幾先的徵兆。」⑥這段話就是對於「物極必反」觀點的說明。

天下的事物，勢極則反，好比月之將缺，必極盈（月極盈，乃是將缺的徵兆）；燈之將滅，必熾明（燈燄

明，乃是將滅的徵兆）；花之將謝，必盛開（花盛開，乃是將謝的徵兆），這些都是物勢的自然。了解這種「物盛必衰」的道理，對於許多事情，當可先著一步，防患於未然，也可優先掌握情勢，轉危為安。

關於對立轉化的規律，老子說得很多，比如他說：「曲則全，枉則直，窪則盈，敝則新，少則得，多則惑。」（二十二章）又說：「物或損之而益，或益之而損。」（四十二章）這都是運用「對立面轉化」的規律加以說明的。老子還說：「天之道，其猶張弓與？高者抑之，下者舉之；有餘者損之，不足者補之。天之道，損有餘而補不足。」老子認為自然的規律，減少有餘用來補充不足。這也是「反」律第一義的說明。

總結上面所說，老子認為「道」表現了這種規律：它的運動和發展是向對立面的轉化，亦即是朝相反方向進行著。當「道」作用於事物時，事物也依循著這個變化規律而運行著。

乙、循環運動的規律

老子重視事物相反對立的關係和事物向對立面轉化的作用。但老子哲學的歸結點，卻是返本復初的思想。

「返」和「復」，與「周行」同義，都是循環的意思。這是「反」的第二意義。

「反」若作「返」講，則老子說：「反者道之動。」即是說：「道」的運動是循環的；循環運動是

「道」所表現的一種規律。關於「道」的循環運動，老子在二十五章和十六章上都說過了。他說：

有物混成……周行而不殆……強字之曰「道」，強為之名曰「大」，大曰逝，逝曰遠，遠曰反。

（二十五章）

致虛極，守靜篤。萬物並作，吾以觀復。夫物芸芸，各復歸其根，歸根曰靜，靜曰復命。復命曰常，知常曰明。不知常，妄作凶。（十六章）

老子形容「道」時，說到「道」是「周行而不殆」的。「周」是一個圓圈，是循環的意思。「周行」即是循環運動，「周行而不殆」是說「道」的循環運動生生不息。老子在同一章（二十五章）上說：「強為之名曰大，大曰逝，逝曰遠，遠曰反。」這就是「周行而不殆」的解釋。這是說：「道」是廣大無邊的，萬物都從它出來（「大」），萬物從「道」分離出來以後，周流不息地運動著（「逝」），萬物的運行，越來越離開「道」了（「遠」），離「道」遙遠，剝極必復，又回復到原點（「反」）。這樣一逝一反，就是一個「周行」。

十六章上的「復」，也是「周行」的意思。老子從萬物蓬勃的生長中，看出了往復循環的道理（「萬物並作，吾以觀復」），他認為紛紛紜紜的萬物，最後終於各自返回到它的本根（「夫物芸芸，各復歸其根」）。在這裏可以知道老子所說的「反」含有返回本根的意思。老子為什麼要主張返回本根呢？本根是

怎樣的一種狀態呢？老子認為本根就是一種虛靜的狀態（「歸根曰靜」）。在他看來，「道」是合乎自然的，虛靜是自然狀態的，「道」創生萬物以後，萬物的運動發展就越來越離開「道」了，去「道」越遠，就越不合乎自然了，萬物的煩擾紛爭都是不合自然的表現。所以只有返回到本根，持守虛靜，才體合於自然，才不起煩擾紛爭。關於「虛」「靜」的觀念，後文再加以解說。

以上說明規律性的「道」。由「反」的概念，說明「道」和「道」所作用的事物，依循著如下的規律：⑴事物向相反的方向運動；⑵循環運動，返回原點。

此外，老子說：「飄風不終朝，驟雨不終日。」（二十三章）「柔弱勝剛強。」（三十六章）「為者敗之，執者失之。」（出於強力，一定會失敗，加以把持，一定要失去）（二十九章）這些也都是自然的規律。老子說，了解自然的規律，就是知「常」（「常」是指事物變動的不變之規律），我們應依循著自然的規律去行事，如果不依循著自然的規律而輕舉妄動，就會出亂子（「知常曰明，不知常，妄作凶」）。

(三) 生活準則的「道」

形而上的「道」是我們人類的感覺知覺所不能直接接觸到的。這個不為我們所聞所見的「道」，卻能落實到現象界對我們產生很大的作用。當「道」作用於各事各物時，可以顯現出它的許多特性，「道」所

顯現的基本特性足可為我們人類行為的準則。這樣，形上的「道」漸漸向下落，落實到生活的層面，作為人間行為的基本指標，而成為人類的生活方式與處世的方法了。這層意義的「道」，已經脫離了形上學的色彩，猶如從濃雲中降下來，平平實實地可以為我們人類所取法。

「道」，落實到物界，作用於人生，便可稱它為「德」。「道」和「德」的關係是二而一的，老子以體和用的發展說明「道」和「德」的關係；「德」是「道」的作用，也是「道」的顯現。混一的「道」，在創生的活動中，內化於萬物，而成為各物的屬性，這便是「德」，簡言之，落向經驗界的「道」，就是「德」。因而，形而上的「道」落實到人生的層面上，其所顯現的特性而為人類所體驗、所取法者，都可說是「德」的活動範圍了。在這裏，我們還可以把「道」和「德」作這樣的一個區分；「道」是指未經滲入一絲一毫人為的自然狀態，「德」是指參與了人為的因素而仍然返回到自然的狀態（可見道家所說的「道德」是著重於順任自然的一面，而全然不同於儒家所強調的倫理性的一面）。

剛才說過，落實到人生層面而作為我們生活準則的這一層次的「道」，就是「德」（《老子》書上雖然仍稱為「道」，但其意義與「德」相同）。現在我們要問：這個作為人類行為所依循的「道」（即是「德」），究竟蘊涵了那些基本的特性和基本的精神呢？老子認為凡是自然無為，致虛守靜，生而不有，為而不恃，長而不宰，柔弱，不爭，居下，取後，慈，儉，樸等觀念都是「道」所表現的基本特性與精

神。其中「自然無為」的觀念，成為《老子》一書的中心思想，其他的重要觀念都是環繞著這個觀念而開

展的。「自然無為」是意指順任事物自身的狀況去自由發展，而不以外在的強制力量去約束它。關於這些

觀念留待下文第三節中詳細的引申說明。

下面我把《老子》書上所有談到「道」字的地方都列出來，看看在不同的文字脈絡中究竟屬於上述哪

一類意義的「道」。

二　道的脈絡的意義

「道」這個字，在《老子》書上前後出現了七十三次，這七十三個「道」字，符號型式雖然一樣，但

是意義內容卻不盡同。因此，我們必須在不同的章句中，去逐一尋找「道」字的脈絡意義。下面根據王弼

本所排定的章次，將「道」字所出現的上下文字依次地列出來，以尋求它的確實涵義。

一章

　　道可道，非常道。

「道可道，非常道」的意思：道可以說得出來的，就不是常「道」。「可道」的「道」字，和老子哲

學思想無關」；它是指言說的意思。第一個「道」字和第三個「道」字，是老子哲學上的專有名詞，這裏指

「道」是構成世界的實體，也是創造宇宙的動力。它是永恆存在的，故而稱為「常道」。所以這一個

「道」字顯然是指實存意義的「道」。

上的實存之「道」。

四章

道沖而用之，或不盈。淵兮，似萬物之宗。

這章形容「道」體是虛空的，這個虛空的「道」體，是萬物的根源。這裏所說的「道」，也是指形而

八章

水善利萬物而不爭，處眾人之所惡，故幾於道。

這個「道」表現了「不爭」的特性。這個「不爭」之「道」，不同於形而上的實存之「道」。形上實

存意義的「道」，是不為我們所得而聞問的，但這裏所說的「道」，已經落實到人生的層面，它可以為我

們所取法——老子認為我們應取法於它的「不爭」的精神。（這層意義的「道」同於「德」。）

九章

持而盈之，不如其已；

揣而銳之，不可長保；

金玉滿堂，莫之能守；

富貴而驕，自遺其咎。

功成，名遂，身退，天之道。

「揣而銳之，不可長保」；「富貴而驕，自遺其咎」，這就是老子戒矜的觀念。「功成，名遂，身退」（王本作「功遂身退」），老子認為是自然之「道」（「天之道」），這裏所說的「道」蘊含了「謙退」、「不爭」的精神。（這層意義的「道」同於「德」。）

十四章

執古之道，以御今之有。能知古始，是謂道紀。

「道紀」即是「道」的規律。這兩個「道」字都是規律性的「道」。

本章自開頭「視之不見名曰夷，聽之不聞名曰希，搏之不得名曰微」至「迎之不見其首，隨之不見其後」，這一段都是描述形上的實存之道。緊接著這段文字的下面就是：「執古之道，以御今之有。」（掌握早已存在的「道」，來駕馭現在的具體事物。）這兩個「道」字應指規律性的「道」。這裏所謂的「道紀」（「道」的規律），我們也可以說是實存意義的「道」所顯現的規律。實存的「道」體，雖然不為我

們所認知，但當它作用於物所顯現的規律卻可為我們所遵循。

十五章

古之善為道者，微妙玄通，深不可識。夫唯不可識，故強為之容：

豫兮若冬涉川；猶兮若畏四鄰！儼兮其若客；渙兮其若釋；敦兮其若樸；曠兮其若谷；混兮其若濁；澹兮其若海；飂兮若無止。

孰能濁以靜之徐清；孰能安以動之徐生。

保此道者，不欲盈。夫唯不盈，故能蔽而新成。

「保此道者，不欲盈。夫唯不盈，故能蔽而新成。」這是說「道」有「不盈」的特性，要能守住它，就不致於自滿，不自滿才能夠去舊更新。

「保此道者」以下三句疑是錯簡，這三句是寫不自滿（「不盈」）的。然而上面一段文字都是描寫「古之善為道者」之風貌的。這兩段文字的意義可說並不相關聯。所以我懷疑「保此『道』者」三句是別章的文字錯到這裏的。

如果說「保此道者不欲盈」的句子是承接上文而來的，那麼這個「道」字應指「強為之容」以下所說的體道者之容態和心境，即意指：慎重、警戒、威儀、融和、敦樸、曠達、虛懷、深遠等人格修養的境

界。

十六章

致虛極，守靜篤。……

知常容，容乃公，公乃全，全乃天，天乃道，道乃久。

這裏兩個「道」字都是指自然之道。「天乃道，道乃久。」這是說「天」即是自然，符合於自然之「道」，就能長久。

本章主旨是談「虛」「靜」的，老子認為「致虛」「守靜」就合乎自然之「道」了。

十八章

大道廢，有仁義；智慧出，有大偽。

大道廢棄，這是統治者「有為」之政的結果。這裏所說的大道，即是指「自然無為」之「道」。廢棄「自然無為」之「道」，而行「有為」之政（統治者強作妄為，伸張自身的意欲，擴展一己的權益，對人民構成脅迫併吞，這就是老子所謂的「有為」之政），社會乃漸混亂，人際關係乃漸失常，於是「仁義」的呼聲起來了。

二十一章

孔德之容，惟道是從。

道之為物，惟恍惟惚。

顯然，本章兩個「道」字，都是指形而上的實存體。

老子認為「道」這個東西是恍恍惚惚，不具確定形狀的；它雖然真實存在著，卻不能為我們所確認。

二十三章

希言自然。

故飄風不終朝，驟雨不終日。孰為此者？天地。天地尚不能久，而況於人乎？

故從事於道者，同於道；……同於道者，道亦樂得之。

本章四個「道」字，很顯明的是指「自然無為」之「道」。

老子認為「希言」（意指不施加政令）是合於「自然」的。狂風驟雨般的暴政是維持不久的。為政如能「自然無為」，社會自然平平安安。

二十四章

企者不立，跨者不行；自見者不明，自是者不彰，自伐者無功，自矜者不長。其在「道」也，曰餘食贅形。物或惡之，故有道者不處。

老子在這裏告誡人們不要自我誇耀，自我矜持。本章所說的「道」的涵義，即在於戒矜戒伐。（這層意義的「道」同於「德」。）

二十五章

有物混成，先天地生。……吾不知其名，強字之曰「道」，強為之名曰「大」。……

故道大，天大，地大，人亦大。域中有四大，而人居其一焉。

人法地，地法天，天法道，道法自然。

本章所說的「道」，都是指實存意義的道。末句所說的「天法道，道法自然」，乃是指效法實存之「道」所呈現的自然規律。

三十章

以道佐人主者，不以兵強天下。其事好還。師之所處，荊棘生焉，大軍之後，必有凶年。善有果而已，不敢以取強。果而勿矜，果而勿伐，果而勿驕，果而不得已，果而勿強。物壯則老，是謂不道，不道早已。

用「道」輔助人主。這個「道」字是指柔「道」或不爭之「道」，蘊含著不逞強、戒矜、戒伐的意思。

「物壯」的「壯」，含有稱雄逞強的意思。本章所說的「道」，很清楚的是指勿逞強、勿矜、勿伐。

反之，逞強、矜伐就不合於「道」了。（這層「道」同於「德」。）

三十一章

夫兵者，不祥之器，物或惡之，故有道者不處。……兵者不祥之器，非君子之器，不得已而用之，恬淡為上。勝而不美，而美之者，是樂殺人。

這一章老子表達了反戰的思想。這裏所說的「有道者」，是指有高度修養境界的人。這種人具有濃厚的人道主義思想，深深地了解戰爭的殘酷性，厭惡戰爭。不得已因抗暴而起兵，也能心懷「恬淡」之德。

三十二章

道常無名、樸。雖小，天下莫能臣。……天地相合，以降甘露，民莫之令而自均。始制有名，名亦既有，夫亦將知止，知止可以不殆。

譬道之在天下，猶川谷之於江海。

「道常無名、樸」（「道」永遠是無名而樸質狀態的），這個「道」指形而上無名、無形、本始的實存之「道」。

「譬道之在天下，猶川谷之於江海。」是說「道」為天下所依歸，正如江海為河川所流注一樣。這個

「道」是指「處下」之「道」。「處下」是老子重要思想之一，這是專就人生而言的，非形上之「道」。

本章最末這兩句，疑是錯簡，和上面的文義似不一貫。

三十四章

大道氾兮，其可左右，萬物恃之以生而不辭，功成而不有，衣養萬物而不為主。

這個創生萬物（「萬物恃之以生」）的「道」，即是實存意義的「道」。

三十五章

執大象，天下往，往而不害，安平太。

樂與餌，過客止。道之出口，淡乎其無味。

「執大象」即是執大「道」。這和淡乎無味的「道」，同是指「無為」之「道」。老子認為如能執守

「無為」的道理，大家就能平和安泰（「安平太」）了。

三十七章

道常無為而無不為。

這裏的「道」不用說是指「無為」之「道」。

三十八章

上德無為而無以為，下德無為而有以為。……故失道而後德，失德而後仁。

……前識者，道之華，而愚之始。

本章談「德」，老子認為不妄為，也不故意表現他的作為（「無為而無以為」），可以稱為「上德」。如果不妄為，但故意表現他的作為（「無為而有以為」），那就變成「下德」了。「上德」者，因任自然，體「道」而行。如果表現「有為」（妄自作為），那就失「道」了。失「道」是有為的結果。

「失道」的「道」，即是指自然無為的「道」。「道之華」的「道」，也是承接上文指自然無為的「道」。

四十章

反者道之動，弱者道之用。

這是講實存意義的「道」所表現的規律和作用。

四十一章

上士聞道，勤而行之；中士聞道，若存若亡；下士聞道，大笑之。不笑不足以為道。

故建言有之：明道若昧；進道若退；夷道若纇。……

道隱無名。夫唯道善貸且成。

這裏說「道」可得而「聞」，可見這個不是形上之道。這個可聞之「道」，表現了若「昧」、若「退」、若「纇」（起伏不平）、若「谷」、若「辱」（含垢）、「不足」等等特性。這裏所說的「道」，是就人生的層面上來說的。這個「道」同於「德」。

本章末句說：「道隱無名。」這個幽隱而無形無名的「道」，顯然是指形而上的恍惚實存之「道」。這個「隱」而「無名」的「道」，當然是不可得而「聞」的，這和上文敍說可「聞」的「道」，在字義上顯然不一致。在許多地方，就是老子用字未曾考慮到文字上歧義的情形。

四十二章

道生一，一生二，二生三，三生萬物。

本章講「道」創生萬物的歷程。這無疑是指實存意義的「道」。

四十六章

天下有道，卻走馬以糞。天下無道，戎馬生於郊。

這裏所說的「有道」和「無道」，即是我們通常所說的上軌道和不上軌道的意思。為政如能「自然無為」，國家政治可上軌道（「天下有道」），如果過分「有為」，國家政治就不上軌道（「天下無道」）。

四十七章

不闚牖，見天道。

「天道」即指自然的規律。這個「道」是指規律性的「道」。

四十八章

為學日益，為道日損，損之又損，以至於無為。

這裏的「道」是指「無為」之「道」。

五十一章

道生之，德畜之，物形之，勢成之。是以萬物莫不尊道而貴德。

道之尊，德之貴，夫莫之命而常自然。

故道生之，德畜之；長之，育之，亭之，毒之；養之，覆之。

這裏講「道」的創生萬物和畜養萬物。本章所有的「道」字都是形而上的實存之「道」。這個形上的

實存之「道」，當它生物成物之時，就開始向下落實，而為成物之「德」。

五十三章

使我介然有知，行於大道，唯施是畏。

二六

大道甚夷，而人好徑；朝甚除，田甚蕪，倉甚虛；服文綵，帶利劍，厭飲食，財貨有餘；是謂盜

夸，非道也哉！

這裏所說的「大道」，就是我們通常說「正途」的意思。怎樣才是「正途」？老子認為統治者為政和

他的生活行為，要能清靜無為，才是正途。「非道」即是不走正途，即是不能清靜無為。

五十五章

心使氣曰強。物壯則老，謂之不道，不道早已。

這裏的「不道」，即指逞強而言。老子在這裏要提示柔和之「道」。

「物壯則老，謂之不道，不道早已」三句，已見於三十章，這裏是否為錯簡複出，則不得而知。

五十九章

長生久視之道。

這是說長久維持的道理（「久視」就是久立的意思）。這裏的「道」，是通常所說的道理、方法的意

思，並不是老子哲學上的特有名詞。

六十章

治大國，若烹小鮮。以道莅天下……。

治理國家，像煎小魚，要「無為」，不可「有為」。「以道莅天下」，即是說以「無為」治理天下。

（這層意義的「道」同於「德」。）

六十二章

道者萬物之奧。……立天子，置三公，雖有拱璧以先駟馬，不如坐進此道。

古之貴此「道」者何？不曰：求以得，有罪以免邪？故為天下貴。

本章所說的「道」都是指「自然無為」之「道」。老子認為立位天子，設置「三公」，進奉拱璧駟馬，還不如用「自然無為」之「道」來作為獻禮。為政者若能行「自然無為」之「道」，人民都可得到庇蔭了（「道者萬物之奧」）。

六十五章

古之善為道者，非以明民，將以愚之。

「善為道者」的「道」，是指愚樸之「道」。王弼說：「愚」即「守真順自然」，這個「愚」字是老子特有的意義，它含有淳厚、樸實的意思。（這個「道」即是「德」）。

六十七章

〔天下皆謂我：「道大；似不肖。」夫唯大，故似不肖。若肖，久矣其細也夫！〕

我有三寶，持而保之。一曰慈，二曰儉，三曰不敢為天下先。

慈故能勇；儉故能廣；不敢為天下先，故能成器長。今舍慈且勇；舍儉且廣；舍後且先，死矣！

夫慈，以戰則勝，以守則固。天將救之，以慈衛之。

本章談「慈」。「天下皆謂我道大似不肖……久矣其細也夫」這一段和下文（談慈的主題文字）意義毫不相應。很明顯的是別章的錯簡。但又無法斷定是那一章錯到這裏來的。現在假定是錯簡，並且依嚴靈峯的說法移到三十四章，同時依文義：「道大似不肖」的意思是「『道』廣大不像任何具體的東西」，那麼這裏所說的「道」，或是指形而上的實存之「道」。如果不是錯簡，那麼這個「道」字應是指下文所說的「三寶」，也即是指「慈」、「儉」、「不敢為天下先」。

七十三章

天之道，不爭而善勝，不言而善應。

「天之道」，即是指自然的規律。這個「道」乃是規律性的「道」。

七十七章

天之道，其猶張弓與？高者抑之，下者舉之；有餘者損之，不足者補之。天之道，損有餘而補不足；人之道，則不然，損不足以奉有餘。

孰能有餘以奉天下？唯有道者。

老子認為自然的規律是減少有餘，用來補充不足。而社會的一般律則（「人之道」）就不是這樣了，反而剝奪不足，用來供奉多餘的人。「有『道』者」是指能遵行自然規律的人。這種人能夠把有餘的拿來貢獻給社會上不足的。本章所有的「道」字都是指規律性的「道」。

七十九章

天道無親。

「天道無親」是說自然的規律沒有偏愛。這裏的「道」也是指規律性的「道」。

八十一章

天之道，利而不害；人之道，為而不爭。

本章的「道」和七十七章、七十九章一樣，都是指規律、法則而言。

從以上各章的文字脈絡意義中，尋找「道」的真正涵義，我們可以確知在一、四、二十一、二十五、三十二、三十四、四十二、五十一等章上所說的「道」是指形而上的實存之「道」，其餘各章，多就人生方面而立說的。老子哲學，形上學的色彩固然濃厚，但他所最關心的仍是人生和政治的問題，這種說法，可以從《老子》整本書中所著重的份量上取得論據的。

形而上的「道」如果不與人生發生關聯，那麼它只不過是一個掛空的概念而已。當它向下落實到經驗界時，才對人產生重大的意義。這層意義的「道」——即作為人生指標的「道」，它呈現了「自然無為」、「虛靜」、「柔弱」等特性，這些特性可說全是為了應合人生和政治的需求而立說的。

三　自然無為、虛靜、柔弱

(一)「自然」「無為」

「自然無為」是老子哲學最重要的一個觀念。老子認為任何事物都應該順任它自身的情狀去發展，不必參與外界的意志去制約它。事物本身就具有潛在性和可能性，不必由外附加的。因而老子提出「自然」一觀念，來說明不加一毫勉強作為的成分而任其自由伸展的狀態。而「無為」一觀念，就是指順其自然而不加以人為的意思。這裏所說的「人為」含有不必要的作為，甚或含有強作妄為的意思。

老子哲學常被稱為「自然」哲學，「自然」一觀念的重要性，可以從這句話中看得出來，老子說：

「人法地，地法天，天法『道』，『道』法『自然』。」這裏不僅說「道」要法「自然」，其實天、地、人所要效法的也是「自然」。所謂「『道』法自然」，是說「道」以它自己的狀況為依據，以它內在原因決定

了本身的存在和運動，而不必靠外在其他的原因。可見「自然」一詞，並不是名詞，而是狀詞。也就是

說，「自然」並不是指具體存在的東西，而是形容「自己如此」的一種狀態。

《老子》書上所說到的「自然」，都是這種意思。讓我們看看他所說的：

悠兮其貴言。功成事遂，百姓皆謂：「我自然」。（十七章）

希言自然。

道之尊，德之貴，夫莫之命而常自然。（五十一章）

故飄風不終朝，驟雨不終日。（二十三章）

是以聖人欲不欲，不貴難得之貨；學不學，復眾人之所過，以輔萬物之自然而不敢為。（六十四
章）

以上所引的文字中，所有關於「自然」一詞的運用，都不是指客觀存在的自然界，乃是指一種不加強

制力量而順任自然的狀態。

十七章所說的「百姓皆謂我自然」是說明政府的作為以不干擾人民為上策，政府的職責在於輔助人

民，功成事遂，百姓並不感到政府力量的存在，反而覺得是自我發展的結果。在人民絲毫不感到政府干預

的情況下，大家都覺得十分的自由自在。

二十三章說的「希言」是合於自然的。「希言」按字面的解釋是「少說話」的意思。老子所說的「言」，其實是指「聲教法令」。因而「希言」乃是指不施加政令的意思。這和「不言之教」的意義是相通的。老子認為，為政不宜擾民，擾民就不合於自然了。反之，如果政令煩苛，猶如飄風驟雨，對人民構成侵害，那就不能持久了。暴政之所以不能持久，就是因為它不合於自然的緣故。

五十一章很清楚的說明了「道」之所以受尊崇，「德」之所以被珍貴，就在於它不干涉，而讓萬物順任自然。

六十四章所說的「以輔萬物之自然而不敢為」和五十一章「夫莫之命而常自然」意義是相通的，這都說明了「道」對於萬物是居於輔助的立場，所謂輔助，只是依照萬物本然的狀態去發展。體「道」的「聖人」──理想中的治者，他的為政也能表現這種精神：輔助百姓的自我發展而不加以制約。

以上的申說，我們可以知道老子提出「自然」的觀念，目的在於消解外界力量的阻礙，排除外在意志的干擾，主張任何事物都應該順任它本身所具有的可能趨向去運行。

老子說：「天地不仁，以萬物為芻狗；聖人不仁，以百姓為芻狗。」（五章）這是說，天地是不偏私的，任憑萬物自然生長；「聖人」是不偏私的，任憑百姓自己發展。這就是「自然無為」思想的說明。

「自然」，常是對天地的運行狀態而說的；「無為」，常是對人的活動狀況而說的。「無為」的觀念，可

說是「自然」一語的寫狀。「自然」和「無為」這兩個名詞可說是二而一的。

老子說：「道常無為而無不為。」（三十七章）這個順任自然的「無為」之「道」，老子將它從形而上的境界落實到政治的層面上。除了三十七章中以「無為」來描述「道」以外，其他《老子》書上凡是談到「無為」的地方，都是從政治的立場而發的。

老子提倡「無為」的動機是出於「有為」的情事。「有為」一詞是針對著統治者而發的⑦。

所謂「有為」是指統治者強作妄為，肆意伸張自己的意欲。老子看到「有為」之政的禍害已經是非常嚴重了，所以他說：

又說：

　　天下多忌諱，而民彌貧，……法令滋彰，盜賊多有。（五十七章）

　　民之饑，以其上食稅之多，是以饑；民之難治，以其上之有為，是以難治。（七十五章）

禁忌太多了，弄得人民手足不知所措；法令森嚴，把人民捆得動彈不得。嚴刑的暴虐，加上重稅的搜刮，弄得民不聊生。

在上者吞食稅賦，這樣的政府，只是加強少數人的利益，成為大眾的暴虐。在老子那時代，擅自奪取百姓的權利是很普遍的。政府權威所集中化的控制越強，對於百姓的蹂躪性就越大。政府原是服務大眾的

工具，然而當時的政府卻已成為壓迫人民的工具。老子沉痛地說出了當時的景象：

朝甚除，田甚蕪，倉甚虛，服文綵，帶利劍，厭飲食，財貨有餘，是謂盜夸。非道也哉！（五十三章）

這幾句話，道盡了專制者侈靡的景況。統治者侵公肥私，過著豪華的生活，而農民卻田園蕪荒，無以為炊；百姓倉庫空虛，在上者錢莊存款累累。這種光景，老子怎能不感嘆的說：「多麼的無道呀！」掌權人身帶利劍，威壓逞強，在饑餓和死亡邊緣的百姓，哪個敢發怨言？這種情形，老子看在眼裏，無怪乎他要氣憤地罵一聲：「這簡直就是強盜頭子！」

然而，逼迫過甚，終會產生大的禍亂。老子說：「民不畏威，則大威至。」（「人民不畏懼威壓，則更大的禍亂就要發生了。」）（七十二章）統治者作威作福，壓迫百姓，到了極致，威壓就要引起反作用了。老子又說：「民不畏死，奈何以死懼之。」（七十四章）假如人民被逼到這種極端的情境，那就只有鋌而走險了。到這時候，即使用死亡去威嚇人，已經走死路一條了，怎能產生阻嚇的效果呢？

老子處在那樣的時代，深深地覺察到那些自認為是他人命運的裁定者，自以為有資格對別人的理想專斷的人，他們的作為，正是造成人間不平與殘暴的根由。

老子看到當時的統治者，不足以有所作為，卻偏要妄自作為，結果適足以形成人民的災難。在這種情形下，老子極力地呼籲為政要「無為」。在他看來，這是唯一釜底抽薪的辦法。

我們可以說，老子著書立說最大的動機和目的就在於發揮「無為」的思想。甚至於他的形上學也是基於「無為」思想而創設的。

「無為」一觀念，散佈於全書，其中五十七章說到「無為」的結果：

我無為而民自化，我好靜而民自正，我無事而民自富，我無欲而民自樸。

事實上，「好靜」「無事」「無欲」就是「無為」思想的寫狀。「好靜」是針對於統治者的騷亂攪擾而提出的；「無事」是針對於統治者的煩苛政舉而提出的；「無欲」是針對於統治者的擴張意欲而提出的。可知「好靜」「無事」「無欲」都是「無為」的內涵。如果為政能做到「無為」，讓人民自我化育，自我發展，自我完成，那麼人民自然能夠安平富足，社會自然能夠和諧安穩。

「無為」主張，產生了放任的思想——充分自由的思想。這種思想是由不干涉主義而來的，老子認為統治階層的自我膨脹，適足以威脅百姓的自由與安寧，因而提出「無為」的觀念，以消解統治者的強制性與干預性。在老子所建構的社會裏，雖然不能以「民主」的觀念來附會它，但空氣是自由的。

老子的「無為」，並不是什麼都不做，並不是不為，而是含有不妄為的意思。「無為」的思想產生了很大的誤解，尤其是「『無為』而無不為」這句話，許多人以為老子的意思是表面上什麼都不做，暗地裏什麼都來。因此誤認為老子是個陰謀家⑧。其實老子絕非陰謀家，他整本書沒有一句話是含有陰謀思想

的。導致這種誤解，完全是因為不了解老子哲學術語的特有意義所致。所謂「『無為』而無不為」的意思是說：「不妄為，就沒有什麼事情做不成的。」「無為」乃是一種處事的態度和方法，「無不為」乃是指「無為」（不妄為）所產生的效果。這和《老子》第三章上所說的「為『無為』則無不治」的意義是相通的。「為『無為』則無不治」的意思是以「無為」的態度去處理世務，就沒有不上軌道的。「為『無為』」是說以「無為」的態度去「為」。可見老子並不反對人類的努力，他仍然要人去「為」的。老子又說：「為而不恃」（二章）「為而不爭」（八十一章）。他鼓勵人去「為」，去發揮主觀的能動性，去貢獻自己的力量，同時他又叫人不要把持，不要爭奪，不要對於努力的成果去伸展一己的佔有欲。

老子主張允許每個個人都能依照自己的需要去發展他的秉賦，以此他提出了「自然」的觀念；為了使不同的意願得到和諧平衡，他又提出「無為」的觀念。老子「自然無為」的觀念，運用到政治上，是要讓人民有最大的自主性，允許特殊性、差異性的發展。也就是說，允許個人人格和個人願望的充分發展，但不以伸展到別人的活動範圍為限。對於統治者來說，「無為」觀念的提出，是要消解獨斷意志和專斷行為的擴展，以阻止對於百姓權利的脅迫、併吞。

老子「自然無為」的主張是有他的歷史背景的，在上古「日出而作，日入而息，帝力於我何有哉」的安閒自足的社會，事實上政府的存在，在一般人民的生活中並不是一件有必然相關性的東西。十八世紀西

方就流行著一句口號：「最懶惰的政府是最好的政府。」那時的政府，並沒有什麼重大的事情可做，主要的工作只是替人民修修道路而已。但是二十世紀的今天，情況就大變了，政府要統籌辦理太多的事情，要做到「無為」已經是不可能的事。然而針對於減縮獨裁政治的為禍而言，「無為」的觀念，仍是空谷足音。今天，人們的生活走向合模化的趨勢越來越厲害，這已經成為整個世界普遍可慮的現象。我們處處可看到權力支配個人的生命，處處可看到個人無助的情形；權力越來越強化，越來越集中化。在這種情境下，老子「自然無為」的主張，仍有其時代的意義。

(二)「虛」「靜」

老子說：「致虛極，守靜篤。」（十六章）老子認為萬物的根源是「虛」「靜」狀態的。面對世事的紛爭攪擾，所以老子提出這一個主張，希望人事的活動，能夠致虛守靜。下面對於這兩個觀念分別加以說明：

《老子》第四章說：

司馬談〈論六家要旨〉，曾說道家思想是「以虛無為本」的。可見「虛」的觀念在老學中的重要性。

道沖而用之，或不盈，淵兮，似萬物之宗。

「道沖」即是形容「道」體是「虛」狀的。這個「虛」狀的「道」體，像是萬物的根源，而且它所發揮出來的作用是永不窮竭的（這可見老子所說的「虛」，並不是空無所有的）。它不但是萬物的根源，而且它所發揮出來的作用是永不窮竭的（這可見老子所說的「虛」，並不是空無所有的）。這和第五章上的說法是一樣的：

天地之間，其猶橐籥乎！虛而不屈，動而愈出。

「橐籥」是形容虛空的狀態，天地之間雖然是虛空狀態，它的作用卻是不窮屈的。運動一經開始，萬物就從這虛空之處湧現出來。可見這個「虛」含藏著創造性的因子，它的儲藏量是無窮的。這正如山谷一樣，雖然是虛空狀的，卻為大量水源的會聚處。老子喜歡用谷來比喻「虛」。他說：

上德若谷。（四十一章）

我們常用「虛懷若谷」這個成語來形容某種心境。達到這種心境的人可以稱為上「德」之人。

老子用「谷」來象徵「虛」，「虛」這個觀念應用到人生方面的時候，它含有「深藏」的意義。《史記‧老莊列傳》上說：「良賈深藏若虛，君子盛德，容貌若愚。」「深藏若虛」，這和半瓶子滿就搖搖晃晃的情形，剛好是一個對比。

「虛」的反面是「實」，是「盈」。「實」含有成見的意思，「盈」表示自滿的意思。老子說了許多關於自滿所產生的弊病，他說：「自見者不明，自是者不彰，自伐者無功，自矜者不長。」（二十四章）

又說：「持而盈之，不如其已；揣而銳之，不可長保。」（九章）這些話都是提醒人家不要自滿，要深藏。

「虛」狀的東西，必然也呈現著「靜」定的狀態。老子重視「虛」，也必然重視「靜」。無論在人生或人事各方面，老子都很重視「靜」的作用。現在讓我們看看老子對於「靜」這個觀念的說法，他說：

萬物並作，吾以觀復。

夫物芸芸，各復歸其根，歸根曰靜，靜曰復命。（十六章）

萬物蓬蓬勃勃地生長，老子在蓬勃生長的現象中，看出往復循環的道理。依他看來，萬物紛紛紜紜，千態萬狀，但是最後總要返回到自己的本根，而本根之處，乃是呈虛靜的狀態。這個觀點應用到人生和政治方面，老子認為人事的紛囂，仍以返回清靜狀態為宜。

老子談「靜」，特別著重在政治方面來立論。他說：「清靜為天下正。」（四十五章）可見「清靜」的作用是多麼的大。他又說：「不欲以靜，天下將自正。」（三十七章）如果不被貪欲所激擾，才能達到清靜的境地，而清靜的境地，也就是「無欲」的狀況。「清靜」「無欲」的重要性老子說得很清楚，他說：

我好靜，而民自正……我無欲，而民自樸。（五十七章）

在這裏，「無欲」和「清靜」是密切相關的。「無欲」則民自樸，民樸則足以自正。「我無欲而民自

樸」，在這裏「欲」和「樸」是相對提出來的，可見這個「欲」乃是指心智作用的巧詐之欲。因此「無欲」並不是要消解本能性的自然欲望，乃是要消解心智作用的巧詐欲望。在老子看來，統治者若能清靜而不縱欲，社會才能走向安定的路子。

「靜」的反面是急躁、煩擾。我們從它的反面來看，更可了解老子重視「靜」的原因。在二十六章上老子說：

重為輕根，靜為躁君。是以君子終日行不離輜重；雖有榮觀，燕處超然，奈何萬乘之主，而以身輕天下？輕則失根，躁則失君。（二十六章）

靜、重是相關的，持重者恒靜，所以老子重「靜」也貴「重」。他認為一個統治者，在日常的生活中必須能夠持守「靜重」；一個統治者雖然享有華麗的生活，卻能安居泰然，這就是清靜的表現。然而老子目擊當時的統治者，過著奢侈靡爛的生活，表現著急躁輕率的作風，所以他感慨地說：為什麼身為大國的君主還把自己看作是天下最輕的東西呢？

執政者不宜輕率急躁，尤其不可騷擾民安。所以老子說：

治大國，若烹小鮮。（六十章）

治理國家，好像煎小魚一樣；不能常常翻動，否則就要翻得破爛不堪了。老子用煎小魚來比喻治理國

家，也就是喻示著治理國家應以清靜為原則，不可攪擾百姓。凡是苛刑重稅都是擾民的政舉，為政者應深自戒惕的。

老子「靜」這個觀念的提出是有他的思想背景的：(1)他看到當時統治階層的縱欲生活；他們耽溺於官能的刺激，追逐著聲色之娛，因此他發出警告說：「五色令人目盲；五音令人耳聾；五味令人口爽；馳騁畋獵令人心發狂。」（十二章）他喚醒大家要在多欲中求清靜。(2)他目擊當時統治者擾民的實況：重稅的逼壓，嚴刑的苛虐。所以他一再地呼籲為政要「清靜」，不可干擾民安。在《老子》書上，除了十六章以外，凡是談到「靜」字的地方，論旨都在政治方面，而且都是針對著為政者的弊端而發的。

老子不僅主張為政應求清靜，人生的活動也應在煩勞中求靜逸。他要人在繁忙中靜下心來，在急躁中穩定自己。俗話常說：「心靜自然涼」，又說：「以靜制動」、「以逸待勞」。這些「動中取靜」的道理，早已成為一般人生活經驗上的口頭禪了。可見老子的「靜」，並不是未然不動、裹足不前，也不是像一潭死水似的完全停滯狀態，乃是「靜中有動，動中寓靜」的。老子說：「孰能濁以靜之徐清；孰能安以動之徐生。」（十五章）在這裏，老子很明顯的肯定了「動極則靜，靜極而動」的道理。

(三) 「柔弱」 「不爭」

老子說：「弱者道之用。」（四十章）又說：「緜緜若存，用之不勤。」（六章）這說明了「道」的創生作用雖然是柔弱的，卻能綿延不絕，作用無窮。「道」在創生過程中所表現的柔弱情況，正是「無為」狀態的一種描寫。正由於「道」所表現的柔弱，使萬物並不感到是強力被造的，而是自生自長的。

柔弱的作用，運用到人生方面，老子認為：「柔弱勝剛強。」（三十六章）並且認為：「堅強死之徒，柔弱者生之徒。」（七十六章）他說：

是以兵強則滅，木強則折。（七十六章）

人之生也柔弱，其死也堅強。草木之生也柔脆，其死也枯槁。故堅強者死之徒；柔弱者生之徒。

老子從經驗世界的事象中找到論據，用以說明「堅強」的東西是屬於死亡的一類，而柔弱的東西是屬於生存的一類。老子拿人作為例論，他說人活著的時候，身體是柔軟的，死了的時候，就變成僵硬了。同時他又拿草木作為例論，他說，草木欣欣向榮的時候，形質是柔脆的，花殘葉落的時候，就變成乾枯了。從這兩個例論中，得出這樣的結論：「堅強者死之徒；柔弱者生之徒。」這個結論蘊涵著「堅強」的東西已失去了生機，「柔弱」的東西則充滿著生機。這是從事物的內在發展狀況來說的。若從它們的外在表現上來說，「堅強」的東西之所以屬於「死之徒」，乃是因為它們的顯露突出，所以當外力逼近的時候，便首當其衝了。所謂「揣而銳之，不可長保。」（九章）才能外顯，容易招忌而遭致陷害，這正如同高大的

樹木，容易引人來砍伐。這是人為的禍患。自然的災難也莫不如此：例如颱風吹襲，高大的樹木往往摧折，甚至連根拔起。而小草卻能迎風招展，由於它的柔軟，反倒隨風飄搖，而永遠不會吹折。俗語說：「狂風吹不斷柳絲，齒落而舌長存。」或說：「舌柔在口，齒剛易折。」這些道理人人都知道。又好比水是「至柔」的東西，它卻具有攻不破的特點，水中抽刀，無論費多大的力氣，永遠是切不斷的。老子從經驗世界中找到諸如此類的論據，而得出這種結論：剛的東西容易折毀，柔的東西反倒難以摧折，所以最能持久的東西不是剛強者，反是柔弱者。因此他說：

天下莫柔弱於水，而攻堅強者莫之能勝，以其無以易之。弱之勝強，柔之勝剛，天下莫不知，莫能行。（七十八章）

天下之至柔，馳騁天下之至堅。（四十三章）

老子認為世間沒有比水更柔弱的，然而攻擊堅強的東西，沒有能勝過它的。我們看看，屋簷下點點滴滴的雨水，由於它的持續性，經過長年累月可以把一塊巨石穿破；洪水泛濫時，淹沒田舍，沖毀橋樑，任何堅固的東西都抵擋不了。所以老子說柔弱是勝過剛強的。在這裏可以看出老子的「柔弱」並不是通常所說的軟弱無力的意思，而其中卻含有無比堅韌不克的性格。

老子「柔弱」的主張，主要是針對於「逞強」的作為而提出的。逞強者必然剛愎自用，自以為是，也

就是老子所說的自矜、自伐、自是、自見、自彰。世間的紛爭多半是由這種心理狀態和行為樣態所產生

的，在這種情況下，老子提出「柔弱」的主張，並提出「處下」「不爭」的觀念。

老子喜歡以水作比喻，來說明他的道理。他說柔弱的水還具有居下、不爭、利物的特點。人生的態度

也應該如此：要能處下、不爭而利民。

「處下」是老子「柔弱」道理的另一種運用。它含有謙虛容物的意思。老子常用江海作比喻，由於它

的低窪處下，所以百川都匯歸於海。老子有感於世上的人，大家都想站在高處，都要搶在亮處，所以他以

「川谷之於江海」（三十二章）來說明「處下」的好處。他認為若能「處下」，自然能夠消解爭端，而培

養容人的心量。

「不爭」的觀念也基因於此。在現實社會上，沒有一個角落不是在為著私自的利益而爭嚷不休的，老

子深有所感，所以他要人「利萬物而不爭」（八章）「為而不爭」（八十一章）。老子的「不爭」，並不是

一種自我放棄，並不是對於一切事、一切人的放棄，也不是逃離社會或遁入山林。他的「不爭」的觀念，

乃是為了消除人類社會不平的爭端而提出的。他仍要人去「為」，而且所「為」要能「利萬物」。「為」

是順著自然的情狀去發揮人類的努力，而人類努力所得來的成果，卻不必擅據為己有。這種為他人服務

（「利萬物」）而不與人爭奪功名的精神，也可說是一種偉大的道德行為。老子所說的「功成而弗居」

（二章）「功成而不有」（三十四章）「功成名遂身退」（九章），都是這種「不爭」思想的引申。由此推知老子「謙退」、「居後」的觀念都蘊涵在這種「不爭」的思想裏面，主要的目的乃在於消弭人類的佔有衝動。

四　總結和批評

上面說過，老子的哲學系統是由「道」開展的。老子認為這個「玄之又玄」「惟恍惟惚」的「道」是真實存在的。現在我們畢竟要問：世界上果真有老子所說的如此這般的「道」嗎？它究竟是實際的存在呢？或者只是概念上的存在？關於這個問題，我們可以直截了當的說，「道」只是概念上存在而已。

「道」所具有的一切特性的描寫，都是老子所預設的。老子所說的預設「道」，若從常識的觀點來看，也許會認為它是沒有意義的。例如說「道」是「惟恍惟惚」的，是「獨立不改」的，是「天地之始」、「萬物之母」的，這一切都是非經驗的語句，都是外在世界無法驗證的。然而「道」的問題，卻不可以把它當做經驗知識的問題來處理，它只是一項預設，一種願望，藉以安排與解決人生的種種問題。「道」之為一種預設，猶如政治學上預設「人人生而平等」一樣，果真是人人生而平等嗎？對於這個預設的命題，我們

既不能否認它，但也不能證明它㈨。關於老子「道」的理論也是這樣，我們不能從存在的觀點（existential

viewpoint）來處理它，只能從設定的觀點（hypothetical viewpoint）來討論它。

如果我們再作進一步的了解，我們也可以說，老子「道」的論說之開展，乃是人的內在生命的一種真實感的抒發。他試圖為變動的事物尋求穩固的基礎，他更企圖突破個我的局限，將個我從現實世界的拘泥中超拔出來，將人的精神生命不斷地向上推展，向前延伸，以與宇宙精神相契合，而後從宇宙的規模上，來把握人的存在，來提昇人的存在。

因而，老子的形上之「道」，固然有人說只是滿足人們概念遊戲的樂趣，但是正因此而拉開了我們思維活動的範圍，並且將我們為眼前事物所執迷的鎖閉的情境中提昇了一級。此外，老子關於宇宙創生的說法，在思想史上也具有重大意義的。「道」的預設，破除了神造之說㊀；他說「道」為「象帝之先」（四章），他不給「上帝」留下地盤；他說「天法道，道法自然」，人格神的觀念在他哲學的園地上銷聲匿跡；他說「天地不仁，以萬物為芻狗」，他這種自然放任的思想，把人從古代宗教迷信的桎梏下徹底地解放出來。老子所說的「天」，都是指自然而言，他消解了意志的天、作為的天，他把前人視為無上權威、不可侵犯性的天，拉下來，屈居於混然之「道」的下面，而成為漠然存在的自然之天。總之，老子解釋宇宙現象時，破除人格神創造的說法，而重視萬物的自生自長，純任自然。從這方面來看，他的形上學是有

重大意義的。

形而上的「道」向下落實而成為人生準則的「道」，它對人所產生的意義就很顯然了。這一層意義的「道」，具有「自然無為」、「虛靜」、「柔弱」、「不爭」、「處下」、「為而不恃，長而不宰，功成而不居」等等特性，從老子所預設的這些「道」的基本特性中，我們可以體會出老子立說的最大動機，是要緩和人類社會衝突。而人類社會衝突的根源，就在於剝削者肆意擴張一己的佔有欲。老子立說的最大動機，是要緩和人類社會衝突。而人類社會衝突的根源，就在於剝削者肆意擴張一己的佔有欲。

所以老子提出「無為」、「質樸」、「無欲」、「謙退」、「不爭」種種觀念，莫不是在求減損人類佔有的衝動。老子所處的社會──事實上從古到今所有人類的社會，有形和無形的爭奪無盡期地在進行著。而戰爭的殘殺，是有形爭奪的事件中最慘烈的。戰爭的意義，令人感到惶惑，追根究底，這些屠殺的事件多半只是為了剝削者的野心和意氣，而迫使多數人的生命去作無謂的犧牲。《老子》書上，表現了強烈的反戰意識，他說：銳利的兵器是不祥的東西，大家都厭惡它，所有有「道」的人不使用它㊂。如果遭受強暴的侵凌，萬不得已而應戰，要「恬淡為上」。打了勝仗不要得意；得意，就是表示喜歡殺人㊂。想想看，打勝仗，就是殺死很多人，而每一個被殺的人，都是和你一般的，從呱呱墜地，在母親的懷抱裏含辛茹苦地撫養成長，從每一張青年的臉孔上，可以體味出多少母愛，母愛之中蘊藏了多少辛酸血淚，豈料無辜地被驅使到戰場上，在瞬刻間被打得血肉模糊，血水迸流。所以老子沉痛地說：「殺人之眾，以悲哀地泣

之，戰勝以喪禮處之。」（三十一章）這是何等偉大的人道主義思想的流露。他對人類的哀憫之心，因而提出「慈」字，要列強發揮慈心，愛養百姓而不可輕殺。在那兵禍連年的時代，在那爭奪迭起的社會，老子苦口婆心，極欲解決人類的爭端。老子著書的動機是多方面的，然而從這一方面作為出發點去了解，才能把握老子立說的真正用意，並且從這點上去體認，當可知道老子仍是具有積極救世的心懷。我們常聽人說，老子的思想是消極的、悲觀的、出世的，這完全是一種誤解。老子倡導「生而不有」、「為而不恃」、「長而不宰」、「功成而不有」、「衣養萬物而不為主」、「為而不爭」，可見他仍要人去「為」，去創生，去養育，去貢獻自己的力量（「衣養萬物」、「利萬物」）。事實上，老子也並不反對人成就功業，只是他眼看到這個社會大家都急急忙忙地求名、取利、爭功，大家都想出風頭、佔便宜、貪圖利益，無功的想爭功，有功的更要居功，所以他要人功業成就了，也不必去佔為己有（「功成而不有」）；事情做了，也不必去爭奪名位（「為而不爭」）。他還呼籲大家要拿出自己有餘的去幫助不足的人（「損有餘而補不足」），要盡自己的所能去貢獻給人類（「有餘以奉天下」）。

此外，我們應重視老子所提出的「虛靜」等觀念，這是對生活上具有批評性與啟示性的觀念。「虛靜」的生活，蘊涵著心靈保持凝聚含藏的狀態。唯有這種心靈才能培養出高遠的心志與真樸的氣質，也唯有這種心靈，才能導引出深厚的創造能量。反觀現代人的生活，匆促浮華，自然難以培養出深沉的思想；

繁忙躁進的生活，實足以扼殺一切偉大的創造心靈。老子懇切地呼籲人們重視一己內在生命的培蓄，就這一個層面來說，對於現代這種浮光掠影式的生活形態與心理樣態，老子的呼聲，未嘗不具有深刻的意義。

最後，我們要談談老子哲學上的缺點：首先，我們很容易發現老子常使用類比法（Analogy）去支持他的論點。例如，他從柔弱的水可以衝激任何堅強的東西，因而推論出柔弱勝剛強的結論來。這種類比法的使用，雖然有相當的說服性和提示性，但是並沒有充分的證據力。因為你可以用同樣的形式例舉不同的前提而推出相反的結論來。你可以說，堅硬的鐵鎚可以擊碎任何柔脆的東西，因而推論出剛強勝過柔弱的結論來。這裏僅就老子所使用的類比法加以批評。當然我們了解老子的用意，只求在經驗世界中找尋說明他的道理的論據，這些論據雖然無法保證他的結論之必然性，然而並無礙於他的道理之能在經驗世界中得到運用。

老子的思想內容，有許多可批評的地方，例如：

（一）老子「返本復初」的思想是很濃厚的。然而是否能夠返回到「本初」的狀態？同時所謂「本初」的狀態，是否像老子所設想的那樣美好？是否有礙於事物的向前推展？

（二）老子認為事物的運動和發展是循環狀態的。然而事物的發展狀況是複雜多端的，有曲線的發展，也有直線發展，種種狀況，不一而足，未可以單一的循環往復來概括其餘的。

（三）老子主張「無知」「棄智」，因為他認為一切巧詐的事情都是由心智作用而產生的。他又主張「絕學」（老子所說的「學」是指仁義禮法之學），他認為這種聖智禮法的追求，徒然增加人們的智巧心機。

但是他忽略了「智」和「學」也可引人向上、導人向善的趨途。

（四）老子重視事物對待關係的轉化，他認為禍福相因，如環無端，然而他卻忽略了主觀力量的重要性。

他這種說法，很容易使人覺得好像無需要主觀力量的參與，禍就自然而然會轉化而為福，福又自然而然地轉化而為禍。事實上，主觀的努力，常為決定禍福的主要因素。

（五）老子一再地強調人應順應自然，然而如此純任自然的結果，一切事物的發展是否能達到預期的效果，這很值得懷疑的。此外，道家思想都肯定了人和自然事物的一體情狀，然而人和自然事物在本質上究竟是否同一？這顯然是有問題的。事實上，人是有意志、有理性、有感情的。意志的表現，理性的作用，感情的流露，都使得人之所以為人，和自然事物在本質上有很大的差別。

（六）在老子所建構的理想國中，那種安足和諧的生活，固然很富詩意，令人神馳，固然有其社會環境作為依據而非全然夢境（古時的農村社會是由許多自給自足的村落形成的）。但是，我們畢竟感到在那種單純而單調的生活方式中，人究竟還有多少精神活動可言？

（七）老子一再強調「清靜無為、柔弱處下」，一個人如果長時期浸染於這種思想的氣氛中，久而久之，

將會侵蝕人的奮發精神，也會消解人向觀念探索以及向思想禁地推進的勇氣。總之，在老子所建構的世界中，人們固然可獲得心靈的平和寧靜，然而相對地也會減損人創造性的衝動。

儘管如此，這些缺點並不能掩蓋老子哲學的價值，他所提出的種種觀念——比如文中一再提到的「生而不有，為而不恃，長而不宰，功成而不居」等等觀念，都已成為傳統文化的精萃。

五千言的一本《老子》，充滿了不少深沉的智慧之言。借用德國哲學家尼采所說的：「像一個永不枯竭的井泉，滿載寶藏，放下汲桶，唾手可得。」

【註釋】（一）這種看法，徐復觀在他的《中國人性論史》上說過。他說：「老學的動機與目的，並不在於宇宙論的建立，而依然是由人生的要求，逐步向上推求，推求到作為宇宙根源的處所，以作為人生安頓之地。因此，道家的宇宙論，可以說是他的人生哲學的副產物。他不僅是要在宇宙根源的地方來發現人的根源；並且是要在宇宙根源相應的地方來決定人生與自己根源相應的生活態度，以取得人生的安全立足點。」（二）唐君毅在《中國哲學原論》中，將老子的「道」細分成六義：虛理之道，形上道體，道相之道，同德之道，修德之道及其生活之道，為事物及心境人格狀態之道。（三）「實存」是指真實的存在。這個真實存在的「道」，具有形而上的性格，我這裏所說的「形而上」的性格是指它不屬於形器世界的東西，它無確切的形體，也無適切的稱謂，我們無法用感官去直接接觸它的存在。

㈣參看徐復觀《中國人性論史》第三三七頁：「宇宙萬物創生的過程，乃表明『道』由無形質以落向有形質的過程。」 ㈤一般人都知道「有」的用處，卻往往忽略了它的反面「無」的作用。在十一章，老子舉了三個例子說明「無」的作用：⑴有車轂的中空，才有車的作用；⑵有器皿的中空，才有器皿的作用；⑶有門窗四壁的中空，才有房屋的作用。所以老子說：「有」給人便利，「無」發揮了它的作用。十一章所說的「有」「無」（「有之以為利，無之以為用」）和二章所說的「有」「無」（「有無相生」），是指現象界中的「有」「無」，這和第一章：「無名天地之始，有名萬物之母」的「有」「無」，以及四十章：「天下萬物生於有，有生於無」中的「有」「無」不同，第一章和四十章上的「有」「無」是超現象界中的「有」「無」，這是「道」的別名。

許多談《老》學的人，忽略了這種區別，混為一談。 ㈥三十六章可能是《老》書中最受誤解的一章。許多人把這段話當作權謀詐術，這真是莫大的曲解。我把它譯成白話以後，原義當可確立，它分明是講「將欲歙之，必固張之」等等情況，乃是「幾先的徵兆」，這是對於「物極必反」觀念的說明，和所謂權謀詐術之語毫不相干。 ㈦胡適在《中國哲學史》（四十七頁）上，也提到老子反對「有為」政治和主張「無為」政治的動機。他說：「老子反對有為的政治，主張無為無事的政治，是當時政治的反動。凡是主張無為的政治哲學，都是干涉政策的反動。因為政府用干涉政策，卻又沒干涉的本

領，越干涉越弄糟了，故挑起一種反動，主張放任無為。歐洲十八世紀的經濟學者、政治學者，多主張放任主義，正為當時的政府實在太腐敗無能，不配干涉人民的活動。老子的無為主義，依我看來，也是因為當時政府不配有為，偏要有為；不配干涉，偏要干涉，所以弄得『天下多忌諱而民彌貧；民多利器，國家滋昏；法令滋彰，盜賊多有。』《瞻卬》詩說的『人有土田，汝反有之；人有民人，汝覆奪之』；此宜無罪，汝反收之；彼宜有罪，汝覆說之』，那種虐政的結果，可使百姓人人有『匪鶉匪鳶，翰飛戾天；匪鱣匪鮪，潛逃於淵』的感想。」（八）這種誤解是非常普遍的。錢穆在《莊老通辨》中，反反覆覆地說老子是個陰謀家，極盡誤解之能事。（九）金岳霖說：「我以為哲學是說出一個道理來的成見。哲學一定要有所『見』，哲學的見，其論理上最根本的部分，或者是假設，或者是信仰；嚴格的說起來，大都是永遠或暫時不能證明與反證的思想。」（引自《馮友蘭〈中國哲學史〉審查報告》）（一〇）老子的宇宙論破除了神造之說，這種看法已經有許多人說過，為了加強這個觀點，下面徵引各家的說法：梁啟超說：「他（老子）說的『先天地生』，說的『是謂天地根』，說的『象帝之先』，這分明說『道』的本體，是要超出『天』的觀念來求他；把古代的『神造說』極力破除。後來子思說：『天命之謂性，率性之謂道。』董仲舒說：『道之大原出於天。』這都是說顛倒了。老子說的是『天法道』，不說『道法天』是他見解最高處。」（《老子哲學》）章太炎說：「老子並不相信天帝

鬼神，和占驗的話。孔子也受了老子的學說，所以不相信鬼神，只不敢打掃乾淨；老子就打掃乾淨。」（《演講錄》）夏曾佑：「老子之書，於今具在；討其義蘊，大約以反覆申明鬼、神、術數之誤為宗旨。『萬物芸芸，各歸其根，歸根曰靜，是謂復命』，是知鬼、神之情狀不可以人理推，而一切禱祀之說破矣。『有物混成，先天地生』，則知天地山川、五行、百物之非原質，不足以明天人之故，而占驗之說廢矣。『禍兮福所倚，福兮禍所伏』，則知禍福純乎人事，非能前定之者，而天命之說破矣。」（引自王力《老子研究》）胡適說：「老子哲學的根本觀念是他的天道觀念。老子以前的天道觀念，都把天看作一個有意志、有知識、能喜、能怒、能作威福的主宰。……老子生在那種紛爭大亂的時代，眼見殺人、破家、滅國等等慘禍，以為若有一個有意志知覺的天帝，決不致有這種慘禍。」（《中國古代哲學史》）徐復觀說：「由宗教的墜落，而使天成為一自然的存在，這與人智覺醒後的一般常識相符。在《詩經》、《春秋》時代中，已露出了自然之天的端倪。老子思想最大貢獻之一，在於對自然性的天的生成、創造，提供了新的、有系統的解釋。在這一解釋之下，才把古代原始宗教的殘渣，滌蕩得一乾二淨，中國才出現了由合理思惟所構成的形上學的宇宙論。」（《中國人性論史》）

㊁ 《老子》三十一章：「夫兵者，不祥之器，物或惡之，故有『道』者不處。」㊂ 《老子》三十一章：「勝而不美，而美之者，是樂殺人。」

註釋、今譯與引述

一章

道可道，非常道〇；名可名，非常名〇。

無，名天地之始；有，名萬物之母〇。

故常無，欲以觀其妙；常有，欲以觀其徼〇。

此兩者，同出而異名〇，同謂之玄〇。玄之又玄，眾妙之門〇。

【註釋】〇道可道，非常道：第一個「道」字是人們習稱之道，即今人所謂「道理」。第二個「道」字，是老子哲學上的專有名詞，在本章它意指構成宇宙的實體與動力。「常」，馬王堆漢墓帛書《老子》甲、乙本均作「恆」。「常道」之「常」，為真常、永恆之字，是指言說的意思。第三個「道」

意。一般將「常道」解釋為永恆不變之道，然可以「永恆」釋之，卻不當以「不變」作解，因老子之意。一般將「常道」解釋為永恆不變之道，然可以「永恆」釋之，卻不當以「不變」作解，因老子之作為宇宙實體及萬物本原的「道」，是恆變恆動的。《老子》四十章謂：「反者道之動」，便以道為動體；二十五章形容道的運行是「周行而不殆」，也是描述道體之生生不息。朱謙之說：「蓋『道』者，變化之總名。與時遷移，應物變化，雖有變易，而有不易者在，此之謂常。……老聃所謂道，乃變動不居，周流六虛，既無永久不變之道，亦無永久不變之名。……天地之道，恆久而不已，四時變化，而能久成。若不可變、不可易，則安有所謂常者？」（《老子校釋》）按朱說為是。程頤在《周易·程氏傳》中釋《易》之〈恆卦〉時指出：「天下之理未有不動而能恆者也，動則終而復始，所以恆而不窮，凡天地所生之物，雖山嶽之堅厚，未有能不變者也。故『恆』非『一定』之謂也，『一定』則不能恆矣。惟隨時變易，乃常道也。」程氏以「隨時變易」解「常道」，正合老義。㈢名可名，非常名：第一個「名」字是指具體事物的名稱。第二個「名」字是稱謂的意思，作動詞使用。第三個「名」字為老子特用術語，是稱「道」之名。蔣錫昌說：「《管子·心術》，『名者，聖人之所以紀萬物也。』」又《七發》注，『名者，所以命事也。』此名乃世人用於事物之名，其所含意義，常為一般普通心理所可了解，第一『名』字用為動詞。『常名』者，真常不易之名也，此乃老子自指其書中所用之名而言。老子書中所用之名，其含義與世人習用者多不同。老子

深恐後人各以當世所習用之名來解《老子》，則將差以千里，故於開端即作此言以明之。」（《老子校詁》）張岱年說：「真知是否可以用名言來表示！這是中國古代哲學中一個大問題。道家以為名言不足以表述真知，真知是超乎名言的。」（《中國哲學大綱》）㈢無，名天地之始；有，名萬物之母：「無」、「有」是指稱「道」的，是表明「道」由無形質落實向有形質的活動過程。「無名天地之始，有名萬物之母」：歷來有兩種句讀：一、「無」，名天地之始；「有」，名萬物之母。二、「無名」，天地之始；「有名」，萬物之母。嚴遵、王弼用「無名」、「有名」作解，前人多循王弼之見。王安石則以「無」為讀，所以名天地之始；「有」，所以名萬物之母。繆爾紓說：「此以『無』、『有』為讀，然以『無名』、『有名』為讀亦可。」（《老子新註》）按：「無」「有」是中國哲學本體論或宇宙論中的一對重要的範疇，創始於老子。《老子》四十章上有：「天下萬物生於有，有生於無」之說，這裏應以「無」「有」為讀。主張「無名」「有名」為讀的人，也可在《老子》本書上找到一個論據，如三十二章：「道常無名，始制有名。」然而若以三十二章的「無名」「有名」作為本章上標點的根據，則「無名」猶可通，而「有名」則不可通。因為「始制有名」的「名」是指區分尊卑名分的「名」，這種「名」乃是引起紛爭的根源。引起紛爭的「名」，則不當成為萬物的根源（「萬物之母」）。再

說，「名」是跟著「形」而來的，如《管子》說：「物固有形，形固有名。」「有形」不當成為萬物
之母，故而似不宜以「有名」為讀。④常無，欲以觀其妙；常有，欲以觀其徽：常體「無」，以觀
照「道」的奧妙；常體「有」，以觀照「道」的邊際。「徽」，前人有幾種解釋：一、歸結；如王弼
注：「徽，歸終也。」二、作「竅」解；如黃茂材本為「竅」。馬敘倫說：「徽當作竅，《說文》：
『竅，空也。』」（《老子校詁》）三、作「皦」；如敦煌本為「皦」。朱謙之說：「宜從敦煌本作
『皦』……『常無觀其妙』，『皦』者，微眇之謂，荀悅《申鑒》所云：『理微謂之妙也。』『常
有觀其皦』，『皦』者，光明之謂，與「妙」為對文，意曰理顯謂之皦也。」四、邊際；陸德明說：
「徽，邊際也。」（《老子音義》）董思靖說：「徽，邊際也。」（《道德真經解》）陳景元說：「大道邊
有小路曰徽。」吳澄說：「徽者，猶言邊際之處，孟子所謂端是也。」今譯從後者，姑譯為「端倪」。
「常無欲以觀其妙，常有欲以觀其徽。」有以「無」「有」為讀，有以「無欲」「有欲」為讀。王弼
以「無欲」「有欲」作解，後人多依從，然本章講形而上之「道」體，而在人生哲學中老子認為「有
欲」妨礙認識，則「常有欲」自然不能觀照「道」的邊際。所以這裏不當「無欲」「有欲」作解，而
應承上文以「無」「有」為讀。再則，《莊子·天下篇》說：「老聃聞其風而悅之，建之以常無有。」
莊子所說的「常無有」就是本章的「常無」「常有」。這更可證明此處應以「無」「有」斷句。自帛

書《老子》出土後，學者多據以「有欲」作解，因帛書《老子》作：「恒有欲也以觀其所噭。」嚴靈

峯說：「《老子》全書言『無欲』者多，……反之，見『有欲』，則『心必亂』。此句關鍵在於『觀』

字，即如何『以觀其徼』（依通行本）。老子觀物方法，以虛靜為本，……常常有欲之人，自難虛

靜，何能『觀徼』，是如帛書雖屬古本，『也』字應不當有，而此句亦當從『有』字斷句，而『欲』

字作『將』字解；為下『觀』字之副詞。又：『噭』字，《說文》：『吼也，從口，敫聲。』尤不可

通，吼聲可用耳『聽』，安可以目『觀』之乎？足證此為誤字無疑。」（《馬王堆帛書老子試探》）嚴

說是。茲例舉自宋代王安石至當代高亨各家見解於下，俾供參考：王安石說：「道之本出於無，故常

無，所以自觀其妙。道之用常歸於有，故常有，得以自觀其徼。」蘇轍說：「聖人體道以為天下用，

入於眾有而『常無』，將以觀其妙也。體其至無而『常有』，將以觀其徼也。」（《老子解》）王雱

說：「舊註『有名』、『無名』，猶無關文義，『無欲』、『有欲』恐有礙宗旨。老子言『無欲』，

『有欲』則所未聞。」（《老子解》）俞樾說：「司馬溫公、王荊公並於『無』字『有』字終句，當從

之。下云：『此兩者同出而異名，同謂之玄。』正承『有』『無』二義而言，若以『無欲』『有欲』

連讀，既『有欲』矣，豈得謂之『玄』？」（引自《諸子平議》）易順鼎說：「按《莊子·天下篇》：

『老聃聞其風而悅之，建之以常無有。』『常無有』即此章『常無』『常有』，以『常無』『常有』

為句，自《莊子》已然矣。」（《讀老札記》）高亨說：「『常無』連讀。『常有』連讀。『常無欲以觀其妙』，猶云欲以常無觀其妙也。『常有欲以觀其徼』，猶云欲以常有觀其徼也。因特重『常無』與『常有』，故提在句首。此類句法，古書中恒有之。」（《老子正詁》）⑤此兩者，同出而異名：帛書本作「兩者同出，異名同胃（謂）」。「此兩者」，指上文「無」和「有」。王安石說：「『兩者』，有無之道，而同出於道也。世之學者，常以『無』為精，以『有』為粗，不知二者皆出於道，故云『同謂之玄』。」童書業說：「『無』和『有』或『妙』和『徼』，這是『同出而異名』的。從『同』的方面看，混沌而不分，所以稱之為『玄』。」⑥玄：幽昧深遠的意思。蘇轍說：「凡遠而無所至極者，其色必玄，故老子常以玄寄極也。」（《老子解》）范應元說：「玄者，深遠而不可分別之義。」（《老子道德經古本集註》）吳澄說：「玄者，幽昧不可測知之意。」（《道德真經注》）張岱年說：「『玄』的觀念，亦即道的觀念之變相。」（《中國哲學大綱》）⑦眾妙之門：一切奧妙的門徑，即指「道」而言。

【今譯】　可以用言詞表達的道，就不是常道；可以說得出來的名，就不是常名。

無，是天地的本始；有，是萬物的根源。

所以常從無中，去觀照道的奧妙；常從有中，去觀照道的端倪。

無和有這兩者，同一來源而不同名稱，都可說是很幽深的。幽深又幽深，是一切奧妙的門徑。

【引述】 整章都在寫一個「道」字。這個「道」是形而上的實存之「道」，這個形上之「道」是不可言說的；任何語言文字都無法用來表述它，任何概念都無法用來指謂它。

「道」是老子哲學上的一個最高範疇，在《老子》書上它含有幾種意義：一、構成世界的實體。二、創造宇宙的動力。三、促使萬物運動的規律。四、作為人類行為的準則。本章所說的「道」，是指一切存在的根源，是自然界中最初的發動者。它具有無限的潛在力和創造力，天地間萬物蓬勃的生長都是「道」的潛藏力之不斷創發的一種表現。

「無」「有」是用來指稱道的，是用來表明道由無形質落實向有形質的一個活動過程。

老子所說的「無」，並不等於零。只因為道之為一種潛藏力（Potentiality），它在未經成為現實性（Actuality）時，它「隱」著了。這個幽隱而未形的「道」，不能為我們的感官所認識，所以老子用「無」字來指稱這個不見其形的道的特性。這個不見其形而被稱為「無」的道，卻又能產生天地萬物，因而老子又用「有」字來形容形上的道向下落實時介乎無形質與有形質之間的一種狀態。可見老子所說的「無」是含藏著無限未顯現的生機，「無」乃蘊涵著無限之「有」的。「無」和「有」的連續，乃在顯示形上的道向下落實而產生天地萬物時的一個活動過程。由於這一個過程，一個超越性的

二章

天下皆知美之為美，斯惡已㊀；皆知善之為善，斯不善已。

有無相生㊁，難易相成，長短相形㊂，高下相盈㊃，音聲相和㊄，前後相隨㊅。

反顯出道的精深奧妙性。

他用了許多經驗世界的名詞去說明，然後又一一打掉，表示這些經驗世界的名詞都不足以形容，由此

以名之，勉強用一個「道」字來稱呼它，這只是為了方便起見而已。老子說到道體時，慣用反顯法；

道之不可言說性與概念性等。在二十五章上，老子說到這個形而上之實存體是個混然狀態的東西，無

之處，就是萬物所從出的「道」。至於老子說「道」不可名，事實上他已經給了我們一些概念：即是

許多人以為老子的道理很玄虛，所謂「玄之又玄」。其實老子這句話只說明在那深遠而又深遠的根源

本章只在說明：一、道具有不可言說性，道是不可概念化的東西。二、道是天地萬物的根源和始源。

道和具體的世界密切地聯繫起來，使得形上的道不是一個掛空的概念。

是以聖人⑺處無為⑻之事，行不言⑼之教；萬物作而不為始⑽，生而不有，為而不恃⑾，功成而弗居。夫唯弗居，是以不去。

【註釋】

⑴天下皆知美之為美，斯惡已：天下都知道美之所以為美，醜的認識產生了。「惡」，指醜。「已」，蘇轍本作「矣」，「已」、「矣」古通。一般人多把這兩句話解釋為：「天下都知道美之為美，就變成醜了。」老子的原意不在於說明美的東西「變成」醜，而在於說明有了美的觀念，醜的觀念也同時產生了。下句「皆知善之為善，斯不善已。」同樣說明相反相因的觀念。後面「有無相生」等六句，都在於說明觀念的對立形成，並且在對待關係中彰顯出來。王安石說：「夫善者，惡之對；善者，不善之反，此物理之常。」吳澄說：「美惡之名，相因而有。」陳懿典說：「但知美之為美，便有不美者在。」王夫之說：「天下之變萬，而要歸於兩端生於一致，故方有『美』而方有『惡』。」（《老子衍》）以上各說，都在說明「美」「惡」的事端或概念乃對待而生。⑵有無相生：「有」、「無」，指現象界事物的存在或不存在而言。這裏的「有」「無」和第十一章「有之以為利，無之以為用」的「有」、「無」同義，而不同於上章（一章）喻本體界之道體的「無」、「有」。「有無相生」句上，今本有「故」字，敦煌本、遂州碑本、顧歡本無「故」字。郭店簡本及帛書甲、

乙本正同，據刪。③形：王弼本原作「較」。河上公本、傅奕本及其他古本都作「形」。帛書甲、乙本皆作「刑」。「刑」「形」音近假借，「刑」即「形」（許抗生《帛書老子註譯與研究》）。畢沅說：「古無『較』字。本文以『形』與『傾』為韻，不應作『較』。」（《老子道德經考異》）畢說可從，因據河上本與傅奕本改正。④盈：通行本皆作「傾」。據帛書本改正。按：「盈」為「呈」字之假（盈聲、呈聲之字古多通假），「呈」與「形」義同，「高下相呈」，是說高與下在對待關係中才顯現出來。郭店簡本正作「涅」。「涅」通「盈」。⑤音聲相和：樂器的音響和人的聲音互相調和。⑥前後相隨：此句下帛書甲、乙本均有「恒也」兩字。張舜徽說：「『恒也』，乃總結上六句之辭，必不可少，今本奪去久矣。《老子》言事物之可名者，如有無、難易、長短、高下、音聲、前後之類，皆以相對而存在。且皆相互依賴，彼此轉化，包含著樸素辯證法思想。」（《周秦道論發微‧老子疏證》卷下）然驗之郭店簡本與通行本並無。帛本「恒也」兩字，為後人所加。⑦聖人：這是道家最高的理想人物，其人格形態不同於儒家。儒家的聖人是倫範化的道德人；道家的「聖人」則體任自然，拓展內在的生命世界，揚棄一切影響身心自由活動的束縛。道家的「聖人」和儒家的聖人，無論對政治、人生、宇宙的觀點均不相同，兩者不可混同看待。（本書「聖人」均從嚴靈峯《老子達解》語譯為「有道的人」）。錢鍾書說：「老子所謂『聖』者，盡人之能事以效天地之行所無事耳。」

（引自《管錐編》第二冊，四二二頁）（八）無為：不干擾；順其自然，不妄為。張岱年說：「無為的學說，發自老子。『無為』即自然之意。」霍姆斯·偉爾奇（Holmes Welch）說：「『無為』並不是意指避免一切行動，而是避免採取一切充滿敵意的侵犯性的行動。」（《道家》英文本第三十三頁）陳榮捷說：「無為是我們行為的特異方式，或更確切說是自然方式。……無為之道乃自發之道。」（《中國哲學史話》，收在莫爾編《中國人的心靈》）史華慈（Benjamin Schwarz）說：「嚴復也將老子關於統治者『無為』的思想解釋為：好的統治者應使人民自為。在人民的體力、智力和道德力充分發展的地方，富強必將實現。」（《嚴復與〔西方〕》）福永光司說：「老子的無為，乃是不恣意行事，不孜孜營私，以捨棄一己的一切心思計慮，一依天地自然的理法而行的意思。在天地自然的世界，萬物以各種形體而出生，而成長變化為各樣的形態，各自有其一份充實的生命之開展；河邊的柳樹抽發綠色的芽，山中的茶花開放粉紅的花蕊，鳥兒在高空上飛翔，魚兒從深水中躍起。在這個世界，無任何作為性的意志，亦無任何價值意識，一切皆是自爾如是，自然而然，絕無任何造作。」（陳冠學譯福永著《老子》）（九）不言：不發號施令，不用政令。「言」，指政教號令。「不言之教」，意指非形式條規的督教，而為潛移默化的引導。葉夢得說：「號令教戒，無非『言』也。」（《老子解》）（十）萬物作而不為始：王弼本作「萬物作焉而不辭」，傅奕本、敦煌本則作「萬物作焉而不為始」。帛書乙本亦作「始」。簡本

作「伈」。陸希聲、開元及《太平御覽》七六引皆無「焉」字，簡帛本正同，據刪。易順鼎說：「考

十七章王註云：『大人在上，居無為之事，行不言之教，萬物作焉而不為始。』數語，全引此章經

文，是王本作『不為始』之證。」陶邵學說：「今王本作『辭』者，後人妄改也。『不為始』義較

優，且與下句協韻。」（《校老子》）丁原植說：「『伈』字，字形右邊當為『司』字之省，……引申

有主宰、主導的意含。」（《郭店竹簡老子釋析與研究》）㈡生而不有，為而不恃：兩「不」字帛本作

「弗」。郭店簡本無「生而不有」句，下句「功成而弗居」，簡本作「成而弗居」。簡文四字成句，

上下文對稱，優於各本。

【今譯】　天下都知道美之所以為美，醜的觀念也就產生了；都知道善之所以為善，不善的觀念也就

產生了。

有和無互相生成，難和易互相促就，長和短互為顯示，高和下互為呈現，音和聲彼此應和，前和後連

接相隨。

所以有道的人以無為的態度來處理世事，實行「不言」的教導；萬物興起而不造作事端；生養萬物而

不據為己有；作育萬物而不自恃己能；功業成就而不自我誇耀。正因他不自我誇耀，所以他的功績不

會泯沒。

【引述】　老子認為形而上的道是「獨立不改」、永恒存在的，而現象界的一切事物都是相對的、變動的。

本章以美與醜、善與惡說明一切事物及其稱謂、概念與價值判斷，都是在對待的關係中產生的。而對待的關係是經常變動著的，因此一切事物及其稱謂、概念與價值判斷，亦不斷地在變動中。「有無相生，難易相成，長短相形，高下相盈，音聲相和，前後相隨」，則說明一切事物在相反關係中，顯現相成的作用；它們互相對立而又相互依賴、相互補充。

人間世上，一切概念與價值都是人為所設定的，其間充滿了主觀的執著與專斷的判斷，因此引起無休止的言辯紛爭。有道的人卻不恣意行事，不播弄造作，超越主觀的執著與專斷的判斷，以「無為」處事，以「不言」行教。

這裏所謂的「聖人」是理想人物的投射。聖人和眾人並不是一種階級性的劃分，只是在自覺活動的過程中比眾人先走一步而已。聖人的行事，依循著自然的規律而不強作妄為。天地間，萬物欣然興作，各呈己態，聖人僅僅從旁輔助，任憑各自的生命開展其豐富的內涵。

在一個社會生活上，老子要人發揮創造的動力，而不可伸展佔有的衝動，「生而不有，為而不恃，功成而弗居。」正是這個意思。「生」、「為」、「功成」，正是要人去工作，去創建，去發揮主觀的

能動性，去貢獻自己的力量，去成就大眾的事業。「生」和「為」即是順著自然的狀況去發揮人類的努力。然而人類的努力所得來的成果，卻不必擅據為己有。「不有」「不恃」「弗居」，即是要消解一己的佔有衝動。人類社會爭端的根源，就在於人人擴張一己的佔有欲，因而老子極力闡揚「有而不居」的精神。

三章

不尚賢⑴，使民不爭⑵；不貴難得之貨，使民不為盜；不見可欲⑶，使民不亂⑷。

是以聖人之治，虛其心⑸，實其腹，弱其志⑹，強其骨。常使民無知無欲⑺。使夫智者不敢為也⑻。為無為⑼，則無不治。

【註釋】

⑴尚賢：標榜賢才。另一解「不尚賢」，猶不尚多財（依蔣錫昌之說）。河上公註：

「『賢』，謂世俗之賢，去質尚文也。『不尚』者，不貴之以祿，不貴之以官。」（《老子章句》）釋

德清註：「尚賢，好名也。名，爭之端也。」（《道德經解》）蔣錫昌按：「《說文》，『賢，多財也』；从貝，臤聲。」不尚賢，猶不尚多財，與下文『不貴難得之貨』，『不見可欲』一律，皆指財物而言。《敦》本『賢』作『寶』，蓋為後人旁註之字，不尚多財，則民不爭，此老子正用本義。」（《老子校詁》）蔣說頗可參考。馮達甫說：「今各家多宗王註，似宜斟酌。《六書故》：『賢，貨貝多於人也。』」（《老子譯注》）

㈡不爭：指不爭功名，返自然也。（河上公註）㈢可欲：多欲之意。按：徐仁甫《廣釋詞》云：「可猶多……《老子》四十六章：『罪莫大於可欲』，《韓詩外傳》『可欲』引作『多欲』……《楚辭・九章・哀郢》：『曾不知夏之為丘兮，敦兩東門之可蕪』……可蕪，謂多蕪。」「可欲」釋為「多欲」是確當的。疑「可」讀為「夥」。可、夥，皆為歌部字。《說文》：「齊謂多為夥。」《方言・一》：「凡物盛多謂之寇，齊宋之郊、楚魏之際曰夥。」《史記・陳涉世家》索隱引服虔曰：「楚人謂多為夥。」老子、屈原皆楚人，正合用「夥」字。㈣使民不亂：王弼本「民」下有「心」字，帛書甲、乙本並無，據帛本。㈤虛其心：使人的心靈開闊。釋德清說：「斷妄想思慮之心，故曰虛其心。」陳榮捷說：「『虛』意指心靈寧靜與清淨之極致，沒有憂慮與私慾。」（譯自 A Source Book in Chinese Philosophy, p.141）嚴復說：「虛其心所以受道，實其腹所以為我。」弱其志所以從理而無所攖，強其骨所以自立而幹事。」㈥弱其志：使人的意志柔韌。

按此處「虛」、「弱」，為老學特有用詞，都是正面的、肯定的意義（如：十六章「致虛極」、四十一章「弱者道之用」等，都是正面、肯定的意義）。本章的「虛」，意指心境的開闊；「弱」，意指心志的柔韌。張舜徽說：「四『其』字，皆指人君自己。『虛其心』，謂廣納也；『弱其志』，謂謙抑能下人也；『強其骨』，謂堅定有以自立也。」⑦無知無欲：沒有偽詐的心智，沒有爭盜的欲念。王弼註：「守其真也。」即是說，保持心靈的純真樸質。五十七章云：「我無欲，而民自樸。」可證老子倡「無欲」以保持內心的真樸，且「無欲」為聖人修養的一種崇高的心境。⑧智者不敢為也：自作聰明的人不敢多事。「不敢為」一詞亦見於六十四章。此句及下句敦煌甲本作「使知者不敢，不為，則無不治矣」。⑨為無為：以無為的方式去為（做）；即以順任自然的態度去處理事務。童書業說：「老子的『無為』思想，也是從春秋時代的自然主義思潮來的。在春秋時，已有『無為』思想的萌芽，老子發展了這種思想，把『無為』思想作為他的政治理論的核心，這是和他的處世哲學相聯繫著的。他子的『無為』思想，應用到政治上，就是『清淨無為』。這種『無為』思想反映的階級性，自然是小所有者的利益。小所有者隱士反對統治者的作為，他們認為統治者的一切作為，都是擾亂天下，使百姓不安的。他們要求統治者無所作為，效法自然，讓百姓自生自長，自由發展。」

【今譯】 不標榜賢才異能，使民眾不爭功名；不珍貴難得的財貨，使民眾不起竊盜；不顯耀可貪的事物，使民眾不被惑亂。

所以有道的人治理政事，要使人心靈開闊，生活安飽，意志柔韌，體魄強健。常使民眾沒有〔偽詐的〕心智、沒有〔爭盜的〕欲念。使一些自作聰明的人不敢妄為。依照無為的原則去處理世務，就沒有不上軌道的。

【引述】 名位實足以引起人的爭逐，財貨實足以激起人的貪圖。名位的爭逐，財貨的貪圖，於是巧詐偽作的心智活動就層出不窮了，這是導致社會的混亂與衝突的主要原因。解決的方法，一方面要給人們生活安飽，另方面要開闊人們的心思。所謂「無知」，並不是行愚民政策，乃是消解巧偽的心智。所謂「無欲」，並不是要消除自然的本能，而是消解貪欲的擴張。

本章還蘊涵了老子對於物欲文明的批評。

四章

道沖⊖，而用之或不盈⊜。淵兮，似萬物之宗；〔挫其銳，解其

紛，和其光，同其塵（三），湛兮（四），似或存。吾不知誰之子，象帝之先（五）。

【註釋】

（一）道沖：「沖」，古字為「盅」，訓虛。「沖」傅奕本作「盅」。《說文》：「盅，器虛也」；《老子》曰：「道盅而用之。」畢沅說：「《說文解字》引本書作『盅』，諸本皆作『沖』，《淮南子》亦作『沖』，並非是。」嚴復說：「此章專形容道體，當玩『或』字與兩『似』字方為得之。蓋道之為物，本無從形容也。」（《老子道德經評點》）

（二）不盈：不滿，不窮。

（三）挫其銳，解其紛，和其光，同其塵：這四句疑是五十六章錯簡重出，因上句「淵兮似萬物之宗」與下句「湛兮似或存」正相對文。這四句【今譯】從略。譚獻曰：「五十六章亦有『挫其銳』四句，疑羼誤。」（《復堂日記》）馬敘倫：「『挫其銳』四句，乃五十六章錯簡；而校者有增無刪，遂複出也。」（《老子校詁》）陳柱曰：「按馬說是也。『淵兮似萬物之宗』與『湛兮似或存』相接。若閒以『挫其銳』四句，其錯簡重出早在戰國時已形成。」按：以上各說甚是。惟帛書書甲、乙本均有此四句，文義頗為牽強。吳澄說：「湛，澄寂之意。」奚侗說：「道不可見，故云『湛』。《說文》：『湛，沒也。』」（《老子集解》）

（四）湛：沉、深，形容「道」的隱而未形。

（五）象帝之先：道似在天帝之前，此言道乃先

天地生（河上公註）。按：「象帝之先」的「象」可有兩種解釋，其一，可釋為「命名」、稱呼。其二，「象」釋為比擬、比喻。「先」猶上句「萬物之宗」的「宗」。王安石說：「象」者，有形之始也；『帝』者，生物之祖也。故《繫辭》曰：『見乃謂之象。』『帝出乎震。』其道乃在天地之先。」（王安石《老子注輯本》）

【今譯】

道體是虛空的，然而作用卻不窮竭。淵深啊！它好像是萬物的宗主；幽隱啊！似亡而又實存。我不知道它是從哪裏產生的，但可稱它為天帝的宗祖。

【引述】

道體是虛狀的。這虛體並不是一無所有的，它卻含藏著無盡的創造因子。因而它的作用是不窮竭的。

這個虛狀的道體，是萬物的根源。在這裏，老子擊破了神造之說。

五章

天地不仁（一），以萬物為芻狗（二）；聖人不仁（三），以百姓為芻狗。

天地之間，其猶橐籥（四）乎！虛而不屈（五），動而愈出。

多言數窮（六），不如守中（七）。

【註釋】（一）天地不仁：天地無所偏愛。即意指天地只是個物理的、自然的存在，並不具有人類般的

感情；萬物在天地間僅依循著自然的法則運行著，並不像有神論所想像的，以為天地自然法則對某物

有所愛顧（或對某物有所嫌棄），其實這只是人類感情的投射作用！王弼註：「天地任自然，無為無

造，萬物自相治理，故不仁也。仁者，必造立施化，有恩有為。」河上公註：「天施地化，不以仁

恩，任自然也。」蘇轍說：「天無私，而聽萬物之自然。故萬物自生自死，死非吾虐之，生非吾仁

之也。」（《老子解》）吳澄說：「仁謂有心於愛之也。天地無心於愛物而任其自生自成。」（《道德

真經注》）高亨說：「不仁，只是無所親愛而已。」（《老子正詁》）胡適說：「老子的『天地不仁』

說，似乎含有天地不與人同性的意思。老子這一個觀念，打破古代天人同類的謬說，立下後來自然哲

學的基礎。」（《中國古代哲學史》）陳榮捷先生說：「『不仁』一辭大有爭議，它或許可被視為老子

反對儒家仁義思想的一種強烈展示。但事實上此處所描述的道家觀念是肯定面的，而非否定面的，它

意指天地不偏不黨，公正無私，毫無人為蓄意的仁愛之意，幾乎所有的註者都能理解，《莊子》發揮

得尤為精妙，像 Blakney 等將之譯為 unkind 的方式，可以說全然誤解道家的哲學。」（《中國哲學資料

選編》）福永光司說：「天地自然的理法（道）是沒有人類所具的意志、感情，以及目的性的意圖與價值意識的一個非情之存在。……天地自然的理法，畢竟只是一個物理的、自然的存在而已。」㈡芻狗：用草紮成的狗，作為祭祀時使用。蘇轍說：「結芻為狗，設之於祭祀，盡飾以奉之，夫豈愛之，適時然也。既事而棄之，行者踐之，夫豈惡之，亦適然也。」吳澄說：「芻狗，縛草為狗之形，禱雨所用也。既禱則棄之，無復有顧惜之意。天地無心於愛物，而任其自生自成；聖人無心於愛民，而任其自作自息，故以芻狗為喻。」林希逸說：「芻狗之為物，祭則用之，已祭則棄之。喻其不著意而相忘爾。……而說者以為視民如草芥，則誤矣。」錢鍾書說：「芻狗萬物，乃天地無心而不相關，非天地忍心而不憫惜。」（引自《管錐編》第二冊，四一九頁）㈢聖人不仁：聖人無所偏愛。即意指聖人取法於天地之純任自然。河上公註：「聖人愛養萬民，不以仁恩，法天地任自然。」王弼說：「聖人與天地合其德。」吳澄說：「聖人之心虛，而無所倚著。」按：「心虛」含有心無成見的意思。㈣橐籥：風箱。范應元說：「『橐籥』，竹管曰『籥』。冶煉之處，用籥以接橐橐之風氣，吹鑪中之火。」吳澄說：「橐籥，冶鑄所用，噓風熾火之器也。為函以周罩于外者，『橐』也；為轄以鼓扇于內者，『籥』也。天地間猶橐籥者，橐象太虛，包含周徧之體；籥象元氣，絪縕流行之用。」馮達甫說：「以橐籥的功能，比喻自然的功能，自然是生生不息的。」（《老子譯注》）㈤不屈：不竭。嚴

復說：「『屈』音掘，竭也。『虛而不屈』，虛而不可竭也。」

（六）多言數窮：政令煩苛，加速敗亡。

「言」，意指聲教法令。「多言」，意指政令煩多。「數」，通「速」。蔣錫昌說：「『多言』為

『不言』之反，亦為『無為』之反，故『多言』即有為也。」（《老子校詁》）吳澄說：「數，猶速

也。」馬敘倫說：「『數』，借為『速』。《禮記・曾子問》：『不知其已之遲數。』註：『數』

讀為『速』。」《莊子・人間世篇》：『以為棺槨則速腐。』崔譔本『速』作『數』，並其證。」

（七）守中：持守中虛。道家重視「中」的思想，如莊子講「養中」，馬王堆帛書《黃帝四經》講「平

衡」。嚴復說：「夫『中』者何？道要而已。」蔣錫昌說：「此『中』乃老子自謂其中正之道，即

『無為』之道也。……『多言數窮，不如守中』，言人君『有為』則速窮，不如守清靜之道之為愈

也。」張默生說：「『不如守中』的『中』字，和儒家的說法不同：儒家的『中』字，是不走極端，

要合乎『中庸』的道理；老子則不然，他說的『中』字，是有『中空』的意思，好比橐籥沒被人鼓動

時的情狀，正是象徵著一個虛靜無為的道體。」（《老子章句新釋》）許抗生說：「吳澄說：『中謂橐

之內籥所奏之處也。』即指風箱中間。『守中』，這裏意即保持住天地中虛靜的狀態。」（《帛書老子

註釋與研究》）按：郭店簡本僅節抄本章中段（「天地之間，其猶橐籥歟？虛而不屈，動而愈出。」），

文義與通行本同。

【今譯】 天地無所偏愛，任憑萬物自然生長；聖人無所偏愛，任憑百姓自己發展。

天地之間，豈不像個風箱嗎？空虛但不會窮竭，發動起來而生生不息。

政令煩苛反而加速敗亡，不如持守虛靜。

【引述】 本章分三段來說明：

一、「天地不仁」是說明天地順任自然，不偏所愛。這句話是就天地的無私無為來說。「以萬物為芻狗」，便是天地無私的一種表現。

依老子看來，天地間的一切事物，只是依照自身的發展規律以及各物的內在原因而運動而成長。

先前的人，總以為日月星辰、山河大地都有一個主宰者駕臨於其上，並且把周遭的一切自然現象都視為有生命的東西。兒童期的人類，常以自己的影像去認識自然，去附會自然。人類常以一己的願望投射出去，給自然界予以人格化，因而以為自然界對人類有一種特別的關心、特別的愛意。老子卻反對這種擬人論（Anthropomorphism）的說法。他認為天地間的一切事物都依照自然的規律（「道」）運行發展，其間並沒有人類所具有的好惡感情或目的性的意圖存在著。在這裏老子擊破了主宰之說，更重要的，他強調了天地間萬物自然生長的狀況，並以這種狀況來說明理想的治者效法自然的規律（「人道」法「天道」）的基本精神就在這裏），也是任憑百姓自我發展。這種自由論，企求消解外在的強制

性與干預性，而使人的個別性、特殊性以及差異性獲得充分的發展。

二、天地之間是一個虛空的（Vacuous）狀態。雖然是「虛」狀的，而它的作用卻是不窮竭的，這和第四章的說法一樣，這個「虛」含有無盡的創造的因子。所以說：「動而愈出」——天地運行，萬物便生生不息了。這個「動」（在虛空中的「動」）便成為產生萬有的根源了。可見老子所說的「虛」，不是個消極的觀念，反是個積極的觀念。

三、「天地不仁」和天地虛空都是老子「無為」思想的引申。天地「無為」（順任自然），萬物反而能夠生化不竭。「無為」的反面是強作妄為，政令煩苛（「多言」），將導致敗亡的後果。這是老子對於擾民之政所提出的警告。

六章

谷神不死㈠，是謂玄牝㈡。玄牝之門，是謂天地根。緜緜若存㈢，用之不勤㈣。

【註釋】

(一)谷神不死：「谷」，形容虛空。「神」，形容不測的變化。「不死」，喻變化的不停竭。

朱熹說：「『谷』只是虛而能受，『神』謂無所不應。」（《朱子語類》第一百二十五卷）嚴復說：「以其虛，故曰『谷』；以其因應無窮，故稱『神』；以其不屈愈出，故曰『不死』。」（《老子道德經評點》）侯外盧說：「《老子》書中的『道』比孔、墨的天道觀的『道』是進步的；其所以是進步的，因為『道』在孔、墨那裏是附有宗教性的，而『道』在《老子》書中是義理性的，有一定的自然規律性的。《老子》書中也出現『神』字，如『谷神不死』之類，後來朱子還把這一點腫脹起來，然而『神』在《老子》書中是泛神一類的概念，完全義理化了。」（《中國思想通史》第一卷二六六頁）

(二)玄牝：微妙的母性；指天地萬物總生產的地方（張松如《老子校讀》）。按這裏用以形容「道」的不可思議的生殖力。「牝」，即是生殖。「玄」（「谷神」）生殖天地萬物，整個創生的過程卻沒有一絲形迹可尋，所以用「玄」來形容。「玄」，即幽深不測的意思。朱熹說：「『玄』，妙也；『牝』，是有所受而能生物者也。至妙之理，有生生之意焉。」蘇轍說：「謂之『谷神』，言其德也。謂之『玄牝』，言其功也。牝生萬物，而謂之玄牝，言見其生而不見其所以生也。」（《老子解》）車載說：「『谷神』，是『道』的寫狀；『不死』，就道的永恒性說。『谷神不死』，是指『常道』。牝，指能夠生物的東西說；玄，就總的方面說，共同的方面說，統一的方面說：玄牝，是指一切事物總的產

生的地方。」（《論老子》第五○頁）③縣縣若存：永續不絕。蘇轍說：「縣縣，微而不絕。若存，存而不可見也。」④不勤：不勞倦，不窮竭。

【今譯】虛空的變化是永不停竭的，這就是微妙的母性。微妙的母性之門，是天地的根源。它連綿不絕地永存著，作用無窮無盡。

【引述】本章用簡潔的文字描寫形而上的實存之道：一、用「谷」來象徵道體的「虛」狀。用「神」來比喻道生萬物的綿延不絕。二、「玄牝之門」、「天地根」，是說明道為產生天地萬物的始源。三、「綿綿若存，用之不勤」，是形容道的功能，孕育萬物而生生不息。

七章

天長地久。天地所以能長且久者，以其不自生（一），故能長生（二）。是以聖人後其身而身先（三）；外其身而身存。非以其無私邪？故能成其私（四）。

【註釋】

㈠ 以其不自生：指天地的運作不為自己。成玄英疏：「不自營己之生也。」（《道德經開題序訣義疏》）釋德清說：「以其不自私其生。」㈡ 長生：長久。景龍本、《次解》本、吳澄本、寇才質本、危大有本「長生」作「長久」。㈢ 後其身而身先：把自己放在後面，反而能得到大家的愛戴。

「後其身」，帛書乙本作「退其身」。河上公說：「先人而後己者也。」此即相反相成的道理（高明《帛書老子校注》）釋德清說：「不私其身以先人，故人樂推而不厭。」王淮說：「所謂『後其身』，即是一種謙讓、退藏與收斂的精神。」

㈣ 成其私：成就他自己。薛蕙說：「夫聖人之無私，初非有欲成其私之心也。然而私以之成，此自然之道耳。程子有云：『老子之言竊弄闔闢者也。』予嘗以其言為然，迺今觀之，殆不然矣。如此章者，苟不深原其意，亦正如程子之所訶矣。然要其歸，迺在於無私。夫無私者，豈竊弄闔闢之謂哉！」（《老子集解》）

【今譯】

天地長久。天地所以能夠長久，乃是因為它們的一切運作都不為自己，所以能夠長久。

所以有道的人把自己退在後面，反而能贏得愛戴；把自己置於度外，反而能保全生命。不正是由於他不自私嗎？反而能成就自己。

【引述】

老子用天地的運作不為自己來比喻聖人的行為沒有貪私的心念。在其位的人，機會來得最方便，往往

情不自禁的伸展一己的佔有欲。老子理想中的治者卻能「後其身」「外其身」，不把自己的意欲擺在前頭，不以自己的利害作優先考慮。這是一種了不起的謙退精神。

不把自己的意欲擺在前頭的人（「後其身」），自然能贏得大家的愛戴（「身先」）；不把自己的利害作優先考慮的人（「外其身」），自然能完成他的精神生命（「身存」）。這種人，正是由於他處處為別人著想，反而能夠成就他的理想生活。

八章

上善若水。水善利萬物而不爭㈠，處眾人之所惡，故幾於道㈡。

居善地，心善淵㈢，與善仁㈣，言善信，政善治㈤，事善能，動善時㈥。

夫唯不爭，故無尤㈦。

【註釋】

㈠而不爭：帛書甲本作「而有靜」。

㈡幾於道：「幾」，近。張松如說：「下面七句，都

是水德的寫狀，又是實指上善之人，亦即通過水的形象來表現『聖人』乃是道的體現者。」㈢淵：形容沉靜。㈣與善仁：「與」，指和別人相交相接。「與善仁」，帛書乙本作「予善天」，意指效法天道之給予，亦合老義。惟專家學者多以為「與善仁」乃儒家所崇尚而為道家所絕棄，則是表相之見。按老子在十九章等處所論，主要是針對周文之弊而發。老子富有濃厚的道德意識，在他的著作中隨處可見，他特重「信」，並標舉儉、慈、不爭之德為「三寶」，又著意於厚實、敦樸、質真、虛懷若谷等諸德的提倡。老子在闡揚真信、孝慈、素樸等道德行為的同時，他並強力地指責上層社會將道德行為流於形式化、工具化。老子視「慈」德為「寶」，則其尚仁亦理所當然。㈤政善治：為政善於完成良好的治績。「政」，王弼本作「正」。「正」、「政」同。景龍本、傅奕本、蘇轍本、林希逸本、范應元本、吳澄本及眾多古本作「政善治」。張松如說：「古書『政』、『正』本多通用。」《漢書‧陸賈傳》：『夫秦失其正』，此『正』即『政』之假字，此例甚多。五十八章：『其政悶悶，其民淳淳；其政察察，其民缺缺。』帛書『政』均作『正』，《老子》書中亦『政』、『正』相通。」以上各句，薛蕙曾有簡明的註釋，薛註說：「行己不爭，避高處下，『善地』也；藏心微妙，深不可測，『善淵』也；其施兼愛而無私，『善仁』也；其言有徵而不爽，『善信』也；治國則清靜自正，『善治』也。」㈥動善時：行動善於把握時機。蔣錫昌說：「《莊子‧天下篇》述老聃之學

曰：『其動若水，其靜若鏡，其應若響。』司馬遷述道家之學曰：『與時遷徙，應物變化。』皆此所謂『動若時』也。其實老子之所謂『動若時』者，非聖人自己有何積極之動作而能隨時應變；乃聖人無為無事，自己淵默不動，而一任人民之自作自息也。」⑦尤：怨咎。馬敘倫說：「『尤』為『訧』省。《說文》曰：『「訧」，罪也。』」

【今譯】 上善的人好像水一樣。水善於滋潤萬物而不和萬物相爭，停留在大家所厭惡的地方，所以最接近於道。居處善於選擇地方，心胸善於保持沉靜，待人善於真誠相愛，說話善於遵守信用，為政善於精簡處理，處事善於發揮所長，行動善於掌握時機。

只因為有不爭的美德，所以沒有怨咎。

【引述】 本章用水性來比喻上德者的人格。水最顯著的特性和作用是：一、柔。二、停留在卑下的地方。三、滋潤萬物而不(與)相爭。老子認為最完善的人格也應具有這種心態與行為：「處眾人之所惡。」別人不願去的地方，他願意去；別人不願意做的事，他願意做。他具有駱駝般的精神，堅忍負重，居卑忍辱。他能盡其所能地貢獻自己的力量去幫助別人，但不和別人爭功爭名爭利，這就是老子「善利萬物而不爭」的思想。

九章

持而盈之⑴，不如其已⑵；

揣而銳之⑶，不可長保。

金玉滿堂，莫之能守；

富貴而驕，自遺其咎。

功遂⑷身退⑸，天之道也⑹。

【註釋】⑴持而盈之：執持盈滿，含有自滿自驕的意思。⑵已：止。⑶揣而銳之：捶擊使它尖銳，含有顯露鋒芒的意思。「銳」王弼本作「梲」。河上公本和其他古本都作「銳」。王弼註文：「銳之令利。」可見王弼古本原作「銳」。⑷功遂：功業成就。河上公本、傅奕本及多種古本「功遂」作「功成名遂」。易順鼎說：「《文子・上德篇》、《淮南・道應訓》、《牟子》引並作：『功成，名遂，身退。』」（《讀老子札記》）⑸身退：指斂藏鋒芒。王真說：「身退者，非謂必使其避位而去

也，但欲其功成而不有之耳。」（《道德經論兵要義述》）㈥ 天之道也：指自然的規律。「也」字今本

缺，據帛書本補。成玄英疏：「天者，自然之謂也。」

【今譯】 執持盈滿，不如適時停止；

顯露鋒芒，銳勢難保長久。

金玉滿堂，無法守藏；

富貴而驕，自取禍患。

功業完成，含藏收斂，是合於自然的道理。

【引述】 一般人遇到名利當頭的時候，沒有不心醉，沒有不趨之若鶩的。老子在這裏說出了知進而

不知退、善爭而不善讓的禍害，叫人要適可而止。

貪位慕祿的人，往往得寸進尺；恃才傲物的人，總是耀人眼目，這都應深自警惕的。富貴而驕，常常

自取禍患，就像李斯，當他做秦朝宰相時，真是集富貴功名於一身，顯赫不可一世，然而終不免做階

下囚。當他臨刑時，對他的兒子說：「吾欲與若復牽黃犬，出上蔡東門，逐狡兔，豈可得乎？」莊子

最能道出貪慕功名富貴的後果，當楚國的國王要聘請他去做宰相的時候，他笑笑回答使者說：「千金

重利，卿相尊位也。子獨不見郊祀之犧牛乎？養食之數歲，衣以文繡，以入太廟，當是之時，雖欲為

孤豚，豈可得乎？」從淮陰誅戮、蕭何繫獄的事件看來，我們可以了解老子警世之意是多麼的深遠！

本章在於寫「盈」。「盈」即是滿溢、過度的意思。自滿自驕，都是「盈」的表現。持「盈」的結

果，將不免於傾覆之患。所以老子諄諄告誡人不可「盈」，一個人在功成名就之後，如能「身退」不

盈，才是長保之道。

「身退」並不是引身而去，更不是隱匿形跡。王真說得很對：「身退者，非謂必使其避位而去也，但

欲其功成而不有之耳」。「身退」即是斂藏，不發露。老子要人在完成功業之後，不把持，不據有，

不露鋒芒，不咄咄逼人。可見老子所說的「身退」，並不是要人做隱士，只是要人不膨脹自我。老子

哲學，絲毫沒有遁世思想。他僅僅告誡人們，在事情做好之後，不要貪慕成果，不要尸位其間，而要

收斂意欲，含藏動力。

十章

載〇營魄〇抱一〇，能無離乎？

專氣〇致柔，能如嬰兒乎〇？

滌除玄鑒㈥，能無疵乎？

愛民治國，能無為㈦乎？

天門㈧開闔㈨，能為雌乎㈩？

明白四達，能無知乎㈡？

〔生之畜之，生而不有，為而不恃，長而不宰，是謂『玄德』㈢。〕

【註釋】

㈠載：助語詞。陸希聲：「載，猶夫也。發語之端也。」（《道德真經傳》）張默生說：「如《詩經》中『載笑載言』的『載』字，和『夫』字的用法差不多。」

㈡營魄：魂魄。河上公說：「營魄，魂魄也。」范應元說：「營魄，魂魄也。」《內觀經》曰：『動以營身之謂魂，靜以鎮形之謂魄，魂魄也。』

㈢抱一：合一。二十二章：「是以聖人抱一為天下式」，「抱一」作「抱『道』」解。三十九章：「古之得一者」，「一」指「道」。本章的「抱一」，指魂和魄合而為一，亦即合於「道」了（這個「道」含有融和統一的意思）。林希逸說：「抱者，合也。」高亨說：「一謂身也。」（《老子正詁》）按：「身」包含魂和魄，即將精神和形軀合為一體。

㈣專氣：集氣（Concentrate the vital force）。高亨說：「《管子‧內業篇》：『搏氣如神，萬物備存。』尹註：『搏

謂結聚也。」《老子》之『專氣』與《管子》之『摶氣』同。」馮友蘭說：「『專氣』就是『摶氣』。

這個氣包括後來所說的形氣和精氣。摶氣就是把形氣和精氣結聚在一起。『致柔』就是保持住人始生

時候柔弱的狀態，像嬰兒那個樣子。這種思想在《莊子‧庚桑楚》裏面有比較更詳細的解釋，稱為

『衛生之經』。」（《中國哲學史新編》）⑤能如嬰兒乎：謂能如嬰兒之精充氣和嗎。五十五章「精之

至也」、「和之至也」是對嬰兒之精充氣和的描述，而此處是指通過「專氣致柔」的修養工夫方能達

到彼境界，故云「如」。俞樾說：「河上公及王弼本無『如』字，於文義未足。惟傅奕本有『如』

字，與古本合。」（《老子平議》，在《諸子平議》內）嚴靈峯說：「王註云：『任自然之氣，致至柔之

和，若嬰兒之無欲乎。』註以『若』釋『如』，疑王本亦當有『如』字。二十章云：『我獨泊兮其未

兆，『如』嬰兒之未孩。』四十九章『聖人皆孩之』句，王注云：『皆使和而無欲，『如』嬰兒也。』

以此例彼，亦當有『如』字。《淮南子‧道應訓》引《老子》曰：『專氣致柔能如嬰兒乎？』蓋引古

本，有『如』字文義始足。因據俞說及傅本補正。」⑥玄鑒：喻心靈深處明澈如鏡。「玄」，形容

人心的深邃靈妙。「鑒」，通行本作「覽」，據帛書乙本及高亨之說改。高亨說：「『覽』讀為

『鑑』，『覽』『鑑』古通用。……玄鑒者，內心之光明，為形而上之鏡，能照察事物，故謂之玄

鑒。《淮南子‧修務篇》：『執玄鑒於心，照物明白。』《太玄童》：『修其玄鑒。』『玄鑒』之

名，疑皆本於《老子》。《莊子‧天道篇》：『聖人之心，靜乎天地之鑑，萬物之鏡也。』亦以心譬鏡。」

『監』字即古『鑒』字。古人用盆裝上水，當作鏡子，以照面孔，稱它為監，所以『監』字象人張目以臨水盆之上。後人不懂『監』字本義，改作『覽』字。」

高亨、池曦朝說：「『覽』字當讀為『鑒』，『鑒』與『鑑』同，即鏡子⋯⋯乙本作『監』，

一九七四年十一期）張岱年說：「老子講『為道』，於是創立一種直覺法，而主直冥會宇宙本根。『玄覽』即一種直覺。」（《中國哲學大綱》）馮友蘭說：「《老子》認為，要認識『道』也要用『觀』。

『常有欲以觀其妙，常無欲以觀其徼。』（一章）這是對於『道』的『觀』。它認為，這種觀需要另一種方法，它說：『滌除玄覽，能無疵乎？』（十章）『玄覽』即『覽玄』，『覽玄』即觀道。要觀道，就要先『滌除』。『滌除』就是把心中的一切欲望都去掉，這就是『日損』。『損之又損』以至於無為，這就可以見道了。見道就是對於道的體驗，對於道的體驗就是一種最高的精神境界。」（《中國哲學史新編》）

（七）愛民治國，能無為乎：『為』王弼本作『知』。景龍碑、林希逸本、吳澄本、焦竑本均作『為』。俞樾說：「唐景龍碑作『愛民治國能無為』，其義勝，當從之。『愛民治國能無為』，即老子『無為而治』之旨。」王安石說：「『愛民』者，以不愛愛之乃長，惟其不愛而愛，不治而治，故曰『無為』。」（容肇祖輯《王安石老子注輯本》）俞說與王

註正合。⑧天門：喻感官。「天門」一詞各家的註解不一，舉數例，如：一、河上公註：「天門謂

鼻孔。」二、蘇轍說：「天門者，治亂廢興所從出也。」三、林希逸說：「天門，即天地間自然之理

也。」四、范應元說：「天門者，以吾之心神出入而言也。」今譯從一，作感官解。高亨說：「耳為

聲之門，目為色之門，口為飲食言語之門，鼻為臭之門，而皆天所賦予，故謂之天門也。《莊子·天

運篇》：『其心以為不然者，天門弗開矣。』天門亦同此義，言心以為不然，則耳目口鼻不為用（《莊

子·庚桑楚》：『入出而無見其形，是謂天門。天門者，「無」「有」也，萬物出乎「無」

「有」。』與此異義）。」⑨開闔：即動靜。⑩能為雌乎：「為雌」今

本誤植為「無雌」。景龍本、傅奕本及其他古本都作「為雌」。「無雌」是誤寫，義不可通，帛書乙

本正作「為雌」，當據帛書及傅本改正。俞樾：「『天門開闔能無雌』，義不可通。蓋涉上下文諸句

而誤。王弼註云：『言天門開闔，能為雌乎，則物自賓而處自安矣。』是王弼本正作『能為雌』也。

河上公註云：『治身當如雌牝，安靜柔弱。』是亦不作『無雌』。故知『無』字乃傳寫之誤，當據景

龍本訂正。」 ㈡明白四達，能無知乎：「知」王弼本作「為」。河上公本及多種古本作「知」，據

河上本改。俞樾說：「唐景龍碑作『明白四達能無知。』其義勝，當從之。」 ㈢生之畜之，生而不

有，為而不恃，長而不宰，是謂玄德：帛書乙本作：「生之畜之，生而弗有，長而弗宰，是胃（謂）

玄德」。這幾句重見於五十一章，疑為五十一章錯簡重出。馬敘倫說：「『自生之畜之』以下，與上文義不相應。……皆五十一章之文。」（《老子校詁》）嚴復說：「夫黃老之道，民主之國之所用也。故能『長而不宰』，『無為而無不為』。君主之國，未有能用黃老者也。漢之黃老，貌襲而取之耳。君主之利器，其惟儒術乎，而申韓有救敗之用。」（《老子道德經評點》）

【今譯】 精神和形體合一，能不分離嗎？

結聚精氣以致柔順，能像嬰兒的狀態嗎？

洗清雜念而深入觀照，能沒有瑕疵嗎？

愛民治國，能自然無為嗎？

感官和外界接觸，能守靜嗎？

通曉四方，能不用心機嗎？

〔生長萬物，養育萬物。生長而不佔有，畜養而不依恃，導引而不主宰，這就是最深的「德」。〕

【引述】 這一章著重在講修身的工夫。

「載營魄抱一」，能無離乎？」這是說一個健全的生活必須是形體和精神合一而不偏離。「抱一」即是抱「道」，能抱「道」，即是使肉體生活與精神生活可臻至於和諧的狀況。

「專氣致柔」是集氣到最柔和的境地。「氣柔」是心境極其靜定的一種狀態。

「滌除玄鑒」即是洗清雜念，摒除妄見，而返自觀照內心的本明。

老子所講的這些修身工夫，和瑜珈術不同。瑜珈的目的在超脫自我和外在的環境。老子重在修身，修身之後乃推其餘緒而愛民治國。

此外，本章的排序或有錯亂。按照老子「修之於身」、「修之於天下」的文例推測，可試將其文序調整如下：

載營魄抱一，能無離乎？

滌除玄覽，能無疵乎？

專氣致柔，能如嬰兒乎？

天門開闔，能為雌乎？

明白四達，能無知乎？

愛民治國，能無為乎？

「無離」、「無疵」文法辭例一致；「營」、「魄」分別說形、神，「滌除」、「玄覽」亦分別說形、神的高境界修煉。

「如嬰兒」與「如雌」同一辭例，也是相近的比喻。「兒」說其「和」，「雌」說其「守」，這是老

子修身學兩種形式而同一指向的最高境界。二十八章「知雄守雌為天下谿，為天下谿常德不離復歸於

嬰兒」，也是「嬰兒」與「雌」共舉。

「無知」、「無為」也是一樣的辭例。「明白四達」卻若「無知」是「營魄抱一」、「滌除玄覽」、

「專氣致柔」、「天門開闔」等修養的終極結果；而「修之於身」的「餘德」之自然流衍，便是以

「無為」去「愛民治國」的「修之於天下」。

十一章

三十輻㈠，共一轂㈡，當其無，有車之用㈢。

埏埴㈣以為器，當其無，有器之用。

鑿戶牖㈤以為室，當其無，有室之用。

故有之以為利，無之以為用㈥。

【註釋】

○輻：車輪中連接軸心和輪圈的木條。古時候的車輪由三十根輻條所構成，這個數目是取

法於月數（每月三十日）。○轂：車輪中心的圓孔，即插軸的地方。○當其無，有車之用：有了車

轂中空的地方，才有車的作用。「無」指轂的中空之處。○埏埴：埏，和。埴，土（河上公註）；

即和陶土做成飲食的器皿。馬敍倫說：「《說文》無『埏』字，當依王本作『揳』，而借為『搏』，

《說文》曰：『搏以手圜之也。』於義較當。《風俗通》曰：『俗說，天地初開闢，未有人民，

女媧搏土為人。』『搏土』與『搏埴』同。」○戶牖：門窗。○有之以為利，無之以為用：「有」

給人便利，「無」發揮了它的作用。依王弼的註是：「有」所帶給人的便利，只當它和「無」相配合

時才顯示出它的用處來（「有之所以為利，皆賴無以為用也」）。王安石說：「『無』之所以為天下

用者，以有禮、樂、刑、政也。如其廢轂輻於車，廢禮、樂、刑、政於天下，而求其『無』之為用

也，則亦近於愚也。」按這裏王安石是對「無為為用」而忽略「有之為利」的情況之批判。張松如

說：「老子借器物的『有』和『無』來說明其『利』和『用』。有與無相互發生，利和用相互顯著。」

馮友蘭說：「《老子》所說的『道』，是『有』與『無』的統一。因此它雖然是以『無』為主，但是

也不輕視『有』。它實在也很重視『有』，不過不把它放在第一位就是了。《老子》第二章說：『有

無相生。』第十一章說：『三十輻共一轂，當其無，有車之用。埏埴以為器，當其無，有器之用。鑿

戶牖以為室，當其無，有室之用。故有之以為利，無之以為用。」這一段話很巧妙地說明『有』和『無』的辯證關係。一個碗或茶盃中間是空的，可正是那個空的部分起了碗或茶盃的作用。房子裏面是空的，可正是因為是空的，所以才起了房子的作用，如果是實的，人怎麼住進去呢？《老子》作出結論說：『有之以為利，無之以為用。』它把『無』作為主要的對立面。《老子》認為碗、茶盃、房子等是『有』和『無』的辯證的統一，這是對的；但是認為『無』是主要對立面，這就錯了。畢竟是有了碗、茶盃、房子等，其中空的地方才能發生作用。如果本來沒有茶盃、碗、房子等，自然也沒有中空的地方，任何作用都沒有了。」（引自《老子哲學討論集》第一一七頁）

【今譯】 三十根輻條匯集到一個轂當中，有了車轂中空的地方，才有車的作用。

揉合陶土做成器具，有了器皿中空的地方，才有器皿的作用。

開鑿門窗建造房屋，有了門窗四壁中空的地方，才有房屋的作用。

所以「有」給人便利，「無」發揮了它的作用。

【引述】 一般人只注意實有的作用，而忽略空虛的作用。老子舉例說明：一、「有」和「無」是相互依存，相互為用的。二、無形的東西能產生很大的作用，只是不容易為一般人所覺察。老子特別把這「無」的作用彰顯出來。

老子舉了三個例子：車的作用在於運貨載人，器皿的作用在於盛物，室的作用在於居住。這是車、器、室給人的便利，所以說：「有之以為利。」然而，如果車子沒有轂錔中空的地方，就無法行駛；器皿如果沒有中間空虛的地方，就無法盛物；室屋如果沒有四壁門窗中空的地方可以出入通明，就無法居住。可見得中空的地方所發揮的作用了，所以說：「無之以為用。」

本章所說的「有」「無」是就現象界而言的，第一章上所說的「有」「無」是老子專設的名詞，用來指稱形而上的「道」向下落實而產生天地萬物時的一個活動過程。這裏所說的「有」就是指實物，老子說明實物只有當它和「無」（中空的地方）配合時才能產生用處。老子的目的，不僅在於引導人的注意力不再拘著於現實中所見的具體形象，更在於說明事物在對待關係中相互補充、相互發揮。

十二章

五色㈠令人目盲㈡；五音㈢令人耳聾㈣；五味㈤令人口爽㈥；馳騁㈦

畋⑧獵，令人心發狂⑨；難得之貨，令人行妨⑩。
是以聖人為腹不為目⑫，故去彼取此⑬。

【註釋】　㈠五色：指青、赤、黃、白、黑。　㈡目盲：喻眼花撩亂。　㈢五音：指角、徵、宮、商、

羽。　㈣耳聾：喻聽覺不靈。　㈤五味：指酸、苦、甘、辛、鹹。　㈥口爽：口病。「爽」，引申為傷，

亡，喻味覺差失。王弼註：「爽，差失也。」奚侗說：「《廣雅·釋詁》三：『爽，敗也。』《楚

辭·招魂》：『厲而不爽些』。」王註：「楚人名羹敗曰爽。」古嘗以『爽』為口病專名。如《淮南

子·精神訓》：『五味亂口，使口爽傷。』」　㈦馳騁：縱橫奔走，喻縱情。　㈧畋：獵取禽獸。　㈨心

發狂：心放蕩而不可制止。高亨說：「『發』字疑衍。『心狂』二字，其意已足。此文『令人目盲，

令人耳聾，令人口爽，令人心狂，令人行妨。』句法一律，增一『發』字，則失其句矣。盲為目疾，

聾為耳疾，狂為心疾，故古書往往並言。」高說供參考。　㈩行妨：傷害操行。「妨」，害，傷。　⑪為

腹不為目：只求安飽，不求縱情於聲色之娛。按：「腹」，內；「目」，外。「腹」謂身；「目」謂

物。「為腹」，即「實其腹」、「強其骨」；「不為目」，即「虛其心」、「弱其志」。楊朱的「重

生」即此「為腹」；楊朱的「外物」，即此「不為目」。蔣錫昌說：「老子以『腹』代表一種簡單清

靜之生活；以『目』代表一種巧偽多欲，其結果竟至『目盲，……耳聾，……口爽，……發狂，……行妨』之生活。明乎此，則『為腹』即為無欲之生活，『不為目』即不為多欲之生活。」嚴靈峯說：「腹易厭足，目好無窮。此舉『目』為例，以概其餘：耳、口、心、身四者。言只求果腹，無令目盲、耳聾、口爽、行妨。」林語堂英譯註說：「腹」指內在自我（the inner self），「目」指外在自我或感覺世界。（見 *The Wisdom of Laotse*, p.90）㈢去彼取此：摒棄物欲的誘惑，而持守安足的生活。

「彼」，指「為目」的生活；「此」，指「為腹」的生活。

【今譯】 繽紛的色彩使人眼花撩亂；紛雜的音調使人聽覺不敏；飲食饜飫會使人舌不知味；縱情狩獵使人心放蕩；稀有貨品使人行為不軌。因此聖人但求安飽而不逐聲色之娛，所以摒棄物欲的誘惑而保持安足的生活。

【引述】 在這裏老子指出物欲文明生活的弊害。他目擊上層階級的生活形態：尋求官能的刺激，流逸奔競，淫佚放蕩，使心靈激擾不安。因而他認為正常的生活是為「腹」不為「目」，務內而不逐外。俗語說：「羅綺千箱，不過一暖；食前方丈，不過一飽。」物欲的生活，但求安飽，不求縱情於聲色之娛。

為「腹」，即求建立內在寧靜恬淡的生活；為「目」，即追逐外在貪欲的生活。一個人越是投入外在

化的漩渦裏，則越是流連忘返，使自己產生自我疏離，而心靈日愈空虛。因而老子喚醒人要摒棄外界物欲生活的誘惑，而持守內心的安足，確保固有的天真。

今日都市文明的生活，芸芸眾生，只求動物性的滿足與發洩，靈性的斲傷到了駭人的地步。我們可以普遍地看到人心狂蕩的情景，讀了老子的描述，令人感慨係之！

十三章

寵辱若驚（一），貴大患若身（二）。

何謂寵辱若驚？寵為下（三），得之若驚，失之若驚，是謂寵辱若驚。

何謂貴大患若身？吾所以有大患者，為吾有身，及吾無身，吾有何患（四）？

故貴以身為天下，若可寄天下；愛以身為天下，若可託天下（五）。

【註釋】

（一）寵辱若驚：得寵和受辱都使人驚慌。河上公說：「身寵亦驚，身辱亦驚。」王弼說：「寵

必有辱，榮必有患，寵辱等，榮患同也。」㈢貴大患若身：重視身體一如重視大患。按此句本是「貴身若大患」，因「身」與上句「驚」，真耕協韻，故倒其文。王純甫說：「貴大患若身，當云：貴身若大患。倒而言之，文之奇也，古語多類如此者。」（《老子億》）㈢寵為下：得寵是不光榮的。

「下」即卑下的意思。釋德清說：「世人皆以寵為榮，卻不知寵乃是辱。」又說：「寵為下，謂寵乃下賤之事也。譬如僻倖之人，君愛之以為寵，雖厄酒孌肉必賜之。非此，不見其為寵，彼無寵者，則傲然而立。以此較之，雖寵實乃辱之甚也，豈非下耶！故曰寵為下。」河上公本作「辱為下」。景福碑、陳景元本、李道純本作「寵為上，辱為下」。㈣吾所以有大患者，為吾有身，及吾無身，吾有何患：這是說大患是來自身體，所以防大患，應先貴身。按老子說這話是含有警惕的意思，並不是要人棄身或忘身。老子從來沒有輕身、棄身或忘身的思想，相反的，他卻要人貴身。司馬溫公說：「有身斯有患也，然則，既有此身，則當貴之，愛之，循自然之理，以應事物，不縱情欲，俾之無患可也。」范應元說：「輕身而不修身，則自取危亡也。是以君子安而不忘危，存而不忘亡」，故終身無患也。」張舜徽說：「『吾』，人君自謂也。此言人君所以惟大禍患為憂者，由於自私其身，貪權位而恐失之耳。假若人君能不自私其身，復何禍患之足憂乎？『及』猶若也，見《經傳釋詞》。」㈤貴以身為天下，若可寄天下；愛以身為天下，若可託天下：以貴身的態度去為天下，才可以把天下寄付

給他；以愛身的態度去為天下者，才可以把天下託交給他。范應元說：「貴以身為天下者，不輕身以徇物也；愛以身為天下者，不危身以徇物也。先不輕身以徇物，則可以付天下於自然，而各安其安；能不危身以掇患，然後可以寓天下，而無患矣。」福永光司說：「本章謂真正能夠珍重一己之身，愛惜一己生命的人，才能珍重他人的生命，愛重別人的人生。並且，也只有這樣的人，才可以放心地將天下的政治委任他。」

【今譯】

得寵和受辱都感到驚慌失措，重視身體好像重視大患一樣。

什麼叫做得寵和受辱都感到驚慌失措？得寵仍是下等的，得到恩惠感到心驚不安，失去恩惠也覺驚恐慌亂，這就叫做得寵和受辱都感到驚慌失措。

什麼叫做重視身體像重視大患一樣？我所以有大患，乃是因為我有這個身體，如果沒有這個身體，我會有什麼大患呢？

所以能夠以貴身的態度去為天下，才可以把天下寄託給他；以愛身的態度去為天下，才可以把天下委託給他。

【引述】

這一章老子強調「貴身」思想。老子認為一個理想的治者，首要在於「貴身」，不胡作妄為，這樣，大家才放心把天下的重責委任給他。

上一章說到「聖人」為「腹」不為「目」，但求建立恬靜安足的生活，而不求聲色貨利的縱欲生活。

這一章說到「為腹不為目」的「聖人」，能夠「不以寵辱榮患損易其身」（王弼語），才可以擔負天下的重任。

老子開頭說：「寵辱若驚。」在他看來，「寵」和「辱」對於人的尊嚴之挫傷，並沒有兩樣。受辱固然損傷了自尊，得寵何嘗不是被剝落了人格的獨立完整。得寵者的心理，總是感覺到這是一份意外的殊榮，既經賜與，就戰戰兢兢地惟恐失去，於是在賜與者的面前誠惶誠恐，曲意逢迎，因而自我的人格尊嚴無形地萎縮下去。若是一個未經受寵的人，那麼他在任何人的面前都可傲然而立，保持自己的人格之獨立完整。所以說：得寵也是卑下的，並不光榮的（「寵為下」）。

一般人對於身外的寵辱毀譽，莫不過分的重視，就像如臨大患一樣。甚至於許多人重視身外的寵辱毀譽遠超過了自己的生命。因此老子喚醒人家要貴身，他要人貴身像關注大患一樣。

「貴身」的觀念，可見於四十四章。一般人汲汲於身外的名利，而不顧惜自身，所以老子感慨地發問：「名與身孰親？身與貨孰多？」貴身的反面是輕身，二十六章中，老子責問輕身（作賤自己性命）的君主：「奈何萬乘之主而以身輕天下？」

這一章頗遭曲解。前人多解釋為「身」是一切煩惱大患的根源，所以要忘身。一個「貴身」的思想卻

十四章

視之不見，名曰「夷」；聽之不聞，名曰「希」；搏之不得，名曰「微」○一。此三者不可致詰○二，故混而為一。其上不皦○三，其

被誤解為「忘身」。造成這種曲解多半是受了佛學的影響，他們用佛學的觀點去附會老子。肉體和精神這兩個部分是構成人之所以為人的充分而且必要的條件，也即是構成人的生命的充分而且必要的條件。有些人把「身」視為「肉體」的同義字，再加上道學觀念和宗教思想的影響，認為肉體是可卑的，遂有「忘身」的說法。

其次，老子所說的：「『何謂貴大患若身？』吾所以有大患者，為吾有身，及吾無身，吾有何患！」這一問一答，老子的答詞是陳述的語句，並不是價值判斷的語句，而答詞的重點應是落在「身」字。

老子只在於說「身」是一切的根源，大患的淵源也來自於「身」。從上下文看來，老子很明白的表示：如果「貴身」，自然可減除許多外患（外患的由來都在於「為目」——縱情縱欲的貪求）；如果「貴身」，自然會漠視外在的寵辱毀譽。這樣的人，才能擔當大任。

下不昧㈣，繩繩兮㈤不可名，復歸於無物㈥。是謂無狀之狀，無物之象，是謂惚恍㈦。迎之不見其首；隨之不見其後。執古之道，以御今之有㈧。能知古始㈨，是謂道紀㈩。

【註釋】

㈠「夷」、「希」、「微」：這三個名詞都是用來形容感官所不能把捉的「道」。河上公註：「無色曰夷，無聲曰希，無形曰微。」張松如說：「今驗之帛書，甲本作『視之而弗見，名之曰㣲；聽之而弗聞，名之曰希；捪之而弗得，名之曰夷。』乙本同，惟『名』字作『命』，『㣲』字作『微』。……視、聽、搏之與夷、希、微，諸本交錯，似無固誼，大約都是幽而不顯的意思，不過就視、聽、搏幾個不同方面言之罷了。」

㈡致詰：究詰，追究。釋德清說：「致詰，猶言思議。」

㈢皦：光明。敦煌本、強思齊本「皦」作「皎」。「皦」「皎」二字可通用。《說文》：「皦，玉石之白。皎，月之白。」

㈣昧：陰暗。

㈤繩繩兮：形容紛芸不絕。王弼本無「兮」字，據景龍碑、傅奕本及多種古本補。

㈥復歸於無物：這和六十章「復歸其根」的意思相同。「復歸」，即還原。「無物」不是一無所有，它是指不具任何形象的實存體。「無」是相對於我們的感官來說的；任何感官都不能知覺它（「道」），所以用個「無」字加以形容它的不可見。

㈦惚恍：若有若無，閃爍不定。

㈧有：指具體的事物。這裏的「有」字，不是老子的專有名詞，所以和一章的「有」不同。㈨古始：宇宙的原始或「道」的端始。㈩道紀：「道」的綱紀，即「道」的規律。

【今譯】 看它看不見，名叫「夷」；聽它聽不到，名叫「希」；摸它摸不著，名叫「微」。這三者的形象無從究詰，它是渾淪一體的。它上面不顯得光亮，它下面也不顯得陰暗，它絲絲不絕而不可名狀，一切的運動都會還回到不見物體的狀態。這是沒有形狀的形狀，不見物體的形象，叫它做「惚恍」。迎著它，看不見它的前頭；隨著它卻看不見它的後面。

把握著早已存在的道，來駕馭現在的具體事物。能夠了解宇宙的原始，叫做道的規律。

【引述】 本章是描述道體的。

形而上的實存之道，和現實界的任何經驗事物不同，它不是一個有具體形象的東西。它既沒有形體，當然也沒有顏色，沒有聲音。因此老子說：「視之不見」、「聽之不聞」、「搏之不得」。又說：「迎之不見其首」、「隨之不見其後」。這些都是形容道為我們感官所無從認識的，它超越了人類一切感覺知覺的作用。難怪老子會說它不可思議（「不可致詰」）。

這個道，由於沒有明確的形體，所以無法加以名狀。這個超乎聲色名相的道，並非空無所有。老子所說的「無物」，並不是指空無所有（Nothingness），而是指道不是普通意義的物。普通意義的物，是

有形體可見的東西，道是「沒有形體」可見的東西。

道是個超驗的存在體，老子用了一種特殊的方法去描述它。他將經驗世界的許多概念用上，然後一一否定它們的適當性，並將經驗世界的種種界限都加以突破，由此反顯出道的深微詭祕之存在。

十五章

古之善為士者㈠，微妙玄通㈡，深不可識。夫唯不可識，故強為之容：

豫兮若冬涉川㈢；

猶兮若畏四鄰㈣；

儼兮其若客㈤；

渙兮其若釋㈥；

敦兮其若樸；

曠兮其若谷；

混兮其若濁；

孰能濁以靜之徐清；孰能安以動之徐生〔七〕。

保此道者，不欲盈〔八〕。夫唯不盈，故能蔽而新成〔九〕。

【註釋】〔一〕善為士者：王弼本「士」，帛書乙本作「道」，同傅奕本，驗之郭店簡本（甲組），正作「士」，此證「士」字更近古義。〔二〕玄通：郭店簡本及帛書乙本作「玄達」。〔三〕豫兮若冬涉川：「豫兮」，遲疑慎重之意。「若冬涉川」，形容小心翼翼。高亨說：「涉大川為古人習用語，……涉大川者心必戒懼，行必徐遲，故曰「豫兮」。《詩·小旻》：『戰戰兢兢，如臨深淵，如履薄冰。』若涉大川與如臨深淵同意。」〔四〕猶兮若畏四鄰：「猶」，簡本及帛書乙本作「猷」。「猶兮」，形容警覺、戒惕的樣子。「若畏四鄰」，形容不敢妄動。范應元說：「猶，玃屬，後事而疑，此形容善為士者，謹於終而常不放肆。」〔五〕儼兮其若客：「儼兮」，形容端謹莊嚴。「客」，王本作「容」。「容」字與「客」字形近而誤。河上本、景龍本、傅奕本作「客」，簡本及帛書本正同，據改正。〔六〕渙兮其若釋：王弼本「渙兮若冰之將釋」，帛書本作「渙呵其若凌澤」。「凌」、「冰」同義。簡本此句釋文作「渙兮其若釋」，無「冰」字，上下句句式一律，以簡本為優，據改。〔七〕孰能濁以靜

之徐清，孰能安以動之徐生：誰能在動盪中安靜下來而慢慢的澄清，誰能在安定中變動起來而慢慢的趨進。按：帛書甲、乙本並無「孰能」兩字。王弼本與簡本近同，簡本楚文字釋成今文為「孰能濁以靜者，將舍清；孰能安以動者，將舍生。」「舍」、「徐」音近通假（《郭店楚墓竹簡》整理者彭浩注釋）。王弼本「安以」下衍一「久」字。

（八）不欲盈：郭店簡本作「不欲尚呈」。「呈」，呈現、顯露之意。

（九）蔽而新成：去故更新的意思。「而」王弼本原作「不」，「而」「不」篆文形近，誤衍。

若作「不」講，則相反而失義。今據易順鼎之說改正。易順鼎說：「疑當作『故能蔽而新成』。『蔽』者，『敝』之借字；『不』者，『而』之誤字也。『敝』與『新』對。『能蔽而新成』者，即二十章所云『敝則新』。」高亨說：「易說是也。篆文『不』作丆，『而』作冗，形近故誤。《墨子・兼愛下》：『不鼓而退也。』『而』乃『不』字之誤，可以互證。」

【今譯】　古時善於行道之士，精妙通達，深刻而難以認識。正因為難以認識，所以勉強來形容他：

拘謹嚴肅啊，像作賓客；

警覺戒惕啊，像提防四周的圍攻；

小心審慎啊，像冬天涉足江河；

融和可親啊，像冰柱消融；

淳厚樸質啊，像未經雕琢的素材；

空豁開廣啊，像深山的幽谷；

渾樸純厚啊，像濁水的樣子；

誰能在動盪中安靜下來而慢慢的澄清？誰能在安定中變動起來而慢慢的趨進？

保持這些道理的人，不肯自滿。只因他不自滿，所以能去故更新。

【引述】 本章是對體道之士的描寫。

道是精妙深玄，恍惚不可捉摸。體道之士，也靜密幽沉，難以測識。世俗的人，形氣穢濁，利欲薰心。莊子說：「嗜欲深者天機淺。」這班人，一眼就可以看到底。體道之士，則微妙深奧，所以說：

「深不可識。」

老子對於體道之士的風貌和人格形態試圖作一番描述（「強為容」）：從「豫兮，若冬涉川」到「混兮，其若濁」這七句，寫出了體道者的容態和心境：慎重、戒惕、威儀、融和、敦厚、空豁、渾樸、恬靜、飄逸等人格修養的精神面貌。

「孰能濁以靜之徐清，孰能安以動之徐生」，這是說體道之士的靜定工夫和精神活動的狀況。「濁」

和「清」對立，「安」（靜）和「生」（動）對立，一是說明靜極而動的生命活動過程，一是說明動極而靜的生命活動過程。「濁」是動盪的狀態，體道之士在動盪的狀態中，透過「靜」的工夫，恬退自養，靜定持心，轉入清明的境界，這是說明動極而靜的生命活動過程。在長久沉靜安定（「安」）之中，體道之士，又能生動起來，趨於創造的活動（「生」），這是說明靜極而動的生命活動過程。

老子在這裏對於體道之士的描寫，很自然的使我們聯想起莊子在《大宗師》對於「真人」的描寫。把他們心中的理想人物作一個比較，老子所描繪的人格形態，較側重於凝靜敦樸、謹嚴審慎的一面，莊子所描繪的人格形態，較側重於高邁凌越，舒暢自適的一面。莊子那種超俗不羈，「獨與天地精神往來」的人格形態是獨創一格的。在他筆下所構畫的那胸次悠然、氣象恢宏的真人，和老子所描繪的體道之士比較起來，顯得很大的不同。老子的描寫，素樸簡直，他的素材，都是日常生活和自然風物的直接表現。；莊子則運用浪漫主義的筆法，甚至於發揮文學式的幻想，將一種特出而又突出的人格精神提升出來。

十六章

致虛極，守靜篤㈠。

萬物並作㈡，吾以觀復㈢。

夫物芸芸㈣，各復歸其根。歸根㈤曰靜，靜曰㈥復命

常㈧，知常曰明㈨。不知常，妄作凶。

知常容㈩，容乃公，公乃全㈢，全乃天㈢，天乃道，道乃久，沒

身不殆。

【註釋】 ㈠ 致虛極，守靜篤：形容心境原本是空明寧靜的狀態，只因私慾的活動與外界的擾動，而

使得心靈蔽塞不安，所以必須時時做「致虛」「守靜」的工夫，以恢復心靈的清明。「虛」，形容心

靈空明的境況，喻不帶成見。「致」，推致。「極」和「篤」意思相同，指極度、頂點。范應元說：

「致虛、守靜，非謂絕物離人也。萬物無足以撓吾本心者，此真所謂虛極、靜篤也。」馮友蘭說：

「《老子》所講的『為學』的方法，主要的是『觀』。它說：『致虛極，守靜篤。萬物並作，吾以觀復。』『觀』要照事物的本來面貌，不要受情感欲望的影響，所以說：『致虛極，守靜篤。』這就是說，必需保持內心的安靜，才能認識事物的真象。」按：今本「致虛極，守靜篤」，郭店簡本作「至虛，恒也；守中，篤也」。簡文「守中」與「致虛」對舉，「中」、「虛」皆指和諧心境而言（請參見拙文〈從郭店簡本看《老子》尚仁及守中思想〉，刊在《道家文化研究》）。

〇作：生成活動。吳澄說：「作，動也。植物之生長，動物之知覺，皆動也。」

〇復：返，往復循環。吳澄說：「復，反還也。物生，由靜而動，故反還其初之靜為復；植物之生氣下藏，動物之定心內寂也。」張岱年說：「宇宙是動的，一切都在變化之中，但變化的規律為何？既承認變中有常，此變中之常為何？中國哲人所講，變化的規律（即『常』），便是反復。認為一切都是依循反復的規律而變化。何謂反復？就是：事物在一方向上演變，達到極度，無可再進，則必一變而為其反面，如是不已。事物由無有而發生，既發生乃漸充盈，進展以至於極盛，乃衰萎墮退而終於消亡；而終則有始，又有新事物發生。凡事物由成長而剝落，謂之反；而剝落之極，終而又始，則謂之復。反即是否定。復亦即反之反，或否定之否定。（但西洋哲學中所謂否定之否定，有正反之綜合之意；中國哲學所謂復，則主要是更新再始之義，無綜合意思，故與西洋哲學中所謂否定之否定不盡同。）一反一復，是事物變化之規律。」

〇夫

物芸芸，各復歸其根：「芸芸」，常用來形容草木的繁盛。按：此句郭店簡本作：「天道員員，各復其董（根）」。簡文「員員」有兩解：一說「員」作「云」，通「芸」；一說「員」通「圓」。兩說並存，茲舉李零、魏啟鵬之說供參考。李零說：「案簡文『員』通『云』，如〈緇衣〉：『《詩》云』的『云』，簡本作『員』」（〈郭店楚簡校讀記〉刊在陳鼓應主編《道家文化研究》第十七輯郭店楚墓竹簡專號。下引同。）魏啟鵬說：「『員』，古『圓』字。《淮南子・天文訓》：『天道曰員，地道曰方。』同書《原道訓》：『員者常轉，……自然之勢也。』『員員』：言其圓轉不已，周而復始，此即天道環周之旨。」（〈楚簡《老子》柬釋〉）丁原植說：「『員』字，疑與『運』字相通。《墨子・非命中》：『若言而無義，譬猶立朝夕於員鈞之上也。』孫詒讓《墨子閒詁》：『員，上篇作「運」，聲義相近。』因此，『員員』或可解為『循環的周轉』，即『環周』。『天道』二字不誤，意指『天道的環周運作』。」（《郭店竹簡老子釋析與研究》，第一五四頁）⑤歸根：回歸本原。范應元說：「歸根者，反本心之虛靜也。」⑥靜曰：王弼本及河上公本作「是謂」，據景龍碑、敦煌本、傅奕本及諸古本改，以與上下文例合。奚侗說：「諸本作『靜曰』，是也。二十五章，『強為之曰大，大曰逝，逝曰遠，遠曰反』，與此文『歸根曰靜，靜曰復命，復命曰常，知常曰明』之詞例一律；亦可證『是謂』係『靜曰』之誤解」）蔣錫昌說：「『靜曰』各本作『是謂』與上下文例不合。」（《老子集

也。」㈦復命：復歸本性。釋德清說：「命，人之自性。」嚴靈峯說：「復其性命之本真，故曰：

復命。」蘇轍說：「命者，性之妙也。性猶可言，至於命，則不可言矣。」按：范應元曾對蘇轍的觀

點加以質疑，他批評說：「讀老氏此經，惟言心，未嘗言性，而子由註此經，屢言性，何也？」老子

「復命」的觀念對宋儒「復性」的思想頗有影響。然而這裏說「復命」即復歸本性，僅意指回復虛靜

的本性。盧育三說：「『命』，《左傳‧成公十三年》：『民受天地之中（中和之氣）以生，所謂命

也。』《禮記‧中庸篇》：『天命之謂性。』命是萬物得以生的東西，在中國哲學中，命與性內容上

基本一致，所不同的是在天曰命，在物曰性。在這裏，『命』指作為生生之源的道。『復命』，又回

到萬物的生生本原。」（《老子釋義》）福永光司說：「老子的復歸思想與後來宋學之復性說有密切關

係。但就一般言之，老子此一思想，其特色所在，實是在認現象個物之根源有個本體之道的永恆不

滅；即是說，一切個物就其自身而言，雖是有限不完全，但其存在之根源，卻是穩踏著無限而完全的

『道』，因與『道』有著連續的本末關係，故由自未歸本的復歸，而得脫出其自身之有限性與不完全

性。──這便是復歸思想之本質。此一復歸思想，在中國哲學史上，便形成了兩種特徵性思想。其

一，就人的內在的主體性實踐性這一方向作復歸。人心原本清淨圓滿，因後天種種欲望與知識而被騷

亂，故應捨棄人欲以復歸其原本的清淨圓滿；此唐李翱及其承繼者宋學之復性說可為其代表，而中國

佛教與道教之修養論，亦可謂在基本上亦立於此一立場。其二，就古今此一時間之推移，作歷史方向之復歸。以『過去』為『道』之完全實現之至德之世，『現在』為墮落下降之不完全時代，自不完全的『今』復歸於完全的『古』；此即所謂復古或尚古思想，儒家之信堯舜禹湯之世為聖人實在之世，而冀復歸於彼古聖之道，可為最好代表。老子之復歸思想，實兼此二方向。而尤其不可忽視的，是他所展示的二方向是屬原型的。」（《老子》）張松如說：「老子是以『歸根』一辭作為『靜』的定義，又以『復命』一辭作為『靜』的寫狀。如果說『並作』包含著『動』的意思，那麼『歸』、『復』便屬於『靜』的境界。正是在這『靜』的境界中再孕育著新的生命，此即所謂『靜曰復命』。」⑧常：指萬物運動與變化中的恆定之律則。張岱年說：「中國哲人都認為變化是一根本的事實，然不止如此，更都認為變化是有條理的。變化不是紊亂的，而有其不易之則。變化的不易之則，即所謂常。常即變中之不變之義，而變自身也是一常。常的觀念，初發自老子。」⑨明：萬物的運動和變化都依循著循環往復的律則，對於這種律則的認識和了解，叫做『明』。晨陽說：「老子認識觀察與思維的關係，應把感性認識上升到理性認識，上升到理性認識，叫『知』或『明』。」⑩容：寬容，包容。王弼註：「無所不包。」⑪全：周徧。「全」，王弼本作「王」。王註：「無所不周普。」可見原文並不是「王」字，如作「王」，文義不通。今本「王」字是「全」字的缺壞所誤，根據勞健的說法

改正。勞健說：「『知常容，容乃公』，以容、公二字為韻。『天乃道，道乃久』，以道、久二字為韻。獨『公乃王，王乃天』二句韻相遠。『王』字義本可疑，……此二句『王』字之譌。『公乃全，全乃天』，全、天二字為韻。王弼註云『周普』是也。今本『王』字，碑本『生』字，當並是『全』之壞字。『生』字尤形近於『全』，可為蛻變之驗也。」（《老子古本考》）勞說確切。通行本誤傳已久，應據改正。 ㈢天：指自然的天，或為自然的代稱。

【今譯】 致虛和守靜的工夫，做到極篤的境地。

萬物蓬勃生長，我看出往復循環的道理。

萬物紛紛芸芸，各自返回到它的本根。返回本根叫做靜，靜叫做回歸本原。回歸本原是永恒的規律，認識永恒的規律叫做明。不認識永恒的規律，輕舉妄動就會出亂子。

認識常道的人是能包容一切的，無所不包容就能坦然大公，坦然大公才能無不周遍，無不周遍才能符合自然，符合自然才能符合於道，體道而行才能長久，終身可免於危殆。

【引述】 本章強調致虛守靜的工夫。致虛即是心智作用的消解，消解到沒有一點心機和成見的地步。

一個人運用心機會蔽塞明澈的心靈，固執成見會妨礙明晰的認識，所以致虛是要消解心靈的蔽障和釐清混亂的心智活動。

致虛必守靜。透過靜的工夫，乃能深蓄厚養，儲藏能量。

本章還說到「歸根」「復命」。「歸根」就是要回歸到一切存在的根源。根源之處，便是呈虛靜的狀態。而一切存在的本性，即是虛靜的狀況，還回到虛靜的本性，就是「復命」的思想。

「復命」的思想，可視為宋學「復性」說之所本。《莊子‧繕性篇》所提出的「復初」的主張，乃是與「復命」「復性」同類的概念，和本章關係也很密切。老子復歸的思想，乃就人的內在之主體性、實踐性這一方向作回省工作。他們以為人心原本清明透徹的，只因智巧嗜欲的活動而受騷亂與蒙蔽，故應捨棄智巧嗜欲的活動而復歸於原本的清淨透明的境地。

十七章

太上(一)，下知有之(二)；其次，親而譽之；其次，畏之；其次，侮之。信不足焉，有不信焉。悠兮(三)其貴言(四)。功成事遂，百姓皆謂：「我自然(五)。」

【註釋】

㈠太上：最好，至上；指最好的世代。本章所說的「太上」、「其次」，是價值等級的排列，並不是一般舊註所謂的以時代先後為序的排列。吳澄說：「太上，猶言最上，最上謂大道之世，相忘於無為。」蔣錫昌說：「『太上』者，古有此語，乃最上或最好之誼。《魏策》：『故為王計……太上，伐秦；其次，賓秦；其次，堅約而詳講與國，無相離也。』謂最好，伐秦也。襄二十四年《傳》：『太上，有立德；其次，有立功；其次，有立言。』謂最好，有立德者也。《呂覽·孟秋紀禁塞》：『凡救守者，太上，以說；其次，以兵。』謂救守者，最好，以說也。《有始覽謹聽》：『太上，知之；其次，知其不知。』謂最好，知之也。……皆其證也。此文『太上』亦謂最好，係就世道升降之程度而言，猶謂最好之世。王註：『太上謂大人也，大人在上，故曰太上。』河上公註：『太上，謂太古無名之君也。』自此二註出，後世解《老》者，即皆以『太上』為主，沿誤至今。」（《老子校詁》）福永光司說：「『太上』，即至高，最善的意思。次句『其次』，即次善的意思。

㈡下知有之：人民只知道君主的存在而已。「下」字吳澄本、明太祖本、焦竑本、鄧錡本、潘靜觀本、周如砥本都作「不」。本章最後一句：「百姓皆謂我自然。」就是「不知有之」（人民不知道有帝力）的一個說明。作「不知」意義較為深長。唯驗之郭店簡本作「下知之」，就是「不知有之」，故仍從簡本與王本。㈢悠兮：悠閑的樣子。河上公本、傅奕本、林希逸本、范應元本、吳澄本「悠」

作「猶」。景龍及寇才質本「猶」字作「由」。按：猶、由、悠，古通假。 ㈣貴言：形容不輕於發號施令。吳澄說：「『貴』，寶重也。寶重其言，不肯輕易出口。蓋『聖人』不言無為，俾民陰受其賜，得以各安其生。」蔣錫昌說：「『貴言』即二十三章『希言』之誼。彼此二『言』，均指聲教法令而言。」 ㈤自然：自己如此。吳澄說：「『然』，如此也。百姓皆謂我自如此。」蔣錫昌說：「《廣雅•釋詁》：『然，成也。』『自然』指『自成』而言。」車載說：「《老子》全書談及『自然』一辭的文字，計有五處，⋯⋯《老子》書提出『自然』一辭，在各方面加以運用，從來沒有把它看著是客觀存在的自然界，而是運用自然一語，說明莫知其然而然的不加人為任其自然的狀態，僅為《老子》全書中心思想『無為』一語的寫狀而已。」（《論老子》）

【今譯】

最好的世代，人民根本不感到統治者的存在；其次，人民親近他而讚美他；再其次的，人民畏懼他；更其次的，人民輕侮他。統治者的誠信不足，人民自然不相信他。

〔最好的統治者〕卻是悠然而不輕於發號施令。事情辦成功了，百姓都說：「我們本來是這樣的。」

【引述】

處身於權勢的暴虐中，腳踏於酷烈的現實上，老子嚮往著「帝力於我何有哉」的時代，嚮往著在那時代裏，沒有橫暴權力的干擾而人民自由自在的生活情境。

老子理想中的政治情境是：一、統治者具有誠樸信實的素養。二、政府只是服務人民的工具。三、政

治權力絲毫不得逼臨於人民的身上。

老子將這種理想的政治情境，和德治主義與法治主義作了一個對比：用嚴刑峻法來鎮壓人民，這就是統治者誠信不足的一個表現。統治者誠信不足，人民自然產生「不信」的行為。如此，統治者使用高壓政策，而走向了末途。老子強烈的反對這種刑治主義。德治主義固然好，在老子看來，這已經是多事的徵兆了。統治者今天慰問，明天安撫（固然可博得稱譽），這已經是人民有傷殘欠缺的事端了。

最美好的政治，莫過於「貴言」。在「貴言」的理想政治情況中，人民和政府相安無事，甚至於人民根本不知道統治者是誰（「不知有之」）；政權壓力完全消解，大家呼吸在安閒自適的空氣中。這是老子所理想的烏托邦政治情況。

十八章

大道廢，有仁義㈠；六親㈡不和，有孝慈；國家昏亂，有忠臣㈢。

【註釋】

㈠大道廢，有仁義：簡本及帛書乙本作「大道廢，安有仁義」。「安」，即「乃」，皆作

【於是】解。馮友蘭說：「『大道廢，有仁義』，這並不是說，人可以不仁不義，只是說，在『大道』之中，人自然仁義，那是真仁義。至於由學習、訓練得來的仁義，那就有模擬的成分，同自然而有的真仁義比較起來它就差一點次一級了。《老子》說：『上德不德，是以有德』，就是這個意思。」

按：「大道，有仁義」句下，帛書及通行本均衍「智慧出，有大偽」句，郭店簡本無此句，當據刪。「智慧出，有大偽」之衍出，當在戰國中後期受到莊子後學中激烈派思想影響所致，妄增此句。則易使人將「仁義」與「大偽」並舉，從而導致對仁義行為的否定。審察簡本原義，卻非貶抑「仁義」、「孝慈」、「忠臣」。反之，認為在最美好的原始情境發生變化，在人際關係中出現問題，這時仁義孝慈的美德及正臣的節操，顯得難能可貴。郭店簡本本章為三個對等句，下章亦同是三個對等句，從句型與句義看，郭店簡本較合祖本原貌。㈡六親：父、子、兄、弟、夫、婦。㈢忠臣：簡本作「正臣」，帛書及傅奕本作「貞臣」。

【今譯】大道廢棄，仁義才顯現；家庭不和，孝慈才彰顯；國政昏亂，忠臣才見出。

【引述】魚在水中，不覺得水的重要；人在空氣中，不覺得空氣的重要；大道興隆，仁義行於其中，自然不覺得有倡導仁義的必要。等到崇尚仁義的時代，社會已經是不純厚了。

某種德行的表彰，正由於它們特別欠缺的緣故；在動盪不安的社會情景下，仁義、孝慈、忠臣等美

德，就顯得如雪中送炭。

十九章

絕智棄辯㈠，民利百倍；絕偽棄詐㈡，民復孝慈；絕巧棄利，盜賊無有。此三者㈢以為文㈣，不足。故令有所屬㈤：見素抱樸㈥，少私寡欲。

【註釋】㈠絕智棄辯：通行本作「絕聖棄智」，郭店簡本作「絕智棄辯」，為祖本之舊，當據改正。

通觀《老子》全書，「聖人」一詞共三十二見，老子以「聖」喻最高人格修養境界，而通行本「絕聖」之詞，則與全書積極肯定「聖」之通例不合。「絕聖棄智」一詞，見於莊子後學〈胠篋〉、〈在宥〉篇，傳抄者據以妄改所致。㈡絕偽棄詐：通行本作「絕仁棄義」，郭店簡本作「絕偽棄詐」，為祖本之舊，當據改正。《老子》八章主張人與人交往要尚仁（「與善仁」），可見老子並無棄絕仁義之說，郭店簡本出土，始知為後人所妄改。《莊子・胠篋》有「攘棄仁義」之說，由此可窺見原本

「絕偽棄詐」被臆改為「絕仁棄義」，可能受到莊子後學激烈派思想影響所致。㈢此三者：指智辯、偽詐、巧利。㈣文：文飾，浮文。㈤屬：歸屬，適從。㈥見素抱樸：簡本作「視素保樸」。「素」是沒有染色的絲；「樸」是沒有雕琢的木。「素」「樸」在這裡是異字同義。

【今譯】拋棄智辯，人民可以得到百倍的好處；棄絕偽詐，人民可以恢復孝慈的天性；拋棄巧利，盜賊就自然會消失。這三者全是巧飾的，不足以治理天下。所以要使人有所歸屬：保持樸質，減少私欲。

【引述】老子提出「見素抱樸」的主張，他認為上層治者若能在素樸、少私寡欲的政風下，進一步棄絕智辯、偽詐、巧利，則可使人民得以生活在安定的社會環境中。

本章和上章老子一再地肯定孝慈的德行，這和六十七章謂：「我有三寶：一曰慈，……」是相應的。

郭店簡本和通行本最大的差別便是「絕偽棄詐」被改成「絕仁棄義」。若依通行本「絕仁棄義」，則意為仁義本來是用以勸導人的善行，如今卻流於矯揉造作。有人更剽竊仁義之名，以要利於世。那些人奪取職位之後，搖身一變，儼然成為一代道德大師，把仁義一類的美名放在口袋裏隨意運用。莊子沈痛地說：「為之仁義以矯之，則並與仁義而竊之。竊國者為諸侯，諸侯之門而仁義存焉。」這種情形，或許老子那時代還沒有這般嚴重，但已經足以遭害人民了。所以認為不如拋棄這些被人利用的工

具，恢復人們天性自然的孝慈。

流俗重「文」，老子重「質」。老子視「文」為巧飾，違反了人性的自然。巧飾流行，更形成種種有形無形的制約，拘束著人性的自然。老子在本章中所流露的憤世之言，乃是針對虛飾的文明所造成的嚴重災害而發的。

二十章

絕學無憂（一）。唯之與阿（二），相去幾何？美之與惡（三），相去若何？

人之所畏，不可不畏（四）。

荒兮，其未央哉（五）！

眾人熙熙（六），如享太牢，如春登臺（七）。

我（八）獨泊（九）兮，其未兆（一〇），如嬰兒之未孩（一一）；

儽儽兮（一二），若無所歸。

眾人皆有餘（一三），而我獨若遺（一四）。我愚人（一五）之心也哉！沌沌兮！

俗人昭昭(六)，我獨昏昏(七)。

俗人察察(八)，我獨悶悶(九)。

澹兮其若海，飂兮若無止(二〇)。

眾人皆有以(二一)，而我獨頑且鄙(二二)。

我獨異於人，而貴食母(二三)。

【註釋】 （一）絕學無憂：謂棄絕異化之學可無攪擾。「無憂」，即無擾。按：「絕學無憂」，郭店簡本接「為學日益」章，但與通行本同，置於「唯之與阿」句前。 （二）唯之與阿：「唯」，恭敬的答應，這是晚輩回應長輩的聲音。「阿」，怠慢的答應，這是長輩回應晚輩的聲音。「唯」、「阿」都是回應的聲音，「阿」的聲音高，「唯」的聲音低，在這裏用以表示上下或貴賤的區別。成玄英疏：「『唯』，敬諾也。『阿』，慢應也。」 （三）美之與惡：「美」，王本作「善」，傅奕本作「美」，簡本及帛書甲本正同，今據改。易順鼎說：「王本作『美之與惡，相去何若』，正與傅奕本同。註云：『唯阿美惡，相去何若。』是其證也。今本非王本之舊。」（《讀老子札記》）高亨說：「易說是也。二章曰：『天下皆知美之為美，斯惡已。』亦『美』、『惡』對言，此『善』當作『美』之證。」

（《老子正詁》）張舜徽說：「此言唯與阿，美與惡，皆對立事物，究竟相去不甚遠，以明世俗之所謂

順逆、美惡，未必皆可為準式也。」㈣人之所畏，不可不畏：帛書本作「人之所畏，亦不可以不畏

人。」劉殿爵說：「今本作：『人之所畏，不可不畏。』帛書本作：『人之所畏，（甲本以上二字殘

缺）亦不可以不畏人。』（甲本『可』字以下殘缺）下句句首多『亦』字，『可』下又多『以』字，

而『畏』下多『人』字。今本的意思是，別人所畏懼的，自己也不可不畏懼。而帛書本的意思卻是，

為人所畏懼的——就是人君——亦應該畏懼怕他的人。兩者意義很不同，前者是一般的道理，後者則

是對人君者所說有關治術的道理。」（《馬王堆漢墓帛書老子初探》一九八二年九月號《明報月刊》）張舜

徽說：「各本作『人之所畏，不可不畏。』語意不明，顯有缺奪，今據帛書乙本補正。此言人君為眾

人之所畏，人君亦不可不畏眾人也。」㈤荒兮，其未央哉：精神包含廣遠而沒有邊際。「荒兮」，

廣漠的樣子。「未央」，即無盡的意思。吳澄說：「『荒』，猶廣也。『央』，猶盡也。」高亨說：

「荒兮其未央，猶云茫茫其無極耳。」王弼註：「歎與俗相反之遠也。」㈥熙熙：縱情奔欲，興高

采烈的樣子。河上公註：「熙熙，淫放多情欲也。」王弼註：「眾人迷於美進，惑於榮利，欲進心

競。」㈦如春登臺：好像春天登臺眺望。王弼本「如春登臺」，河上公本作「如登春臺」。高亨說：

「『如春登臺』是也，與『如享太牢』句法相同。」高說有理，然當從畢沅與俞樾之說。畢沅說：

「『如春登臺』」，王弼、顧歡並同。明皇、易州石刻亦同。明正統十年道藏所刊明皇本始誤作『登春臺』，陸希聲、王真諸本並誤，今流俗本皆然矣。」俞樾說：「按『如春登臺』與十五章『若冬涉川』一律，河上公本作『如登春臺』，非是。然其註曰：『春陰陽交通，萬物感動，登臺觀之，意志淫淫然。』是亦未嘗以『登春臺』連文，其所據，亦必作『春登臺』，今傳寫誤倒耳。」按俞樾根據河上註文，說明河上本原作「如春登臺」，證之帛書甲、乙兩本正作「春登臺」。

（八）我：這裏老子以第一人稱的方式，表達他的心境和精神意境。福永光司說：「老子的『我』是跟『道』對話的『我』，不是跟世俗對話的『我』。老子便以這個『我』做主詞，盤坐在中國歷史的山谷間，以自語著人的的憂愁與歡喜。他的自語，正像山谷間的松濤，格調高越，也像夜海的濤音，清澈如詩。」

（九）泊：淡泊，恬靜。

（一○）未兆：沒有跡象，形容不炫耀自己。「兆」，朕兆，跡象。

（二）孩：與「咳」同。《說文》：「咳，小兒笑也；從口，亥聲；孩，古文咳，从子。」「孩」、「咳」古字相同，即嬰兒的笑。傅奕本，范應元本「孩」作「咳」。

（三）儽儽兮：儽儽即礧礧、磊磊、硌硌、落落，皆雙聲近義詞。「磊磊兮」，謂落落不羣，無所依傍。范應元說：「儽儽兮，外無文飾。」

（三）有餘：河上公說：「眾人餘財以為奢，餘智以為詐。」

（四）遺：不足的意思。奚侗說：「『遺』借作『匱』，不足之意。」

（一五）愚人：「愚」是一種淳樸、真質的狀態。老子自己以「愚人」為最高修養的生活境界。

(二六) 昭昭：光耀自衒的樣子。釋德清註：「昭昭，謂智巧現於外也。」

(二七) 昏昏：暗昧的樣子。

(二八) 察察：嚴苛的樣子。釋德清註：「察察，即俗謂分星擘兩，絲毫不饒人之意。」

(二九) 悶悶：淳樸的樣子。

(三○) 澹兮其若海，飂兮若無止。「澹」，澹泊、沉靜。「飂」，高風，形容形迹飄逸。（王弼說：「無所繫縶。」）

(三一) 眾人皆有以：「以」，用。皆欲有所施用（王弼註）。

(三二) 頑且鄙：形容愚陋，笨拙。《廣雅·釋詁》一：「頑，愚也。」《史記·樂書》：「鄙者，陋也。」「且」，王弼本原作「似」。王註文：「頑且鄙也。」蔣錫昌說：「『且』與『目』古『以』字，形近而誤。『以』『似』古通，遂由『且』誤『似』。」（引自蔣錫昌《老子校詁》）傅奕本、宋徽宗本、鄧錡本、邵若愚本、林希逸本、潘靜觀本「似」均作「且」。因據傅奕本與王弼註改正。

(三三) 貴食母：以守道為貴。「母」，喻道。「食母」，資養萬物的「道」。「食母」兩字，歷來各家解說紛紜，茲引數家以供參考：王弼註：「食母，生之本也。」河上公註：「食，用也。母，道也。」范應元說：「食者，養人之物，人之所不可無者也。母者，指道而言也。」吳澄說：「我之所貴者，則大道之玄德也。玄德者，萬物資之以養，所謂萬物之母也。故曰：『食母』。『食母』二字，見《禮記·內則篇》，即是乳母也。」勞健說：「『食』音嗣，養也。『母』謂本也。……『貴食母』與『復守其母』，同是崇本之旨，『食母』『守母』，乃所以為道。」蔣錫昌說：「依河上訓『食』為『用』，

尚不如據《莊子》訓『食』為『養』之尤合古誼。《老子》『食母』與《莊子》『食於天』誼同，皆謂養於道也。」

【今譯】 棄絕異化之學可無攪擾。應諾和呵聲，相差好多？美好和醜惡相差好多？眾人所畏懼的，

我也不能不有所畏懼。

精神領域開闊啊，好像沒有盡頭的樣子！

眾人都興高彩烈，好像參加豐盛的筵席，又像春天登臺眺望景色。

我卻獨個兒淡泊寧靜啊，沒有形跡，好像不知嘻笑的嬰兒；

落落不羣啊，好像無家可歸。

眾人都有多餘，唯獨我好像不足的樣子。我真是「愚人」的心腸啊！渾渾沌沌啊！

世人都光耀自炫，唯獨我暗暗昧昧的樣子。

世人都精明靈巧，唯獨我無所識別的樣子。

沉靜的樣子，好像湛深的大海；飄逸的樣子，好像無有止境。

眾人都有所施展，唯獨我愚頑而拙訥。

我和世人不同，而重視進道的生活。

【引述】 在老子看來，貴賤善惡、是非美醜種種價值判斷都是相對形成的。人們對於價值判斷，經常隨著時代的不同而變換，隨著環境的差異而更改。世俗價值的判斷，如風飄蕩。所以老子感慨地說：「相去幾何！」世俗的價值判斷固然如此混淆，但豈可任意而行？不然。眾人所戒忌的，也不可不警惕，不必特意去觸犯！

接著，老子說明他在生活態度上，和世俗價值取向的不同：世俗的人，熙熙攘攘，縱情於聲色貨利，老子則甘守淡泊，澹然無繫，但求精神的提昇。在這裏，老子還顯示出和人羣的疏離感。

二十一章

孔〔一〕德〔二〕之容〔三〕，惟道是從。

道之為物，惟恍惟惚〔四〕。惚兮恍兮，其中有象〔五〕；恍兮惚兮，其中有物。窈兮冥兮〔六〕，其中有精〔七〕；冥兮窈兮〔八〕，其中有信〔九〕。

自今及古〔一〇〕，其名不去，以閱眾甫〔一一〕。吾何以知眾甫之狀哉！以此〔一二〕。

【註釋】

（一）孔：甚，大。（二）德：「道」的顯現與作用為「德」。《莊子‧天地》說：「物得以生，謂之德。」按德乃指事物從道所得的特性。《管子‧心術上》說：「德者道之舍，物得以生生。」韓非說：「『德』者，『道』之功也。」（《韓非子‧解老》）楊興順說：「『德』是『道』的體現。『道』因『德』而得以顯現於物的世界。」（三）容：運作；樣態。王弼說：「動作從道。」高亨說：「『容』疑借為『搈』，動也。《說文》：『搈，動搈也。』動搈，疊韻連語，古以動容為之。《孟子‧盡心篇》：『動容周旋中禮者，盛德之至也。』是其例。單言『搈』亦為『動』義，《廣雅‧釋詁》：『搈，動也。』古亦以容為之。《禮記‧月令》：『不戒其容止者。』鄭註：『容止，謂動靜也。』……王弼註：『動作從道。』似以『動』釋『容』。……『孔德之容，惟道是從』，言大德者之動惟從乎道也。王注曰『動作從道』正以『動』釋『容』。……『容』本有『動』義，古『容』、『動』二字音義皆通。」（《帛書老子校注》）（四）道之為物，惟恍惟惚：「道之為物」，帛書甲、乙本作「道之物」。「恍惚」，猶「彷彿」。同十四章註釋（七）。釋德清說：「恍惚，謂似有若無，不可指之意。」（五）象：形象。吳澄說：「形之可見者，成物；氣之可見者，成象。」（六）窈兮冥兮：深遠暗昧。嚴靈峯說：「『窈』，微不可見。『冥』，深不可測。」（《老子章句新編》，下引同）吳澄說：「窈冥則昏昏昧昧，全不見矣，此『道』之『無』也。」（七）精：最微小的原質。《莊

子‧秋水篇》：「夫精，小之微也。」「小之微」，即是微小中最微小的。朱謙之說：「《管子‧內

業篇》：『精，氣之極也；精也者，氣之精也。凡人之生也，天出其精。』與此章『精』之意義相

合。『精』為古代之素樸唯物思想。」（《老子校譯》）嚴靈峯說：「『精』就是 Essence：精力。它

絕不是一個空洞的東西。」一般的英譯本，都將「精」譯為 essence，陳榮捷的英譯註說："The word

Ching (essence) also means intelligence, spirit, life-force." 林語堂也英譯為"life-force"（生命力）。

⑧冥兮

窈兮：通行本作「其精甚真」。嚴靈峯以為後四句當如前四句格式作：「窈兮冥兮，其中有精；冥兮

窈兮，其中有信」，認為「其精甚真」四字不見於次解本，疑係注文竄入並脫去「冥兮窈兮」四字。

茲依嚴說改正。嚴靈峯說：「《次解》本無此四字；疑係古文羼入正文；並脫去『冥兮窈兮』四字。

之古注。；蓋又因「冥兮窈兮」的「窈」與「其中有信」的「信」不韻，而以古注「其精甚真」易之。

蓋上文『惚兮恍兮，其中有象；恍兮惚兮，其中有物。』則下當應之：『窈兮冥兮，其中有精；冥兮

窈兮，其中有信。』則文例一律矣。」按：嚴說頗有理。「其精甚真」似是「其中有精」的「精」字

《老子》書雖多韻文，但不必全韻。 ⑨信：信驗，信實。 ⑩自今及古：通行本作「自古及今」，據

帛書甲、乙本及傅奕本、范應元本改正。范應元說：「『自今及古』，嚴遵、王弼同古本。」（《老

子道德經古本集註》）馬敘倫說：「各本作『自古及今』，非是。『古』、『去』、『甫』韻。」高亨

一三四

說：「按當作『自今及古』，因『其名』是指道的名。『道』這個物，是古時就有。『道』這個名，是老子今天給的。用『道』的名以稱古時的物，乃『自今及古』，可見今本錯了。又此三句，古、去、甫三字押韻，若作『自古及今』，則失其韻。」（《談馬王堆漢墓中的帛書老子》，《文物雜志》，一九七四年十一期）㈡以閱眾甫：以觀察萬物的起始。「眾甫」，帛書甲、乙本作

「眾父」。王弼註：「眾甫，物之始也。」俞樾說：「按『甫』與父通。『眾甫』，眾父也。四十二章：『我將以為教父。』河上公註曰：『父，始也。』而此註亦曰：『甫，始也。』然則『眾甫』即

『眾父』矣。」張舜徽說：「《老子》所云『眾父』，以喻道也。言其為萬事萬物之本，故曰眾父。

以父喻道，猶以母喻道耳。」㈢以此：「此」，指道。張松如說：「我怎麼知道萬事萬物的終極原

因是什麼樣子呢？就是根據其顯現為道的運動變化的規律性。」

【今譯】　大德的樣態，隨著道為轉移。

道這個東西，是恍恍惚惚的。那樣地惚惚恍恍，其中卻有形象；那樣地恍恍惚惚，其中卻有實物。那

樣地深遠暗昧，其中卻有精質；那樣地暗昧深遠，其中是可信驗的。

從當今上溯到古代，它的名字永遠不能消去，依據它才能認識萬物的本始。我怎麼知道萬物本始的情

形呢！從「道」認識的。

【引述】 「孔德之容，惟道是從。」這是說明道和德的關係。道和德的關係是：

一、道是無形的，它必須作用於物，透過物的媒介，而得以顯現它的功能。道所顯現於物的功能，稱為德。

二、一切物都由道所形成，內在於萬物的道，在一切事物中表現它的屬性，亦即表現它的德。

三、形而上的道落實到人生層面時，稱之為德。即：道本是幽隱而未形的，它的顯現，就是「德」。

本章和十四章一樣，都是描述形上之道的。形上之道，恍惚無形，但在深遠暗昧之中，確是「有物」「有象」「有精」。「其中有物」、「其中有象」、「其中有精」，這都說明了道的真實存在性。

二十二章

曲則全，枉⊖則直，窪則盈，敝則新，少則得，多則惑。

是以聖人執一⊜為天下式⊜。不自見⊕，故明⊕；不自是，故彰；不自伐，故有功；不自矜，故能長⊛。

夫唯不爭，故天下莫能與之爭。古之所謂「曲則全」者，豈虛

言哉！誠全而歸之。

【註釋】

㈠枉：屈。㈡執一：通行本為「抱一」，帛書甲、乙本並作「執一」，帛本為是。按：「執一」，即「執道」（見《老子》十四章、《莊子·天地篇》及《文子·道原篇》）。「執一」為道家常用語詞，屢見於《管子》（〈心術篇〉、〈內業篇〉）等稷下道家之作，其後為荀子（《荀子·堯問篇》）與韓非子（《韓非子·揚權篇》）引用。㈢式：法式，範式。㈣自見：自現，自顯於眾。范應元說：「見，音現。」吳澄說：「自見猶云自炫。」㈤明：彰明。按十六章「知常曰明」和五十二章「見小曰明」的「明」字，乃是老子的特殊用語。這裏的「明」字只是當作普通的用法。㈥能長：通行本「長」上缺「能」字，據帛書本補。

【今譯】

委曲反能保全，屈就反能伸展，低漥反能充盈，敝舊反能生新，少取反能多得，貪多反而迷惑。

所以有道的人堅守這一原則作為天下事理的範式。不自我表揚，反能顯明；不自以為是，反能彰顯；不自己誇耀，反能見功；不自我矜恃，反能長久。

正因為不跟人爭，所以天下沒有人和他爭。古人所說的「委曲可以保全」等話，怎麼會是空話呢！它

實實在在能夠達到的。

【引述】常人所見只是事物的表相，看不到事物的裏層。老子以其豐富的生活經驗所透出的智慧，來觀照現實世界中種種事象的活動。他認為：一、事物常在對待關係中產生，我們必須對於事物的兩端都能加以徹察。二、我們必須從正面去透視負面的意義，對於負面意義的把握，更能顯現出正面的內涵。三、所謂正面與負面，並不是兩種截然不同的東西，它們經常是一種依存的關係，甚至於經常是浮面與根底的關係。常人對於事物的執取，往往急功近利，只貪圖眼前的喜好；老子則曉喻人們，要伸展視野，觀賞枝葉的繁盛，同時也應注視根底的牢固。有結實的根，才能長出豐盛的葉來。由於事物的這種依存關係，所以老子認為：在「曲」裏面存在著「全」的道理；在「枉」裏面存在著「直」的道理；在「窪」裏面存在著「盈」的道理；在「敝」裏面存在著「新」的道理。因而，在「曲」和「枉」和「直」，「窪」和「盈」的兩端中，把握了其中之底層的一面，自然可以得著顯相的另一面。

常人總喜歡追逐事物的顯相，芸芸眾生莫不汲汲於求「全」求「盈」，或急急於彰揚顯溢，因而引起無數紛爭。求全之道，莫過於「不爭」。「不爭」之道，在於「不自見（現）」、「不自是」、「不自伐」、「不自矜」。而本章開頭所說的「曲」、「枉」、「窪」、「敝」，也都具有「不爭」的內

涵。

二十三章

希言㈠自然。

故飄風㈡不終朝，驟雨㈢不終日。孰為此者？天地。天地尚不能久，而況於人乎？故從事於道者，同於道㈣；德者，同於德；失㈤者，同於失。

同於德者，道亦德之；同於失者，道亦失之㈥。

信不足焉，有不信焉㈦。

【註釋】　㈠希言：按字面解釋是：少說話。深一層的意思是：不施加政令。「言」，指「聲教法令」（政令煩苛）是不合於自然的。「希言」和二章「行不言之教」的「不言」，意義相同。蔣錫昌說：

㈡「希言」是合於自然的，和五章「多言數窮」成一個對比。「多言」

（參看五章註㈥和十七章註㈣）。「希言」

「『多言』者,多聲教法令之治;『希言』者,少聲教法令之治;故一即有為,一即無為也。」(《老子校詁》)

(三) 飄風:強風,大風。吳澄說:「飄,狂疾也。」

(三) 驟雨:急雨,暴雨。吳澄說:「驟,急暴也。」王淮說:「『飄風』以喻暴政之號令天下,憲令法禁是也。」王淮說:「『驟雨』以喻暴政之鞭策百姓,賦稅勞役是也。」

(四) 故從事於道者,同於道:「同於道」三個字上面,原疊「道者」兩字,句作:「從事於道者,道者同於道。」今據帛書本及俞樾之說刪。俞樾說:「按下『道者』二字衍文也。本作『從事於道者,道者同於道。』其下『德者』、『失者』蒙上『從事』之文而省,猶云『從事於道者同於道,從事於德者同於德,從事於失者同於失』也。《淮南子‧道應篇》引《老子》曰:『從事於道者同於道。』可證古本不疊『道者』二字。」俞說是,帛書甲、乙本可證。嚴復說:「道者同道,德者同德,失者同失,皆主客觀之同物相感者。」

(五) 失:指失道、失德。蔣錫昌說:「道者同道,德者同德,失者同失,皆主客觀之同物相感者。」

(六) 同於德者,道亦德之;同於失者,道亦失之:此數句各本紛異,以帛書乙本為優,據改。

(七) 信不足焉,有不信焉:這二句已見於十七章。疑是錯簡重出,帛書甲、乙本並無此二句。盧育三說:「馬敘倫、奚侗說:此句已見十七章,這裏重出,蓋錯簡所致,且與上文不相應,當刪。陳柱、高亨、朱謙之從其說。帛書《老子》甲乙本均無此句,然它本均有,細究此章旨義,有此一句亦可說通。謂『信不足』,指失於道,違背『希言自然』,實行

『多言』、『有為』的政治，這與人事之飄風驟雨不能長久，正相應。」

【今譯】少聲教法令是合於自然的。

所以狂風颳不到一早晨，暴雨下不了一整天。誰使它這樣的？是天地。天地的狂暴都不能持久，何況人呢？

所以從事於道的人，就合於道；從事於德的人，就合於德；表現失道失德的人，就會喪失所有。行為與德相同的，道也會得到他；行為失德的，道也會拋棄他。

統治者的誠信不足，人民自然不相信他。

【引述】本章和十七章是相對應的。十七章揭示出嚴刑峻法的高壓政策。徒然使百姓「畏之侮之」，因而呼籲統治者莫若「貴言」，抽離政權壓力去輔助人民。在本章中，老子再標示出「希言」的政治理想，「希言」就是「少聲教法令之治」，即是行「清靜無為」之政；以不擾民為原則，百姓安然暢適，這才合乎自然。若以法戒禁令捆縛人民，苛捐雜稅榨取百姓，這就如同狂風急雨般的暴政了。老子警戒著：暴政是不會持久的。

施政的後果，有如俗語所說的：「同聲相應，同氣相求。」統治者如果清靜無為，則社會當有安寧平和的風氣以相應；統治者如果恣肆橫行，則人民當有背戾抗拒的行為以相應；統治者如果誠信不足，

則百姓當有不誠信的態度以相應。

二十四章

企〇者不立；跨〇者不行；自見者不明；自是者不彰；自伐者無功；自矜者不長。

其在道也，曰：餘食贅形〇。物或惡之，故有道者不處。

【註釋】

〇 企：同「跂」，舉起腳跟；翹起腳尖。

〇 跨：躍，越，闊步而行。

〇 餘食贅形：剩飯贅瘤。「贅形」，王弼本及其他通行古本都作「贅行」。「形」與「行」古字相通。但作「贅行」易生誤解，仍應改為「贅形」。吳澄說：「或曰『行』讀如『形』，古字通用。司馬氏曰：『棄餘之食，適使人惡，附贅之形，適使人醜。』」蘇氏曰：「飲食有餘則病，四體有贅則累。」」易順鼎說：「『行』疑通作『形』。『贅形』即王註所云『肬贅』。『肬贅』可言形，不可言行也。」（《讀老札記》）易說有理：「贅」可言於形，不可言於「行」。《莊子‧駢拇篇》說過：「附贅縣疣，出乎

形哉。」贅疣出乎形，則當以「贅形」連用。潘靜觀本「贅行」正作「贅形」。

【今譯】踮起腳跟，是站不牢的；跨步前進，是走不遠的；自逞己見的，反而不得自明；自以為是的，反而不得彰顯；自己誇耀的，反而不得見功；自我矜恃的，反而不得長久。

從道的觀點來看，這些急躁炫耀的行為，可說都是剩飯贅瘤，惹人厭惡，所以有道的人不這樣做。

【引述】「企者不立，跨者不行。」就是自見、自伐、自矜的譬喻。這些輕躁的舉動都是反自然的行徑，短暫而不能持久。本章不僅說明躁進自炫的行為不可恃，亦喻示著雷厲風行的政舉為人所共棄。

二十五章

有物混成，先天地生㊀。寂兮寥兮㊁，獨立不改㊂，周行而不殆㊃，可以為天下母㊄。吾不知其名，強字之曰「道」㊅，強為之名曰「大」㊆。大曰逝㊇，逝曰遠，遠曰反㊈。故道大，天大，地大，人亦大㊉。域中㊀㊀有四大，而人居其一焉。

人法地，地法天，天法道，道法自然㊀㊂。

【註釋】（一）有物混成：郭店簡本作「有䧹混成」。王弼本及各傳世本皆作「有物混成」，帛書甲、

乙本同。「䧹」，楚簡整理小組以為「疑讀作道」。裘錫圭先生認為「依文義當讀為『狀』」。（見

《道家文化研究》，第十七輯郭店楚簡專號。下引同）。按當讀為「狀」、「象」（詳見趙建偉〈郭店

考釋〉）。簡本「有狀（象）混成」比今本「有物混成」更近老子哲學的始原意義（可參看丁原植《郭店

竹簡老子釋析與研究》）。張岱年說：「認天為一切之最高主宰的觀念，為老子所打破。老子年代本先

於孟子，但孟子仍承受傳統觀念而修正發揮之，老子卻作了一次徹底的思想革命。老子以為天並不是

最根本的，尚有為天之根本者。老子說：『有物混成，先天地生。』最根本的乃是道，道才是最先

的。」（二）寂兮寥兮：「寂兮」，靜而無聲。「寥兮」，動而無形。（嚴靈峯說）河上公說：「『寂』

者，無聲音。『寥』者，空無形。」（三）獨立不改：形容道的絕對性和永存性。「獨立不改」，簡本

作「獨立不亥」。（四）周行而不殆：簡帛本均無此句。「周行」，有兩種解釋：一、全面運行。「周」

作周遍、周普講；王弼註：「周行，無所不至。」二、循環運行。「周」作環繞講。今譯從後者。

「不殆」，不息。「殆」通「怠」。（五）天下母：帛書本及范應元本作「天地母」。范應元說：「『天

地』字，古本如此。」一作『天下母』，宜從古本。」然諟之簡本作「天下母」，王弼本正同。（六）強

字之曰道：「字」上通行本缺「強」字。傅奕本、李約本、范應元本有「強」字。應據傅本補上。范

應元說：「王弼同古本，河上公本上句無『強』字，今從古本。」劉師培說：「按《韓非子・解老篇》：『聖人觀其玄虛，用其周行，強字之曰道。』則『字』上當有『強』字，與下『強為之名曰大』一律，今本脫。」（《老子斠補》）易順鼎說：「按《周易集解》卷十七引干寶曰：『《老子》曰：「吾不知其名，強字之曰道。」『字』上有『強』字。」依上所說，王弼本原有『強』字，因抄寫缺漏，根據傅奕本『字』上補『強』字。⑦大：形容『道』的沒有邊際，無所不包。⑧曰逝：以下三個『曰』字，可作『而』或『則』字解。『逝』，指『道』的進行，周流不息。王弼註：「逝，行也。」吳澄說：「逝謂流行不息。」張岱年說：「『大』即道，是所以逝之理，由大而有逝，由逝而愈遠，宇宙乃是逝逝不已的無窮的歷程。」（《中國哲學大綱》）⑨反：老子書上的『反』字有兩種用法：一作『返』；另一作『相反』，如七十八章：『正言若『反』。』本章屬前者。車載說：「『反』有兩個涵義，對立相反是『反』的一個涵義，復命歸根是『反』的另一個涵義，《老子》書對於『反』的這兩個涵義，都是加以重視的。」錢鍾書說：「『反』有兩義。一者、正反之反，違反也』；二、往反（返）之反，回反（返）也（『回』亦有逆與還兩義，常作還義。……《老子》之『反』融貫兩義，即正、反而合。」（《管錐編》第二冊，四四五頁）馮達甫說：「『大』、『逝』、『遠』、『反』是描述道的全部運行過程，就是『周行』。」（《老子譯注》）⑩人亦大：哲學家中最初明白的說人

有卓越位置的，是老子（張岱年《中國哲學大綱》）。按王弼本「人亦大」原作「王亦大」。傅奕本、

范應元本「王」均作「人」。范應元說：「『人』字傅奕同古本。河上公本作『王』，觀河上公之

意，以為王者，人中之尊，固有尊君之義。然按後文：『人法地』，則古本文義相貫。況人為萬物之

靈，與天地並立而為三才，身任斯道，則人實亦大矣。」（《老子道德經古本集註》）吳承志說：「據

大部，『大，天大，地大，人亦大，故大象人形。』許所據古本，『王』作『人』。證以下文『人法

地，地法天，天法道』，作『人』是矣。『人』古文作『三』，是以讀者或誤為『王』。」奚侗說：

「兩『人』字各皆作『王』。《淮南・道應訓》引亦作『王』，蓋古之尊君者妄改之，非《老子》本

文也。……《老子》以道為天地萬物之母，故先之以道大，若改『人』為『王』，其誼太狹。幸下文

『人法地』『人』字未改，益可資以證明。」（《老子集解》）嚴靈峯說：「下文：『而王其居一焉』，

《莊子・秋水篇》：『號物之數謂之萬，「人」處一焉。』則此『王』字，疑亦當作『人』。《尚

書・泰誓篇》：『惟人萬物之靈。』《孝經》云：『天地之性人為貴。』《抱朴子》云：『有生最

靈，莫過乎人。』人為萬物之靈，當以『人』為萬物之代表，不當以『王』為代表也。范應元本、

傅奕本『王』並作『人』，當據改。」（《老子達解》）按：本章兩個『王』字應據傅奕本改正為

「人」。通行本誤為「王」，原因不外如奚侗所說的：「古之尊君者妄改之」；或如吳承志所說的

「人」古文作「三」，使讀者誤為「王」。況且，「域中有四大，而人居其一焉。」後文接下去就是

「人法地，地法天，天法道」，從上下文的脈絡看來，「王」字均當改正為「人」，以與下文「人

法地」相貫。㈡域中：空間之中，猶今人所稱宇宙之中。湯一介說：「老子講的道是先於天地存在，

只是說在時間上先於天地存在，而不是在邏輯上先於天地存在。老子講的『道』雖是無形無象，但不

是超空間的，而是沒有固定的具體的形象，這樣的『道』才可以變化成為有固定具體形象的天地萬

物。老子認為『道』、『天』、『地』、『人』是宇宙間的『四大』，如果『道』和『天』、

『地』、『人』是不同的實體，就不應當這樣放在一起稱之為『四大』。而且，老子說：『人法地，

地法天，天法道，道法自然』也說明『人以地為法則』和『天以道為法則』沒有什麼原則不同。雖然

道是天地萬物產生的根源，但並不是說因此道就一定是超時空了。」（引自《老子哲學討論集》第一四九

頁）㈢道法自然：道純任自然，自己如此。河上公註：「『道』性自然，無所法也。」董思靖說：

「『道』貫三才，其體自然而已。」（《道德真經解》）吳澄說：「『道』之所以大，以其自然，故

曰『法自然』。非『道』之外別有自然也。」（《道德真經注》）車載說：「『道法自然』一語，是說

『道』應以『無為』為法則的意思。」（《論老子》）童書業說：「老子書裏的所謂『自然』，就是自

然而然的意思，所謂『道法自然』就是說道的本質是自然的。」（《先秦七子思想研究》第一一三頁）馮

友蘭說：「『人法地，地法天，天法道，道法自然』（《老子》二十五章）。這並不是說，於道之上，還有一個『自然』，為『道』所取法。上文說：『域中有四大』，即『人』、『地』、『天』、『道』，『自然』只是形容『道』生萬物的無目的、無意識的程序。『自然』是一個形容詞，並不是另外一種東西，所以上文只說『四大』，沒有說『五大』。老子的『道法自然』的思想跟目的論的說法鮮明地對立起來。」

【今譯】

有一個混然一體的東西，在天地形成以前就存在。聽不見它的聲音也看不著它的形體，它獨立長存而永不衰竭，循環運行而生生不息，可以為天地萬物的根源。我不知道它的名字，勉強叫它做「道」，再勉強給它起個名字叫做「大」。它廣大無邊而周流不息，周流不息而伸展遙遠，伸展遙遠而返回本原。

所以說：道大，天大，地大，人也大。宇宙間有四大，而人是四大之一。

人取法地，地取法天，天取法道，道純任自然。

【引述】

本章對於道的體用有幾個重要的敘說：

一、「有物混成」，這說明道是渾樸狀態的。道並不是不同分子或各個部位組合而成的，它是個圓滿自足的和諧體，對於現象界的雜、多而言，它是無限的完滿，無限的整全。

二、道是個絕對體，它絕於對待；現象界的一切事物都是相對待的，而道則是獨一無二的，所以說：「獨立不改」。道是一個動體，周流不息（「逝」）地運轉著，但它本身不會隨著運轉變動而消失。

三、道是無聲無形的（寂兮寥兮）。王弼說得好：「名以定形，混成無形，不可得而定。」事實上是無法立名的，如今勉強給它立個名。

四、道不僅在時序上先於天地而存在，而且天下萬物也是道所產生的（「先天地生」「為天下母」）。

五、道是循環運行的。它的運動終則有始，更新再始。

六、用「大」來勉強形容道（「強為之名曰『大』」）。這個「大」，指幅度或廣度之無限延展。宇宙有四大：道之外，加上了天、地、人。這四大的可貴處，就在於體自然而行。所謂「道法自然」，就是說：道以自然為歸；道的本性就是自然。「自然」這一觀念是老子哲學的基本精神。

二十六章

重為輕根，靜為躁君。

是以君子㊀終日行不離輜重㊁。雖有榮觀㊂，燕處㊃超然。奈何萬

乘之主⑤，而以身輕天下⑥？

輕則失根⑦，躁則失君。

【註釋】

㈠ 君子：王弼本原作「聖人」。景龍本、傅奕本、蘇轍本、林希逸本、范應元本及多種唐宋古本均作「君子」。《韓非子·喻老篇》亦作「君子」，與帛書甲本正同。奚侗說：「『君子』謂卿大夫士也，說見《禮記·鄉飲酒義》註，對下『萬乘之主』言。」蔣錫昌說：「『聖人』乃理想之主，應深居簡出，以『無為』化民，不當終日行道，常在軍中管理輜重之事，誼作『君子』為是，當據諸本改正。」蔣說有理，因據韓非子及帛書本改為「君子」。 ㈡ 輜重：軍中載器械糧食的車。嚴靈峯改「輜重」為「靜重」，嚴先生說：「河上公註曰：『輜』，靜也。聖人終日行道，不離其『靜』與『重』也。」甚得其義。河上公以『靜』、『重』對文是也。……按本章上下文，俱以『重』、『靜』，『輕』、『躁』對文，可證。疑古原作『靜』、『重』，因『靜』、『輕』音近；又上文『重為輕根』句，遂誤為『輕』。日本有木元吉本正作『靜』。源東菴本亦作『輕』。又以『輕』、『輜』形近，遂又改為『輜重』。」嚴說可供參考。 ㈢ 榮觀：指華麗的生活。「榮」，豪華、高大。「觀」，台觀、樓觀。 ㈣ 燕處：安居。林希逸註：「「燕」，安也。「處」，居也。」

㈤萬乘之主：指大國的君主。「萬」是車數。「萬乘」指擁有兵車萬輛的大國。 ㈥以身輕天下：任天下而輕用自己的生命。河上公說：「王者至尊，而以身行輕躁乎？疾時王者奢恣輕淫也。」蘇轍說：「人主以身任天下，而輕其身，則不足以任天下矣。」吳澄註：「以身輕天下，謂以其身輕動於天下之上也。」 ㈦根：王弼本原作「本」。河上公本及多種古本作「臣」，則誤。根據永樂大典和俞樾的說法改為「根」。俞樾說：「永樂大典作『輕則失根』，當從之。蓋此章首云：『重為輕根，靜為躁君。』故終之曰：『輕則失根，躁則失君。』言不重則無根，不靜則無君也。」俞說可從，當改「本」為「根」，以便和首句相應。吳澄本、釋德清本正作「根」。

蔣錫昌說：「『輕則失根，躁則失君。』言人君縱欲自輕，則失治身之根；急功好事，則失為君之道也。」

【今譯】

厚重是輕率的根本，靜定是躁動的主帥。

因此君子整天行走不離開載重的車輛。雖然有華麗的生活，卻安居泰然。為什麼身為大國的君主，還輕率躁動以治天下呢？

輕率就失去了根本，躁動就失去了主體。

【引述】

本章說「靜重」，評「輕躁」。輕躁的作風，就像斷了線的風箏一般，立身行事，草率盲

動，一無效準。

老子有感於當時的統治者奢恣輕淫，縱欲自殘，所以感嘆地說：「奈何萬乘之主，而以身輕天下？」

這是很沉痛的話。一國的統治者，當能靜重，而不輕浮躁動。

二十七章

善行無轍迹㈠；善言㈡無瑕讁㈢；善數㈣不用籌策㈤；善閉無關楗㈥而不可開；善結無繩約㈦而不可解。

是以聖人常善救人，故無棄人；常善救物，故無棄物。是謂襲明㈧。

故善人者，不善人之師；不善人者，善人之資㈨。不貴其師，不愛其資，雖智大迷，是謂要妙㈩。

【註釋】 ㈠轍迹：「轍」，軌跡，「迹」，足跡，馬跡。釋德清說：「轍迹，猶言痕迹。」 ㈡善

言：指善於行「不言之教」。〔今譯〕採用直譯。

③瑕讁：過失，疵病。范應元說：「『瑕』，玉病也。『讁』，罰也，責也。」《釋文》、傅奕本、林希逸本及范應元本等古本「讁」作「讁」。

④數：計算。河上公本、蘇轍本、林希逸本及吳澄本「數」作「計」。范應元說：「數，王弼同古本。」

⑤籌策：古時候計數的器具。

⑥關楗：栓梢。帛書本作「關籥」。董思靖說：「楗，拒門木也。橫曰『關』，豎曰『楗』。」楗，多種古本作「鍵」，范應元和畢沅認為仍應從「楗」。范應元說：「『楗』，拒門木也；或從金傍，非也。橫曰『關』，豎曰『楗』。」畢沅說：「《說文解字》『楗，限門也。』是應用『楗』，不得以車轄之『鍵』當之。」

⑦繩約：繩索。「約」也作繩、索講。吳澄說：「繩約，索也。合之成體曰『繩』，用之而束物曰『約』。」高亨說：「《儀禮，既夕記》：『約綏約轡』，鄭註：『約，繩也』。」

⑧襲明：含藏著「明」。「襲」，承襲，有保持或含藏的意思。「明」是指了解道的智慧。「襲明」上句「常善救物，故無棄物」，帛書甲、乙本均作「物無棄財（材）」。釋德清說：「承其本明，因之以通其蔽，故曰襲明。『襲』，承也，猶因也。」奚侗說：「『襲』，因也。『明』即十六章及五十五章『知常曰明』之『明』。『襲明』謂因順常道也。」

⑨資：取資，借資的意思。

⑩要妙：精要玄妙。河上公註：「能通此意是謂知微妙要道也。」吳澄說：「『要』猶云至極也；『妙』者玄不可測。妙不可測之至極，曰『要妙』。」

高亨說：「『要』疑讀為『幽』，『幽妙』猶言深妙也。『要』『幽』古通用。」劉台拱說：「『要妙』即幽妙。《淮南‧本經》『以窮要妙之望』，集註：『要妙，深遠貌。』」（引自朱謙之《老子校釋》）

福永光司說：「要妙，與窈眇同義，即深奧的真理。」

【今譯】

善於行走的，不留痕跡；善於言談的，沒有過失；善於計算的，不用籌碼；善於關閉的，不用栓梢卻使人不能開；善於綑縛的，不用繩索卻使人不能解。

因此，有道的人經常善於做到人盡其才，所以沒有被遺棄的人；經常善於做到物盡其用，所以沒有被廢棄的物。這就叫做保持明境。

所以善人可以做為不善人的老師，不善人可以做為善人的借鏡。不尊重他的老師，不珍惜他的借鏡，雖然自以為聰明，其實是大迷糊。它真是個精要深奧的道理。

【引述】

本章是對於自然無為思想的引申。

「善言」、「善行」，就是指善於行不言之教，善於處無為之政。「善數」、「善閉」、「善結」各句，都是意義相同的譬喻。意謂：「以自然為道，則無所容力，亦無所著迹。」（引林希逸語）且譬喻有道者治國，不用有形的作為，而貴無形的因仍。有道者能夠以本明的智慧，去觀照人與物，了解人各有才，物各有用。而做到人盡其才，各因其性以造就，所以說：「常善救人」「無棄人」；且做

到物盡其用，順物之性以展現其功能，所以說：「常善救物」「無棄物」。這是說明有道者的待人接物。

本章不僅寫出有道者順任自然以待人接物，更表達了有道者無棄人無棄物的心懷。具有這種心懷的人，對於善人和不善的人，都能一律加以善待。特別是對於不善的人，並不因其不善而鄙棄他，一方面要勸勉他，誘導他，另方面也可給善人作一個借鑑。

二十八章

知其雄，守其雌（一），為天下谿（二）。為天下谿，常德不離，復歸於嬰兒。

知其白，〔守其黑，為天下式。為天下式，常德不忒，復歸於無極。知其榮（三），〕守其辱，為天下谷。為天下谷，常德乃足，復歸於樸。

樸散則為器（四），聖人用之（五），則為官長（六），故大制不割（七）。

【註釋】

（一）知其雄，守其雌：「雄」譬喻剛動、躁進。「雌」譬喻柔靜、謙下。（二）谿：同「磎」，谿徑（亦作「蹊徑」）。言默守雌靜，當為天下所遵循之蹊徑。「谿」若如字訓「谿谷」，則與下之「谷」字義復。（三）【守其黑，為天下式。為天下式，常德不忒，復歸於無極。知其榮】：這六句疑為後人所竄入。易順鼎說：「按此章有後人竄入之語，非盡《老子》原文。《莊子・天下篇》引老聃曰：『知其雄，守其雌，為天下谿。知其白，守其辱，為天下谷。』此《老子》原文也。蓋本以『雌』對『雄』，以『辱』對『白』。『辱』有黑義，《儀禮》註：『以白造緇曰辱。』此古義之可證者。後人不知『辱』與『白』對，以為必『黑』始可對『白』，必『榮』始可對『辱』；如是，加『守其黑』一句於『知其白』之下，加『知其榮』一句於『守其辱』之上，又加『為天下式，常德不忒，復歸於無極』四句，以叶『黑』韻，而竄改之迹顯然矣。以『辱』對『白』，此自周至漢古義，而彼竟不知，其顯然者，一也。『為天下式』，『為天下谷』，『谿』，『谷』同義，皆水所歸。『為天下式』，則與『谿』、『谷』不倫，湊合成韻；其顯然者，二也。王弼已為『式』字等句作註，則竄改即在魏晉之初，幸賴《莊子》所引，可以考見原文，亟當訂正，以存真面。」（《讀老札記》）馬敘倫說：「『易說是也。……古書『榮』『辱』字皆『寵』『辱』之借。本書上文『寵辱若驚』，不作『榮辱』；此作『榮』『辱』，亦妄增之證。然《淮南・道應訓》已引『知其榮，守其

辱，為天下谷」，則自漢初已然矣。」（《老子校詁》）高亨說：「按此文本作『知其雄，守其雌，為天下谿。為天下谿，常德不離，復歸於嬰兒。知其白，守其辱，為天下谷。為天下谷，常德乃足，復歸於樸。』其『守其黑，為天下式，常德不忒，復歸於無極。知其榮』二十三字，後人所加也。請列六證以明之。《老子》本以雌對雄，以辱對白，辱即後起黷字，《玉篇》：『黷，垢黑也。』四十一章曰：『大白若辱』，亦白辱相對，即其明證，則此以白對黑，決非《老子》舊文，其證一也。榮辱，《老子》作寵辱，十三章曰：『寵辱若驚，』即其明證。則此以榮對辱，亦決非《老子》舊文，其證二也。『為天下谿，為天下谷』，谿谷同義，間以『為天下式』句，則與谿谷不類，其證三也。『復歸於嬰兒，復歸於樸』，意愔相同。人性未漓為嬰兒。木質未散為樸。間以『復歸於無極』句，則與嬰兒及樸不類，其證四也。《淮南子·道應篇》引《老子》曰：『知其雄，守其雌，為天下谿。』又引《老子》曰：『知其榮，守其辱，為天下谷。』而未引『知其白，守其黑，為天下式』句，蓋《淮南》所見本無此句也。且其所引『知其榮，守其辱，』原作『知其白，守其辱。』今作榮者，妄人依誤本《老子》改之耳。其文曰：『文王砥德脩政三年，而天下二垂歸之。紂聞而患之，拘文王於羑里，文王歸，乃為玉門，築靈臺，相女童，鼓鐘鼓，以待紂之失也。紂聞之曰：『周伯昌改道易行，吾無憂矣。』乃為炮烙，剔孕婦，殺諫者。文王乃遂其謀。故《老子》

曰：「知其榮，守其辱，為天下谷。」按『砥德脩政』非榮字之意，乃白字之意，白者其行潔白也。『為玉門，築靈臺，相女童，鼓鐘鼓。』非辱字之意，乃黥字之意，黥者其行污黥也。文王之改道易行，正《老子》所謂『知其白，守其辱』也。若然，榮本作白，明矣。是《淮南》所見本無『守其黑』二十三字，其證五也。《莊子・天下篇》引老聃曰：『知其雄，守其雌，為天下谿。知其白，守其辱，為天下谷。』其文雖有裁省，而莊子所見本無『守其黑』二十三字，尤為確的，其證六也。

此采易順鼎、馬敘倫說而補成之。」（《老子正詁》）張松如說：「按：易、馬、高所說極是。今帛書出，可見後人竄改之迹，非但不待魏晉，且復早於漢初，蓋自帛書已經有人染指了。不過帛書中尚未見『知其榮』句，而重見『知其白』句，其為戰國末以至秦漢間人所增補，甚顯。此乃竄改之第一步，增加了二十七字。在輾轉傳抄中，方增一『黑』字與『白』對，增一『榮』字與『辱』對，兩段變成為三段；在知白守黑一段，臆造出『守其黑，為天下式。為天下式，恒德不忒。恒德不忒，復歸於無極』等語句，此為竄改之第二步。到兩漢，尤其是東漢時，更將新增補之二十七字提前，如此，則『復歸於樸』句，與『樸散則為器』句相銜接，更順當些，此為竄改之第三步。於是遂為魏晉以來之今本奠定了基礎。惟每段二十七字裁省為二十三字，這是與帛書不同的。」（《老子校讀》）當從以上各說訂正。　㈣器：物，指萬物。二十九章河上公註：「器，物也。」　㈤之：指樸。　㈥官長：百

官的首長，指君主。

㈦大制不割：帛書本作「大制無割」，完善的政治是不割裂的。釋德清說：「不割者，不分彼此界限之意。」高亨說：「大制因物之自然，故不割，各抱其樸而已。」蔣錫昌說：

「『大制』猶云大治，『無割』猶云無治。蓋無治，可以使樸散以後之天下復歸於樸，正乃聖人之大治也。」

【今譯】

深知雄強，卻安於雌柔，作為天下所遵循的蹊徑。作為天下所遵循的蹊徑，常德就不會離失，而回復到嬰兒的狀態。

深知明亮，卻安於暗昧，作為天下的川谷。作為天下的川谷，常德才可以充足，而回復到真樸的狀態。

真樸的道分散成萬物，有道的人沿用真樸，則為百官的首長，所以完善的政治是不割裂的。

【引述】

「知雄守雌」：在雄雌的對待中，對於「雄」的一面有透徹的了解，而後處於「雌」的一方。「守雌」的「守」，自然不是退縮或迴避，而是含有主宰性在裏面，它不僅執持「雌」的一面，也可以運用「雄」的一方。因而，「知雄守雌」實為居於最恰切妥當的地方而對於全面境況的掌握。

嚴復說：「今之用老者，只知有後一句，不知其命脈在前一句也。」這話說得很對，老子不僅「守雌」，而且「知雄」。「守雌」含有持靜、處後、守柔的意思，同時也含有內收、凝斂、含藏的意義。

「谿」「谷」即是處下不爭的象徵。老子鑒於政風社情搶先貪奪，紛紜擾攘，所以主張「處下」「不

爭」，同時呼籲人們要返歸真樸。

本章所用的幾個名詞，代表著老子的一些基本觀念：「谿」「谷」象徵謙下涵容；「嬰兒」象徵純

真，「樸」（原木）象徵質樸。

二十九章

將欲取㈠天下而為㈡之，吾見其不得已㈢。天下神器㈣，不可為

也，〔不可執也㈤。〕為者敗之，執者失之。

故物或行或隨；或噓或吹㈥；或強或羸；或培或墮㈦；

是以聖人去甚，去奢，去泰㈧。

【註釋】㈠取：為，治，猶攝化。蔣錫昌說：「《廣雅・釋詁》三：『取，為也。』《國語》：『疾

不可為也。』章解：『為，治也。』是『取』與『為』通，『為』與『治』通。」 ㈡為：指「有

為」；強力去做。 ㈢不得已：不可得（蘇轍註）。「已」，語助（范應元註）。高明說：「『不得

已」，河上公謂為『不得天道人心』，甚得其恉，猶今言無所得或無所穫。有人釋作『迫不得已』，失之遠矣。」

〔四〕天下神器：天下是神聖的東西。「天下」指天下人。河上公註：「器，物也，人乃天下之神物也；神物好安靜，不可以有為治。」嚴靈峯說：「神器，猶神物也。」

〔五〕不可執也：王弼本原缺這一句，根據劉師培的說法增補。劉師培說：「王註：『萬物以自然為性，故可因而不可為，可通而不可執也。物有常性而造為之，故必敗也。物有往來而執之，故必失矣。』案據王註觀之，則本文『不可為也』下當有『不可執也』一句。《文子》引《老子》曰：『天下大器也，不可執也；為者敗之，執者失之。』」（《老子斠補》）易順鼎說：「按『不可為也』下當有『不可執也』一句，請舉三證以明之。《文選》干令升《晉記總論》注引《文子》稱《老子》曰：『天下大器也；不可執也；為者敗之，執者失之。』其證一。王註云：『故可因而不可為，可通而不可執也。』王註有，則本文可知。其證二。下篇六十四章云：『為者敗之，執者失之。是以聖人無為，故無敗；無執，故無失。』『無為』即『不可為』，『無執』即『不可執』。彼文有，則此文亦有。蓋有『執者失之』一句，必先有『不可執也』一句，明矣。」（《讀老札記》）馬敘倫說：「劉說是也。彭耜引黃茂材曰：『天下神器，不可為也，不可執也；至於人身，獨非神器乎？』是黃見本有此一句。」劉師培和易順鼎之說可信，因據《文子》和王弼註文，

在「不可為也」句下，增「不可執也」。

（六）或噓或吹：「噓」，王弼本作「呴」，景龍、敦煌丁本作「噓」。易順鼎說：「按『歔』本字當作『噓』，『強』與『羸』反，則『噓』與『吹』反。《玉篇》引《聲類》云：『出氣急曰吹，緩曰噓』此『吹』、『噓』之別，即《老子》古義也。」

（七）或培或墮：王弼本作「或挫或隳」，河上公本作「或載或隳」（河上公註：「『載』，安也。『隳』，危也」）。傅奕本、范應元本作「或培或墮」，帛書本同，據帛本改。按「故物或行或隨」這一段文意，從高明《帛書老子校注》。高明說：「王本誤『培』字為『挫』……甲、乙（帛書）本末句作『或培或墮』，與傅、范本同，《老子》原本當如是。茲據前舉古今各本勘校，此文當作：『故物或行或隨，或噓或吹，或強或羸，或培或墮。』」

王弼注：「凡此諸『或』，言物事逆順反覆，不施為執割也。聖人達自然之性，暢萬物之情，故因而不為，順而不施。」此之謂人事繁多，情性各異：有的行前，有的隨後；有的性緩，有的性急；有的剛強，有的柔弱；有的自愛，有的自毀。凡此皆明人事參差，聖人順而不施，因而不為，任其自然。

（八）去甚，去奢，去泰：「泰」，即太過。河上公註：「甚謂貪淫聲音，奢謂服飾飲食，泰謂宮室台榭。」薛蕙說：「物各有自然之性，豈可作為，以反害之邪！是以聖人去甚去奢去泰，惟因其自然而已……《漢書•黃霸傳》曰：『凡治道，去其泰甚者耳。』其言蓋本於此，而意實不同；事有太過

者去之，若夫小而無害者，則因循不必改作，此漢儒之意也。物有固然，不可強為，事有適當，不可復過，此老子之本意也。」

【今譯】 想要治理天下卻用強力去做，我看他是不能達到目的了。「天下」是神聖的東西，不能出於強力〔不能加以把持〕。出於強力的，一定會失敗；加以把持的，一定會失去。

世人情性不一，有的行前，有的隨後；有的性緩，有的性急；有的強健，有的羸弱；有的自愛，有的自毀。

所以聖人要去除極端的、奢侈的、過度的措施。

【引述】 本章為老子對於「有為」之政所提出的警告：治理國家，若以強力作為或暴力把持，都將自取敗亡。世間的物性不同，人性各別，為政者要能允許差異性或特殊性的發展，不可強行，否則就變成削足適履了！所以理想的政治應順任自然，因勢利導，要捨棄一切過度的措施，去除一切酷烈的政舉；凡是奢費的行徑，都不宜施張。

三十章

以道佐人主者，不以兵強天下。其事好還⊖。師之所處，荊棘生焉。〔大軍之後，必有凶年〕⊜。

善有果⊜而已，不敢⊗以取強。果而勿矜，果而勿伐，果而勿驕，果而不得已，果而勿強。

物壯⊕則老，是謂不道⊗，不道早已⊙。

【註釋】

⊖ 其事好還：用兵這件事一定會得到還報。簡本此句作「其事好」，且置於章末「果而不強」句後。李息齋說：「殺人之父，人亦殺其父；殺人之兄，人亦殺其兄，是謂好還。」（《道德真經義解》）林希逸說：「我以害人，人亦將以害我，故曰其事好還。」朱謙之說：「『還』，《釋文》：『音旋。』『其事好還』謂兵凶戰危，反自為禍也。」

⊜ 大軍之後，必有凶年：簡帛本及景龍本、《次解》本、唐人《殘卷》丁本均缺此二句。簡本並缺「師之所處，荊棘生焉」二句。馬敘倫曰：

〔一〕論弼註曰：『言師凶害之物也，無有所濟，必有所傷，賊害人民，殘荒田畝，故荊棘生焉。』是王弼傳》淮南王安上書云：『臣聞軍旅凶年，必有凶年。』又云：『此《老子》所謂師之所處，荊棘生之者也。』按其詞意，軍旅凶年當別屬古語，非同出《老子》。又王弼注止云：『賊害人民，殘荒田畝，故曰荊棘生焉。』亦似本無其語。』上說甚是，當據簡帛本刪。

〔二〕完成；如司馬光說：『果，猶成也。大抵禁暴除亂，不過事濟功成則止。』三、勝；如王安石說：『「果」者，勝之辭。』高亨說：《爾雅·釋詁》：『果，勝也。』『果而已』猶勝而止。』

〔三〕果：效果。有幾種解釋：一、救濟危難；如王弼註：『「果」猶「濟」也。言善用師者，趣以濟難而已矣。』二、

〔四〕敢：景龍碑缺「敢」字，俞樾認為「敢」字是衍文。俞樾說：「按『敢』字衍文。河上公註曰：『不以果敢取強大之名。』註中『不以』二字，即本經文。其『果敢』字乃釋上文『果』字之義，非此文又有『果』字也。今作『不以取強』，即涉河上註而衍。王註曰：『不以兵力取強於天下也。』亦『不以』二字連文，可證經文『敢』字之衍。唐景龍碑正作『不以取強』，當據以訂正。」按帛書本正是，甲、乙本同作『毋以取強』。

〔五〕壯：武力興暴。（王弼註）

〔六〕不道：不合於道。景龍本、傅奕本及多種古本「不道」作「非道」。

〔七〕不道早已：「早已」，早死。

【今譯】

用道輔助君主的人，不靠兵力逞強於天下。用兵這件事一定會得到還報。軍隊所到的地方，荊棘就長滿了。〔大戰過後，一定會變成荒年。〕

善用兵的只求達到救濟危難的目的就是了，不藉用兵力來逞強。達到目的卻不逞強。達到目的卻不誇耀，達到目的卻不驕傲，達到目的卻出於不得已，達到目的卻不矜恃，達到目的卻不逞強。

凡是氣勢壯盛的就會趨於衰敗，這是不合於道的，不合於道很快就會消逝。

【引述】

人類最愚昧最殘酷的行為，莫過於表現在戰爭的事件上。戰爭的慘烈，令人觸目心驚：「師之所處，荊棘生焉。」這兩句話道盡了戰爭為害的後果。

戰爭總是沒有好下場的，敗陣者傷殘累累，弄得國破家亡；勝利者所付的代價也是極其慘重的，而所得的結果僅僅是「口中含灰」而已。所以老子警惕著：「其事好還」——武力橫行，終將自食其果；武力暴興，必定自取滅亡。

三十一章

夫兵者（一），不祥之器，物或惡之，故有道者不處（二）。

君子居則貴左，用兵則貴右（三）。兵者不祥之器，非君子之器，不
得已而用之，恬淡（四）為上。勝而不美，而美之者，是樂殺人。夫樂
殺人者，則不可得志於天下矣。
吉事尚左，凶事尚右。偏將軍居左，上將軍居右。言以喪禮處
之。殺人之眾，以悲哀泣（六）之，戰勝以喪禮處之。

【註釋】

（一）夫兵者……今本作「夫佳兵者」，帛書甲、乙本同作「夫兵者」，據帛書本訂正。劉殿爵
說：「『佳兵』，不成文義，所以王念孫據《老子》文例訂正『佳』字為『唯』字。但『夫唯』是承
上文詞，不應出現於章首，所以令人懷疑章中文句失次，現在帛書本作：『夫兵者不祥之器也（甲本
「也」字殘缺），物或惡之（乙本「惡」作「亞」，「之」字殘缺）。』『兵』上只有『夫』字，可
見今本之所以出現問題，是因為『夫』下衍一字所致的。」（引自〈馬王堆漢墓帛書老子初探〉，一九八
二年九月號《明報月刊》）嚴靈峯說：「日本中井積德曰：『「佳」字疑衍。』說與帛書本合。」（《馬
王堆帛書老子試探》）（三）物或惡之，故有道者不處……帛書甲本作「或惡之，故有欲看弗居」（與二十四
章經文相同）。帛書「欲」字在此假借為「裕」，「有欲者」當作「有裕者」。「裕」字與「道」不

僅義同，古音亦通（高明《帛書老子校注》）。㈢君子居則貴左，用兵則貴右：古時候的人認為左陽右陰，陽生而陰殺。後文所謂「貴左」、「貴右」、「尚左」、「尚右」、「居左」、「居右」都是古時候的禮儀。㈣恬淡：帛書甲本作「銛襲」，乙本作「銛懣」，簡本作「銛纕」，形容兵器的堅利（詳見裘錫圭：〈郭店《老子》簡初探〉，刊在《道家文化研究》第十七輯）吳澄說：「『恬』者不歡愉，『淡』者不濃厚。謂非其心之所喜好也。」㈤悲哀：王弼今本作「哀悲」。傅奕本、河上公本及眾古本都作「悲哀」。蔣錫昌說：「『哀悲』當據《道藏》王弼本改作『悲哀』。」㈥泣：有兩種講法：一、哭泣。這是通常按字面的解釋。二、「泣」是「茳」字的誤寫。「茳」、「涖」、「泣」同字，茳臨，對待的意思。羅運賢說：「『泣』當為『涖』之訛。《說文》無『涖』字，蓋即隷也。」（〈老子餘義〉，引自朱謙之《老子校釋》）按：帛書本作「立」，當是「茳」的省字。〔今譯〕從後者。

【今譯】 兵革是不祥的東西，大家都怨惡它，所以有道的人不使用它。

君子平時以左方為貴，用兵時以右方為貴。兵革是不祥的東西，不是君子所使用的東西，萬不得已而使用它，最好要淡然處之。勝利了也不要得意洋洋，如果得意洋洋，就是喜歡殺人。喜歡殺人的，就不能在天下得到成功。

吉慶的事情以左方為上，凶喪的事情以右方為上。偏將軍在左邊，上將軍在右邊，這是說出兵打仗使用

喪禮的儀式來處理。殺人眾多，帶著哀痛的心情去對待，打了勝戰要用喪禮的儀式去處理。

【引述】「武力是帶來凶災的東西。」老子指出了戰爭的禍害，而表達了他的反戰思想。

用兵是出於「不得已」的——若是為了除暴救民而用兵，也應該「恬淡為上」，「戰勝了不要得意洋洋，得意洋洋就是喜歡殺人。」這話對於尚武者的心理狀態與行為樣態，真是一語道破。他還說：如果不得已而應戰，要「以喪禮處之，殺人之眾，以悲哀泣之。」這是人道主義的呼聲。

本章亦為對於當時武力侵略的一種沉痛的掊擊。

三十二章

道常無名、樸㈠。雖小㈡，天下莫能臣㈢。侯王若能守之，萬物將自賓㈣。

天地相合，以降甘露，民莫之令而自均㈤。

始制有名㈥，名亦既有，夫亦將知止，知止可以不殆㈦。

譬道之在天下，猶川谷之於江海㈧。

【註釋】

（一）道常無名、樸：老子以「無名」喻「道」，如四十一章「道隱無名」。「樸」，乃無名之譬。木之未制成器者，謂之「樸」。（釋德清說）「道常無名樸」，歷來有兩種斷句法：一為「道常無名、樸」；一為「道常無名，樸（雖小）」。第二種斷句法，是將「樸」字屬下讀。

（二）小：「道」是隱而不可見的（「道隱無名」），所以用「小」來形容。范應元說：「『道』常無名，固不可以小、大言之，聖人因見其大無不包，故強為之名曰『大』，復以其細無不入，故曰『小』也。」張默生說：「『小』字，指『無名樸』說，亦即指道體而言。道體是至精無形的，故可說是『小』。但此『小』字，不是普通大小之『小』，因有時從另一方面看，此『小』字又可說是『大』了。下章有云：『常無欲，可名於小，萬物歸焉而不為主，可名為大。』這都是形容道體的。《莊子》上說的『其大無外』，是就『大』一方面來說；『其小無內』，是就『小』一方面來說。」按：通行本「雖小」，簡本作「唯妻。」「妻」，微、細之意。

（三）莫能臣：「臣」下王弼本有「也」字，傅奕本及唐宋諸本皆無，與簡帛本同，當據刪。高亨說：「『也』字衍文，以『臣』『賓』均為韻知之。」高說可從。

（四）自賓：自將賓服於「道」。

（五）民莫之令而自均：五十一章說「道」之生育畜養萬物時云「夫莫之命而常自然」，言無人指令而「道」能自然化育萬物。這是說人們無需指令而「道」之養物猶甘露之自然均

普。⑹ 始制有名：萬物興作，於是產生了各種名稱。「始」是指萬物的開始；「制」，作（林希逸

註）。「始制有名」即二十八章所說的樸散為器。王弼註：「始制，官長不可不立名分以定尊卑，故

始制有名也。」傅山說：「『始制有名』，『制』即『制度』之『制』，謂治天下者初立法制，……

後世之據崇高者，只知其名之既立，尊而可以常有。天下者，非一人之天下，天下之天下也。」（《讀

老子》，《霜紅龕集》卷三十二）⑺可以不殆：帛書乙本作「所以不殆」。⑻譬道之在天下，猶川谷之

於江海：蔣錫昌說：「此句倒文，正文當作『道之在天下，譬猶江海之與川谷。』蓋正文以江海譬

道，以川谷譬天下萬物。」

【今譯】

道永遠是無名而樸質狀態的。雖然幽微〔不可見〕，天下卻沒有人能臣服它。侯王如果能

守住它，萬物將會自然地歸從。

天地間〔陰陽之氣〕相合，就降下甘露，人們不須指使它而自然均勻。

萬物興作就產生了各種名稱，各種名稱已經制定了，就知道有個限度，知道有所限度，就可以避免危

險。

道存在於天下，有如江海為河川所流注一樣。

【引述】

老子用「樸」來形容道的原始無名的狀態，侯王若能持守無名之樸的道（亦即是持守它那

自然無為的特性），人民當能安然自適，各遂其生。

道的功用，均調普及，「民莫之令而自均」。這具有一往平等的精神。

這原始樸質的道，向下落實使萬物興作，於是各種名稱就產生了：定名分，設官職，從此紛擾多事。

老子認為「名」是人類社會引起爭端的根源，莊子也說：「名也者，相軋也。」因此老子要人當知止足。

三十三章

知人者智，自知者明。

勝人者有力，自勝者強〇。

知足者富。

強行〇者有志。

不失其所者久。

死而不亡〇者壽。

【註釋】 ㈠強：含有果決的意思。這和五十二章「守柔曰強」的「強」字，

和七十二章「堅強者死之徒」的「強」字，用法不一樣。㈡強行：勤勉力行。嚴靈峯說：「……

『強』，疑有誤。王註云：『勤能行之，其志必獲。』四十一章：『上士聞道，勤而行之。』王註

云：『有志也。』《莊子・大宗師篇》云：『而真人以為「勤行」也。』是當作『勤』，蓋『勤』、

『強』音近，並涉上文『自勝者強』句而誤也。又疑『強』、『勤』二字，古相通假。陳景元曰：

『「強行」者，謂「勤而行之」也。』」嚴說可供參考。㈢死而不亡：身沒而道猶存（王弼註）。

【今譯】 認識別人的是「智」，了解自己的才算「明」。

戰勝別人的是有力，克服自己的才算堅強。

知道滿足的就是富有。

努力不懈的就是有志。

不離失根基的就能長久。

身死而不被遺忘的是真正的長壽。

【引述】 本章講個人修養與自我建立。一個能「自知」、「自勝」、「自足」、「強行」的人，要

在省視自己，堅定自己，克制自己，並且矢志力行。這樣才能進一步的開展他的精神生命與思想生

命。在老子看來，知人、勝人固然重要，但自知、自勝尤為重要。

三十四章

大道汜兮，其可左右。萬物恃之以㊀生而不辭㊁，功成而不有㊂。衣養㊃萬物而不為主，〔常無欲㊄，〕可名於小㊅；萬物歸焉而不為主，可名為大。以其終不自為大，故能成其大。

【註釋】

㊀以：王弼本作「而」字。傅奕本、景龍本、蘇轍本、林希逸本、范應元本及眾多古本「而」作「以」字，因據改。㊁辭：有幾種解釋：一、言辭；稱說。二、推辭。㊂功成而不有：王弼本原作「功成不名有」。「名」字衍出。易順鼎說：「《辨命論》註引作『功成而不有，愛養萬物而不為主。』按下又連引王註，則所引為王本無疑矣。今王本『功成不名有』當作『功成不有』，『名』字衍。」（《讀老札記》）蔣錫昌說：「按『不有』二字見二章、十章、五十一章，可知二字為老子習用之詞。『功成不名有』當作『功成而不有』，易說是也。」今據易順鼎之說刪去「名」字，

作「功成而不有」。　（四）衣養：傅奕本作「衣被」。范應元說：「『衣被』，猶覆蓋也。」「衣養」猶五十一章的「養之覆之」。「衣」與「覆」，皆是護持之義。「衣養萬物」即「護養萬物」。　（五）【常無欲】：這三字顧歡本、李榮本、敦煌丁本缺，略此，其上下文為：「衣養萬物而不為主，可名於小；萬物歸焉而不為主，可名為大。」兩句恰成對文。如然帛書甲、乙本均有「恆無欲也」句。　（六）可名於小：王弼註：「萬物皆由『道』而生，既生而不知其所由。萬物各得其所，若『道』無施於物，故名於小矣。」

【今譯】　大道廣泛流行，無所不到。萬物依賴它生長而不推辭，有所成就而不自以為有功。養育萬物而不自以為主，可以稱它為「小」；萬物歸附而不自以為主宰，可以稱它為「大」。由於它不自以為偉大，所以才能成就它的偉大。

【引述】　本章說明道的作用。道生長萬物，養育萬物，使萬物各得所需，各適其性，而絲毫不加以主宰。這裏，藉道來闡揚順任自然而「不為主」的精神。反觀基督教耶和華的作風則大不相同，耶和華創造萬物之後，長而宰之，視若囊中之物。老子所發揮的「不辭」、「不有」、「不為主」的精神，消解領導者的佔有欲與支配欲，從「衣養萬物」中，我們還可以呼吸到愛與溫暖的空氣。

三十五章

執大象㊀，天下往。往而不害，安平太㊁。

樂與餌㊂，過客止。道之出口，淡乎其無味，視之不足見，聽之

不足聞，用之不足既㊃。

【註釋】 ㊀ 大象：大道。河上公註：「『象』，道也。」成玄英疏：「大象，猶大道之法象也。」

林希逸註：「大象者，無象之象也。」 ㊁ 安平太：「安」，乃；王引之《經傳釋詞》：「安，猶於

是也，乃也，則也。」「太」，同泰，安、寧的意思。古本多作「泰」；如傅奕本、《釋文》、《次

解》本、蘇轍本、林希逸本及眾多古本「太」均作「泰」。嚴復云：「安，自繇；平，平等；太，合羣也。」以今

泰皆申言不害誼。」訓『安』為安寧，非是。蔣錫昌說：「奚侗云：『安寧，平和，通

人所習用之新名詞，強合之老子，更非。」 ㊂ 樂與餌：音樂和美食。 ㊃ 用之不足既：帛書甲、乙本

及河上本作「用之不可既」。裘錫圭說：「簡文本句與他本（包括帛書本）有一個重要的不同之處，

即開頭無『用之』二字（今本有的無『之』字），而有『而』字。這也許合乎《老子》原貌。『不可既』指道之內蘊不可窮盡。」（《郭店〈老子〉初探》）

【今譯】　執守大「道」，天下人都來歸往。歸往而不互相傷害，於是大家都平和安泰。

音樂和美食，能使過路的人停步。而「道」的表述，卻淡得沒有味道，看它卻看不見，聽它卻聽不著，用它卻用不完。

【引述】　仁義禮法之治有如「樂與餌」，不如行守自然無為的大「道」——雖然無形無迹，但能使人民平居安泰。

三十六章

將欲歙㊀之㊁，必固㊂張之；將欲弱之，必固強之；將欲廢之，必固舉之㊃；將欲取之，必固與之㊄，是謂微明㊅。

柔弱勝剛強。魚不可脫於淵，國之利器不可以示人㊆。

【註釋】

(一) 歙：斂，合。帛書甲本作「拾」。《韓非‧喻老》引作「翕」。「翕」和「歙」古字通用。(陳懿典《道德經精解》)。

(二) 之：作「者」(陳懿典《道德經精解》)。

(三) 固：讀為姑且之姑(馬敘倫《老子校詁》)。

(四) 將欲廢之必固舉之：「廢」，帛書甲、乙本作「去」。「舉」，通行本作「興」，帛書甲、乙本均作「與」。古「與」、「舉」字通，據勞健、高亨等說改。勞健說：「『必固與（兴）之』之『興』當作『舉』（举），古與、舉字通，如《禮運》『選賢與能』，《大戴禮記‧主言篇》作『選賢舉能』是也。疑此字本亦作『與』，後人不識與、舉互通，又忽於《老子》之變文叶韻之例，乃循『廢』字臆改，故眾本相傳皆作『興』也。」高亨說：「『與』當作『舉』，形近而偽。古書常『廢』『舉』對言。」馮達甫說：「『興』為『與』之偽，形近而誤。與、舉通用，近而偽。古書常『廢』『舉』對言。」馮達甫說：「『興』為『與』之偽，形近而誤。與、舉通用，勞氏、高氏之說甚是。帛書幸存其真。」按：勞健等說為當，今用作「舉」。

(五) 將欲取之，必固與之：「取」通行本作「奪」。惟《韓非‧喻老篇》引作「取」，范應元本及彭耜本亦作「取」。因據改正。范應元說：「『取』，一作『奪』，非古也。」蔣錫昌說：「《史記‧管晏列傳》云：『故曰知與之為取，政之寶也。』《索隱》：『《老子》曰：將欲取之，必固與之。』看《史記》用『故曰』云云，疑『與之為取』即本之《老子》『將欲取之，必固與之』而來。是《史記》與《索隱》並作『取』也。論義，亦以作『取』為是。當據《韓非》改正。」張舜徽說：「要之此數句，乃闡明促

使事物轉化之理。」盧育三說：「這段話表明老子看到了歙張、弱強、廢舉、奪與之間的對立轉化。

但在對待轉化的態度上卻因人因事而異，對待自己，則防止事物發展到極端向對立方面轉化，守虛、守柔、守辱、守雌等則是防止事物向對立方面轉化的辦法；對待敵人，則促使事物發展到極端向對立方面轉化。這裏講的則是促使事物發展到極端向對立方面轉化的事例。」（《老子釋義》）　㈥微明：

幾先的徵兆。范應元說：「張之、強之、興之、與之之時，已有翕之、弱之、廢之、取之之幾，伏在其中矣。幾雖幽微，而事已顯明也。故曰：『是謂微明。』或者以此數句為權謀之術，非也。聖人見造化消息盈虛之運如此，乃知常勝之道，是柔弱也。蓋物至於壯則老矣。」（《老子道德經古本集註》）

高延第說：「首八句即福禍盛衰倚伏之幾，天地自然之運，似幽實明。『微明』謂微而顯也。」（《老子證義》）高亨說：「此諸句言天道也。或據此斥老子為陰謀家，非也。老子戒人勿以張為可久，勿以強為可恃，勿以舉為可喜，勿以與為可貪耳。故下文曰：『柔弱勝剛強』也。」　㈦國之利器不可以示人：「利器」，有幾種說法：一說利器指權道（如河上公）；一說利器指賞罰（如韓非）；一說利器指聖智仁義巧利（如范應元）。「示」，炫耀。薛蕙說：「利器者，喻國之威武權勢之屬。示，觀也，猶《春秋傳》所云觀兵黷武也。剛強者，危亡之道也；柔弱者，安存之道也。有國家者豈可以強大而自恃乎？今夫魚能深潛則常活，不可躁動而脫於淵，不爾則為人所制，而災害及之矣。譬國能

守柔則常安，不可矜其威力以觀示於天下，不爾則勢窮力屈，而國家不可保矣。」（《老子集解》）

【今譯】

將要收斂的，必先擴張；將要削弱的，必先強盛；將要廢棄的，必先興舉；將要取去的，必先給與。這就是幾先的徵兆。

柔弱勝過剛強。魚不能離開深淵，國家的利器不可以隨便耀示於人。

【引述】

一、「將要合起來，必先張開來。」（「將欲歙之，必固張之」），即是說在事物發展的過程中，張開來是閉合的一種徵兆。老子認為事物在不斷對立轉化的狀態，當事物發展到某一個極限的時候，它必然會向相反的方向運轉，好比花朵盛開的時候，它就要萎謝了（花朵盛開是即將萎謝的徵兆）；月亮圓滿的時候，它就要虧缺了（月亮圓滿是即將虧缺的徵兆）。本章第一段乃是老子對於事態發展的一個分析，亦即是道家「物極必反」、「勢強必弱」觀念的一種說明。不幸這段文字普遍被誤解為含有陰謀的思想，而韓非是造成曲解的第一個大罪人，後來的註釋家也很少能把這段話解釋得清楚。然前人如董思靖、范應元、釋德清等對於這段文義都曾有精確的解說，下面引錄董思靖與釋德清的解說以供參看：

董思靖說：「夫張極必歙，與甚必奪，理之必然。所謂『必固』云者，猶言物之將歙，必是本來已張，然後歙者隨之。此消息盈虛相因之理也。其機雖甚微隱而理實明者。」（《道德真經集解》）

釋德清說：「此言物勢之自然，而人不能察，天下之物，勢極則反。譬夫日之將昃，必盛赫；月之將缺，必極盈；燈之將滅，必熾明。斯皆物勢之自然也。故固張者，翕之象也；固強者，弱之萌也；固興者，廢之機也；固與者，奪之兆也。天時人事，物理自然。第人所遇而不測識，故曰微明。」（《老子道德經解》）

二、「勢強必弱」。在剛強和柔弱的對峙中，老子寧願居於柔弱的一端。老子對於人事與物性作深入而普遍的觀察之後，他了解到：看來柔弱的東西，由於它的含藏內斂，往往較富韌性；看來剛強的東西，由於它的彰顯外溢，往往暴露而不能持久。所以老子斷言「柔弱」的呈現勝於「剛強」的表現。

（「柔弱勝剛強」的說法，見於四十三章與七十八章。）

三、「國之利器不可以示人。」這是說權勢禁令都是凶利之器，不可用來耀示威嚇人民。王弼說：「示人者，任刑也。」如果統治者只知用嚴刑峻法來制裁人民，就是用利器示人了。這就是「剛強」的表現，而逞強恃暴是不會持久的。

三十七章

道常無為而無不為㈠。侯王若能守之，萬物將自化㈡。化而欲作，吾將鎮之以無名之樸㈢。無名之樸，夫亦將不欲㈣。不欲以靜，天下將自正㈤。

【註釋】㈠ 無為而無不為：「無為」是順其自然，不妄為（參看二章註㈧）。王弼注：「順自然也。」

「無為」是說沒有一件事不是它所為的，這是由於「無為」（不妄為）所產生的效果。「無為而無不為」即是不妄為，就沒有什麼事情做不成的。「道常無為而無不為」，郭店簡本作「道恆無為」，帛書甲、乙本作「道恒無名」。范應元說：「虛靜恬淡，『無為』也。天、地、人、物得之以運行生育者，無不為也。」馮友蘭說：「老子認為，從道分出萬物，並不是由於『道』的有目的、有意識的作為；道是無目的、無意識的。他稱這樣的程序為『無為』，他說：『道常無為而無不為』（《老子·三十七章》）；就其生萬物說，『道』是『無不為』，就其無目的、無意識說，『道』是『無為』。」

（《中國哲學史新編》）張岱年說：「道是自然的，故常無為。道生成一切，故又無不為。」（《中國哲學大綱》）胡適說：「『道常無為而無不為』，這是自然主義宇宙觀的中心觀念。這個觀念又是一種無為放任的政治哲學的基石。」（《中國哲學中的科學精神與方法》）

㈡ 自化：自我化育；自生自長。

㈢ 吾將鎮之以無名之樸：「鎮」，簡本作「貞」。「貞」，正、安之意。丁原植說：「『鎮』字的意含恐非指約束性的『壓制』。《廣雅‧釋詁一》：『鎮』，安也。」（《郭店竹簡老子釋析與研究》）

㈣ 無名之樸，夫亦將不欲：簡本不疊「無名之樸」句，「夫亦將不欲」，簡文作「夫亦將知足」。

㈤ 不欲以靜，天下將自正：簡本作「智〔足〕以靜，萬物將自定」。

【今譯】

道永遠是順任自然的，然而沒有一件事不是它所為。侯王如果能持守它，萬物就會自生自長。自生自長而至貪欲萌作時，我就用道的真樸來安定它。用道的真樸來安定它，就會不起貪欲。不起貪欲而趨於寧靜，天下便自然復歸於安定。

【引述】

本章提示出理想的政治在於無為而自化（Self-transform）——讓人民自我化育，自我體現。

「靜」、「樸」、「不欲」都是「無為」的內涵。統治者自身如能做到清靜、真樸、不貪欲，對人民如能做到不騷擾、不侈靡、不擴張私人意欲，百姓的生活自然可以獲得安寧。

老子一再強調統治者的態度應出於「無為」——順任自然而不加以干預——讓人民自我發展，自我完

成，同時要養成真樸的民風，這樣的社會才能趨於安定。

三十八章

上德不德（一），是以有德；下德不失德（二），是以無德。

上德無為而無以為（三）；〔下德無為而有以為（四）〕。

上仁為之而無以為；上義為之而有以為。

上禮為之而莫之應，則攘臂而扔之（五）。

故失道而後德，失德而後仁，失仁而後義，失義而後禮。

夫禮者，忠信之薄（六），而亂之首（七）。

前識者（八），道之華（九），而愚之始。是以大丈夫處其厚（一〇）不居其薄（一一）；

處其實，不居其華。故去彼取此（一二）。

【註釋】

（一）上德不德：上德的人，因任自然，不表現為形式上的德。「不德」，河上公註：「因循

自然……其德不見。」林希逸註：「有德而不自知其德化。」（今譯）從河上公註意譯。㊁下德不

失德……下德的人，執守著形式上的德。林希逸註：「不失德」者，執而未化也。」㊂上德無為而

無以為……上德的人，順任自然而無心作為。林希逸註：「以」，有心，故意。林希逸註：「『以』者，有心也。

『無以為』是無心而為之也。」傅奕本、嚴遵本、范應元本「無以」作「無不」。朱謙之說：「碑本

作『無以為』，是也。……『上德無為而無不為』，較之『上德無為而無以為』，於義為優。」（《老

子校釋》）朱說是。帛書乙本正作「上德無為而無以為」。㊃〔下德無為而有以為〕「有以為」和

「無以為」說的是有沒有模擬造作。有模擬造作就是「有以為」，沒有模擬造作就是「無以為」。

（馮友蘭《中國哲學史新編》）「下德無為而有以為」疑是衍文，帛書甲、乙本無此句。當從劉殿爵、高

明之說，據帛本刪。劉殿爵說：「帛書本作：上德無為而（甲本以上二字殘缺）無以為也。上仁為之

而無（甲本以上二字殘缺）以為也。上義（此字乙本經塗改）為之而有以為也。王弼本作：上德無為而無

以為；下德為之而有以為；上仁為之而無以為。傅奕本作：上德無為而無

以為；下德為之而有以為；上仁為之而無以為。上義為之而有以為。帛書本

（此字原脫，據馬校校補）不為，下德為之而有以為，下義為之而有以為。帛書本

是三分，上德、上仁、上義，文中『無為』與『為之』相對，『無以為』與『有以為』相對。上德居

上，既『無為』又『無以為』；上仁次之，雖不能『無為』尚能『無以為』；上義居下，即不能『無

為」又不能「無以為」。上、中、下層次分明。王弼本加上「下德」作四分，結果「下德為之而有以

為」與「上義為之而有以為」相重複。傅本『上德』句作「無為而無不為」，「下德」句作「為之而

無以為」又與「上仁」句相重複，這樣顯見《老子》文句原來是如帛書本作『三分』的，後人改作

『四分』時，改得不得其法，便陷於重複。原來都是句與句之間相對，但傅本改「無以為」作「無不

為」便與上文「無為」相對，成為句中相對而與全文體例不合。要之，作「無為而無不為」不論是在

傅本抑在《韓非》都顯然是後人所改。」高明說：帛書甲、乙本無「下德」句，世傳本皆有之。此是

帛書與今本重要分歧之一。《老子》原本當如何？從經文分析，此章主要講論老子以道觀察德、仁、

義、禮四者之不同層次，而以德為上，其次為仁，再次為義，最次為禮。德仁義禮不僅遞相差次，每

況愈下，而且相繼而生。如下文云：「失德而後仁，失仁而後義，失義而後禮。夫禮者，忠信之薄而

亂之首也。」德仁義禮之間各自差距如何？老子用「無為」作為衡量四者的標準，以「無為而無以

為」最上，「為之而無以為」其次，「為之而有以為」再次，「為之而莫之應，則攘臂而扔之」最

次。據帛書甲、乙本分析，德仁義禮四者的差別非常整齊，邏輯意義也很清楚。今本衍「下德」一

句，不僅詞義重疊，造成內容混亂，而且各本衍文不一，眾議紛紜。如王弼諸本衍作「下德為之而有

以為」，則同「上義為之而有以為」相重；傅奕諸本衍作「下德為之而無以為」，則同「上仁為之而

以為」，則同「上義為之而有以為」

無以為」相重。由此可見，「下德」一句在此純屬多餘，絕非《老子》原文所有，當為後人妄增。驗

之《韓非子‧解老篇》，亦只言「上德」、「上仁」、「上義」、「上禮」，而無「下德」，與帛書

甲、乙本相同，足證《老子》原本即應如此，今本多有衍誤。（《帛書老子校注》）鼓應按：劉、高之

說甚是。當從《韓非》及帛本作四分法，即「上德……上仁……上義……上禮……」，「下德無為而

有以為」為漢時（帛本之後）所衍入。道家對世風的序次皆為四層，即「太上」、「其次」、「其

次」（或「其下」）、「其下」（或「太下」），秦漢前無此「五分法」。與十七章參讀：「上德無

為而無以為」即「太上不知有之」。「上仁為之而無以為」即「其次親而譽之」。「上義為之而有以

為」即「其次畏之」。「上禮為之而莫之應」即「其下侮之」。　㊄攘臂而扔之：伸出手臂來使人們

強就。林希逸說：「扔」，引也。民不從強以手引之，強掣拽之也。只是形容強民之意，故曰『攘

臂而扔之』」。　㊅禮者，忠信之薄：「薄」，衰薄，不足。張舜徽說：「在階級社會中，統治者多

為之方以困折人。凡所立制度儀節，皆所以屈抑羣下使伏事己也。禮文繁縟，眾所不堪。……禮文大

備，即統治者控馭被統治者之具愈密。民不堪命，則羣起而攻殺之。」　㊆亂之首：禍亂的開端。　㊇前

識者：「前識」，指預設種種禮儀規範。「者」，提頓，無義。范應元說：「前識猶言先見也。謂制

禮之人，自謂有先見，故為節文，以為人事之儀則也，然使人離質尚文。」　㊈華：虛華，非實質的。

禮儀規範乃道之「其次」者，故曰「華」。

○身於敦樸。」

【今譯】

○薄：澆薄，指「禮」。　③去彼取此：捨棄薄華的禮，採取厚實的道與德。

○處其厚：立身敦厚。河上公註：「『處其厚』者，處

上德的人不自恃有德，所以實是有德；下德的人自以為不失德，所以沒有達到德。

上德的人順任自然而無心作為；上仁的人有所作為卻出於無意；上義的人有所作為且出於有意。上禮

的人有所作為而得不到回應，於是就揚著胳臂使人強從。

所以失去了道而後才有德，失去了德而後才有仁，失去了仁而後才有義，失去了義而後才有禮。

禮是忠信的不足，而禍亂的開端。

預設的種種規範，不過是道的虛華，是愚昧的開始。因此大丈夫立身敦厚，而不居於澆薄；存心篤

實，而不居於虛華。所以捨棄薄華而採取厚實。

【引述】

本章立論的動機，實有感於人際關係愈來愈外在化，愈來愈強化，而自發自主的精神已逐

漸消失，僅靠一些規範把人的思想行為定著在固定的形式中。老子的感言是十分沉痛的。

老子從居心上來分「道」、「德」、「仁」、「義」、「禮」這幾個層次。無形無迹的道顯現於物或

作用於物是為德（道是體，德是用，這兩者的關係其實是不能分離的）。老子將德分為上下；上德是

無心的流露，下德則有了居心。「仁義」是從下德產生的，屬於有心的作為，已經不是自然的流露

了。到了禮，就注入勉強的成分，禮失而後法（古時候「法」實內涵於「禮」），人的內在精神全然被斲傷。

在老子那時代，禮已演為繁文縟節，拘鎖人心，同時為爭權者所盜用，成為剽竊名位的工具。所以老子抨擊禮是「忠信之薄而亂之首」。老子一方面批評禮對於人性的拘束，另方面嚮往於道的境地──自然流露而不受外在制約的境地。

三十九章

昔之得一（一）者：天得一以清；地得一以寧；神得一以靈；谷得一以盈；萬物得一以生（二）；侯王得一以為天下正（三）。

其致之也（四），謂（五）天無以清，將恐裂；地無以寧，將恐廢（六）；神無以靈，將恐歇；谷無以盈，將恐竭；萬物無以生，將恐滅；侯王無以正（七），將恐蹶。

故貴以賤為本，高以下為基。是以侯王自稱（八）孤、寡、不穀（九）。

此非以賤為本邪？非乎？故至譽無譽⊖。是故不欲琭琭如玉，珞珞
如石⊜。

【註釋】

㈠得一：即得道（四十二章：「道生一」）。林希逸註：「『一』者，道也。」嚴靈峯說：
「一者，『道』之數。『得一』，猶言得道也。」（《老子達解》）

㈡萬物得一以生：按：帛書甲、乙本無此句。高明以為此句與下文「萬物無以生將恐滅」對文，是在河上公注釋之後增入的。高說可
存。

㈢正：王弼本作「貞」。范應元說：「『貞』，正也，王弼、郭雲同古本。一本『貞』作『正』，亦後人避
諱也。」勞健說：「按《道藏》御註、御疏本原作『正』，疏云：『本或作貞字，貞即正也。』開元
石刻乃改從『貞』，范云『後人避諱』非也。」高亨說：「四十五章曰：『清靜為天下正』，義同。
《呂氏春秋・執一篇》：『執一為天下正。』句法並與《老子》同。」勞健及高亨為是。㈣其致之
也：推而言之。「也」字，今本缺，依帛書本補。高亨說：「『致』猶推也，推而言之如下文也。」
（《老子正詁》）張松如說：「『其致之也』，似是啟下，非總上，高說是。」㈤謂：今本無「謂」
字，據帛書本補。帛書甲、乙本「謂」省作「胃」。㈥廢：王弼本原作「發」。據嚴靈峯之說改正。

劉師培說：「『發』……『廢』……『恐發』者，猶言將崩圮也，即地傾之義。『發』為『廢』字之省形。」（《老子斠補》）嚴靈峯說：「劉說是也。惟《老子》文作『廢』不作『發』。如十八章：『大道「廢」』。三十六章『將欲「廢」之』作『發』者，因『廢』字闕壞，失去『广』旁致誤也。《呂氏春秋·恃君覽篇》云：『天固有衰嗛廢伏。』是天固有『廢』矣。因改『發』為『廢』，以復其舊。」

（七）正：王弼本原作「貴高」。范應元及趙至堅本作「貞」。易順鼎說：「當作『侯王無以貞，將恐蹶。』『貞』誤為『貴』。後人見下文『貴以賤為本，高以下為基』二句，以為承上文而言，妄為『貴』下又加『高』字。遂致踵訛襲謬，而義不可通矣。」（《讀老子札記》）嚴靈峯說：「易說是也。程大昌本作『侯王無以為天下貞將恐蹶。』范應元本作『為貞』。趙至堅本正作『貞』。作『貞』是矣，正應上文『侯王得一以為天下貞。』因據趙至堅本改正。」按：范應元作『貞』，范作『稱』。易順鼎說：「按『自謂』當作『自稱』。四十二章云：『人之所惡，唯孤寡不穀，而王公以為稱。』則此亦必作『稱』也。《淮南》高註正作『稱』。《文選·丘希範與陳伯之書》註引作『貞』為『正』。（參看註（三））。

（八）自稱：王弼本原作「自謂」。范應元本、林希逸本、焦竑本「謂」作「稱」。『貞』、『正』古字通用，上文「侯王得一以為天下正」，為求文例一律，改『正』為『貞』，古本如此。」「貞」『王侯自稱孤寡不穀』，皆可證。」按：《戰國策·齊策》引正作「稱」。

（九）孤、寡、不穀：都是

王侯的謙稱。「孤」、「寡」是謙虛的說自己孤德、寡德。「不穀」有不善的意思。范應元說：「穀，

善也。又百穀之總名也。春秋王者多稱不穀。」 ⑩至譽無譽：最高的稱譽是無須誇譽的。「至譽無

譽」，王弼今本原作「致數輿無輿」。「輿」可解作「譽」之借字（張松如《校讀》）。按：傅奕本、

《次解》本、王雱本、范應元本、呂惠卿本及吳澄本，「輿」均作「譽」。《莊子·至樂篇》：「故

曰：『至譽無譽。』」「故曰」乃引《老子》的話，「至譽無譽」或是《老子》原文。范應元說：

「譽，稱美也」，王弼同古本。陳碧虛云：『依古本作譽。』」（《老子道德經古本集註》）陶邵學說：

「吳澄本作『至譽無譽』，義似可通。」（《校老子》）高延第說：「『至譽無譽』，河上本作『致數

車無車」，王弼本、《淮南子·道應篇》作『致數輿無輿』，各為曲說，與本文誼不相附。陸氏《釋

文》出「輿」字，註「致譽」也，是原本作「譽」。由「輿」誤為「車」。後

人反謂《釋文》為誤，非也。《莊子·至樂篇》：『至譽無譽』；下又云：『天無為以之清，地無為

以之寧』云云，正引此章語，尤可證。」（《老子證義》）高說可信，因據《莊子》改為「至譽無譽」。

㊀是故不欲琭琭如玉，珞珞如石：……「是故」兩字據帛書本補。「琭琭」，形容玉的華麗。「珞珞」，

形容石塊的堅實。高亨說：「琭琭，玉美貌。珞珞，石惡貌。……《後漢書·馮衍傳》：『不碌碌如

玉，落落如石。』」李註：『玉貌碌碌，為人所貴。石形落落，為人所賤。』其訓近之矣。」張松如

說：「『不欲琭琭若玉，（而寧）珞珞若石。』這些都是老子心目中有道人君的性格形象。這裏所描繪的這種性格形象，自然折光反映著老子『無為而治』與『致虛』、『守靜』的思想。」

【今譯】 從來凡是得到「一」（即道）的：天得到「一」而清明；地得到「一」而寧靜；神得到「一」而靈妙；河谷得到「一」而充盈；萬物得到「一」而生長；侯王得到「一」而使得天下安定。

推而言之，天不能保持清明，難免要崩裂；地不能保持寧靜，難免要震潰；神不能保持靈妙，難免要消失；河谷不能保持充盈，難免要涸竭；萬物不能保持生長，難免要絕滅；侯王不能保持清靜，難免要顛覆。

所以貴以賤為根本，高以下為基礎。因此侯王自稱為「孤」、「寡」、「不穀」。這不是把低賤當作根本嗎？豈不是嗎？所以最高的稱譽是無須誇譽的。因此不願像玉的華麗，寧可如石塊般的堅實。

【引述】 本章前半段講道的作用，說明道是構成一切天地萬物所不可或缺的要素。本章重點在講侯王的得道，所以後半段提示侯王應體道的低賤之特性。即是說為政者要能處下、居後、謙卑。有道的人君應如大廈的基石，要有駱駝般的精神，要能「珞珞如石」，樸質堅忍。

四十章

反者道之動㊀；弱㊁者道之用。
天下萬物生於有㊂，有生於無㊃。

【註釋】

㊀反者道之動：反，通常有兩種講法：一、相反；對立面。二、返；如林希逸說：「反者，復也。」如高亨說：「反，旋也，循環之義。」王弼三十章註：「還反無為。」和六十五章註：「反其真也。」都訓「反」為「返」。在老子哲學中，講到事物的對立面及其相反相成的作用，亦講到循環往復的規律性。按此處之「反」，即「返」。郭店簡本正是，謂「返也者，道僮（動）也」。

㊁弱：柔弱、柔韌。

㊂有：和一章「有名萬物之母」的「有」相同（參看一章註㊂）。但和二章「有無相生」及十一章「有之以為利」的「有」不同。二章與十一章上的「有」，是指現象界的具體存在物；而本章的「有」是意指形上之「道」的實存性。

㊃有生於無：郭店簡本此句及上句為：「天下之物生於有、生於無」。通行本「有生於無」的命題，疑為後出。馮友蘭說：「一物生，是一

有；萬物生，是萬有。萬有生，涵蘊著首先是『有』。『首先』二字在這裏不是指時間上的『先』，而是指邏輯上的『先』。萬物的存在涵蘊『有』的存在。老子說『天下萬物生於有，有生於無』（第四十章），就是這個意思。老子這句話，不是說，曾經有個時候只有『無』，後來有個時候『有』生於『無』。它只是說，我們若分析物的存在，就會看出，在能夠是任何物之前，必須先是『有』。

『道』是『無名』，是『無』，是萬物之所從生者。所以在是『有』之前必須是『無』，由『無』生『有』。這裏所說的屬於本體論，不屬於宇宙發生論。」（《中國哲學簡史》）丁原植說：「若是以『德』為本質的『有』，以『道』為始源的『無』，萬物就應當說是『生於有，生於無』。所謂的『無』就不在『有』之先，而是與『有』共同作為萬物存在的始源。」（《郭店竹簡老子釋析與研究》），

（第二一六頁）

【今譯】 道的運動是循環的；道的作用是柔弱的。

天下萬物生於有，有生於無。

【引述】 一、「反者道之動」。在這裏「反」字是歧義的（Ambiguous）：它可以作相反講，又可以作返回講（「反」與「返」通）。但在老子哲學中，這兩種意義都被蘊涵了，它蘊涵了兩個觀念：相反對立與返本復初。這兩個觀念在老子哲學中都很重視的。老子認為自然界中事物的運動和變化莫不

依循著某些規律，其中的一個總規律就是「反」：事物向相反的方向運動發展；同時事物的運動發展

總要返回到原來基始的狀態。下面依次略作說明：

(1)老子認為任何事物都在相反對立的狀態下形成的：任何事物都有它的對立面，也因它的對立面而顯

現。他還認為「相反相成」的作用是推動事物變化發展的力量。

(2)老子重視事物相反對立的關係和事物向對立面轉化的作用。但老子哲學的歸結點卻是返本復初的思

想。事物的本根是虛靜的狀態。老子認為紛紜的萬物，只有返回到本根，持守虛靜，才不起煩擾紛爭。

二、「弱者道之用」：道創生萬物輔助萬物時，萬物自身並沒有外力降臨的感覺，「柔弱」即是形容

道在運作時並不帶有壓力感的意思。

三、「天下萬物生於有，有生於無。」這裏的「有」「無」即意指道，和第一章同義。「無」「有」

乃是道產生天地萬物時由無形質落向有形質的活動過程。這裏是說明天下萬物生成的根源。

四十一章

上士聞道，勤而行之；中士聞道，若存若亡；下士聞道，大笑

之。不笑不足以為道。故建言㊀有之：

明道若昧；

進道若退；

夷道若纇㊁；

上德若谷；

大白若辱㊂；

廣德若不足；

建德若偷㊃；

質真若渝㊄；

大方無隅㊅；

大器晚成；

大音希聲；

大象無形；

道隱無名。

夫唯道，善貸且成⑦。

【註釋】

㈠建言：立言。林希逸說：「建言者，立言也，言自古立言之士有此數語。」㈡夷道若類：「夷道」，平坦的道。「類」，不平。張舜徽說：「《說文》：『類，絲節也。』絲有節則不平，因引申為不平之名。」㈢大白若辱：「辱」，為「黥」之假。傅奕本及范應元本正作「黥」（范應元說：「黥，黑垢也，古本如此」）。㈣建德若偷：「建」通「健」。「偷」作「惰」解。「建德若偷」，剛健的「德」好像懈怠的樣子。俞樾說：「『建』當讀為『健』。《釋名·釋言語》曰：『健，建也。能有所建為也。』是『建』『健』音同而義亦得通。『健德若偷』，言剛健之德，反若偷惰也。」高亨說：「『建德若偷』，猶言強德若弱耳。」㈤質真若渝：「渝」，變。劉師培說：「『上文言「廣德若不足，建德若偷。」此與並文，疑「真」亦當作「德」，蓋「德」字正文作「悳」，與「真」相似也，質德與廣德、建德一律。』」姑備一說。㈥大方無隅：最方正的卻沒有稜角。㈦善貸且成：「貸」，施與。河上公本「善貸且成」，帛書乙本作「善始且成」。

【今譯】

上士聽了道，努力去實行；中士聽了道，將信將疑；下士聽了道，哈哈大笑。——不被嘲笑，那就不足以成為道！所以古時候立言的人說過這樣的話：

光明的道好似暗昧；

前進的道好似後退；

平坦的道好似崎嶇；

崇高的德好似低下的川谷；

最純潔的心靈好似含垢的樣子；

廣大的德好似不足；

剛健的德好似懦弱的樣子；

質性純真好似隨物變化的樣子；

最方正的反而沒有稜角；

貴重的器物總是最後完成；

最大的樂聲反而聽來無音響；

最大的形象反而看不見形迹；

道幽隱而沒有名稱。

只有道，善於輔助萬物並使它完成。

【引述】 道隱奧難見，它所呈現的特性是異常的，以至普通人聽了不易體會。

自「明道若昧」至「建德若偷」各句，乃是說明道德的深邃、內斂、沖虛、含藏。它的顯現，不是外炫的，而是返照的，所以不易為一般人所覺察。「大音希聲」「大象無形」，即是比喻大道幽隱未現，不可以形體求見。

四十二章

道生一，一生二，二生三，三生萬物㈠。萬物負陰而抱陽㈡，沖氣以為和㈢。

〔人之所惡，唯孤、寡、不穀，而王公以為稱。故物或損之而益，或益之而損。人之所教，我亦教之。強梁者不得其死，吾將以為教父。〕

【註釋】

㈠ 道生一，一生二，二生三，三生萬物：這是老子著名的萬物生成論的提法，描述道生成

萬物的過程。這一過程是由簡至繁，因此他用一、二、三的數字來代指。因此老子使用一二三的原義並不必然有特殊的指稱。正如蔣錫昌所說的：「《老子》一二三，只是以三數字表示道生萬物，愈生愈多之義（《老子校詁》）。」這一章的道生萬物的過程，如果和四十章及一章相應的話，那麼「道生一」就是以「無」釋道，以「有」釋「二」（如司馬光《道德真經論》所說：「道生一，自無入有」），四十章的有、無（「天下萬物生於有，有生於無」）和一章的有、無（「無，名天地之始；有，名萬物之母」）都是指稱道的。由此看來，本章的「二」，當指形而上之「無」、「有」而言（四十章說的道生萬物正是用「無」、「有」來指稱形而上的道向下落實的活動過程）。當形而上之「無」、「有」向下落實而為形而下之無、有時，則成為二章所說的「有無相生」，所「生」者即為「三」。這樣的解釋雖然不夠清楚，但較合老子原義。老子的時代對於階層或層次之分較為簡單，如社會階層通常是二分而為侯王和百姓，正如道和萬物的關係，也是缺乏一個中介，到莊子之後才出現氣化論來作為道和萬物之間的承接物。事實上，以「無」、「有」來解釋一二三，在《莊子・齊物論》中已經有所表露：「一與言為二，二與一為三，自此以往，巧歷不能得⋯⋯故自無適有，以至於三。」《齊物論》這裏就以「自『無』適『有』」來解釋一二三。依此我們可以將四十二章這段文字表述為：道是獨立無偶的（「道生一」），渾沌未分的統一體蘊涵著「無」和「有」的兩面（「一生

二），（道）由無形質落向有形質則有無相生而形成新體（「二生三」），萬物都是在這種有無相生的狀況中產生的（「三生萬物」）。歷代解《老》者，對於這一章的解釋眾說紛紜，但多用漢以後的觀念作解。例如以「元氣」解釋「一」，以天地或陰陽解釋「二」，以及用「和氣」來解釋「三」，這樣來說明萬物生成過程當然較為清晰，但「元氣」與「和氣」都是漢人習用之詞（以天地所出的「陰陽」來解釋萬物的生成，則較早見於《莊子》）。漢代的《淮南子》曾針對四十二章做了較為明確的解釋，《天文》篇說：「道始於一，一而不生，故分而為陰陽，陰陽合和而萬物生，故曰『一生二，二生三，三生萬物』」。這裏《淮南子》用陰陽解釋「二」；用陰陽合和解釋「三」；「道始於一」，即將道和「一」視為同一概念。《淮南子・原道》說：「所謂無形者，一之謂也，所謂一者，無匹合於天下者也。」《原道》明確以「一」釋無形之道，認為道是獨立無偶的（「無匹合於天下」）。以「一」指稱道，屢見於《老子》（如十四章「混而為一」、三十九章「天得一以清，地得一以寧」），蔣錫昌說：「一即道也，自其名而言之謂之道，自其數而言之謂之一」，以「一」之數表「道」較無疑義。但「二」之所指，則眾說不一。如上所論，採「無」、「有」為說，雖合《老子》原義，但仍然無法圓滿地說明形而上的「無」、「有」如何能落實到形而下的無有。因為「有無相生」的有、無已是現象界具體事物，它如何能從形而上的無形質的「無」、「有」中產生，卻得不相生」的有、無已是現象界具體事物，它如何能從形而上的無形質的「無」、「有」中產生，卻得不

到具體的說明。所以多數學者仍依《淮南子》以「陰陽」來解釋。然而通觀《老子》，除了本章出現的「負陰而抱陽」文句之外，「陰陽」之詞從未他見（「陰陽」概念到《莊子》才大量出現），而「天地」一詞則屢見，而且將「天地」與道並舉，如六章「玄牝之門，是謂天地根」、二十五章「有物混成，先天地生」，因此，從老子的原著中也可找到以「天地」釋「三」的依據。至於「三」之數難以解釋，我們只好根據《莊子・田子方》的說法：陰陽之氣是從天地中散發出來的。如此，我們還可以將四十二章這段文字今譯為：道是獨立無偶的，這渾沌未分的統一體產生天地（「一生二」），天地產生陰陽之氣（「二生三」），陰陽兩氣相交而形成各種新生體（「三生萬物」）。

先秦道家各派在萬物生成論上，對《老子》四十二章接著講的，有如下幾種重要的言說，茲舉例如下以供參考：一、《莊子・天地》：「泰初有無，無有無名，一之所起，有一而未形，物得以生，謂之德；未形者有分，且然無間，謂之命；留動而生物，物成生理，謂之形。」這是以「無」釋道，「一」而未形，可見「一」仍是指無形之道。所謂沒有形質的「一」，開始「有分」（「未形者有分」），但《天地》篇作者並沒有說明「分」的是什麼？根據後人的解釋為「分陰分陽」（如宣穎《南華經解》）。這種解釋在莊子〈田子方〉中是可以找到依據的。

二、《莊子・田子方》：「至陰肅肅，至陽赫赫；肅肅出於天，赫赫發於地；兩者交通成和而物生

焉。」這也很明顯的繼承著《老子》四十二章而立說。這裏認為陰氣是出乎天，陽氣是發乎地，陰陽二氣（「二」）的「交通成和」，即是老子所說的「沖氣以為和」，萬物就是在這種情況下化生出來的。三、帛書《黃帝四經》：「羣羣□□□□□□□為一囷。無晦無明，未有陰陽。陰陽未定，吾未有以名。今始判為兩，分為陰陽，離為四【時】……（《十大經‧觀》）。」這是戰國早中期道家黃老學派的說法，其萬物生成過程所表示的數字則為一、二、四。《淮南子‧天文訓》則繼之而進一步描述為：「陰陽之專精為四時，四時之散精為萬物。」四、《呂氏春秋‧大樂》：「太一出兩儀，兩儀出陰陽，陰陽變化，一上一下，合而成章（高誘注：『章』猶形也）。」「太一」即道，「兩儀」高誘注為「天地」，陰陽出於天地，這和莊子的解釋一致。萬物的產生是在「陰陽變化，一上一下」，和合而成有形之物的。㈡負陰而抱陽：背陰而向陽。呂吉甫說：「凡幽而不測者，陰也；明而可見者，陽也。有生者，莫不背於幽而不測之陰，向於明而可見之陽，故曰：萬物負陰而抱陽。負則背之，抱則向之也。」㈢沖氣以為和：陰陽兩氣互相交沖而成均調和諧狀態。「沖」，交沖，激盪。《說文》：「沖，涌搖也。」「沖氣」，指陰陽兩氣相激盪。有許多解釋者將「沖氣」當作「虛氣」講，蔣錫昌認為不妥。蔣說：「四章『道沖而用之或不盈』之『沖』當作『盅』，此『沖』當從本字。《說文》：『盅，器虛也』；『沖，涌搖也。』二誼不同。道之盈虛，譬之以器，故用『盅』字。《說文》：『沖，涌搖也。』『沖氣』指陰陽兩氣相激盪。

二〇四

陰陽精氣，涌搖為和，故用『沖』；此其別也。」「和」，有兩種說法：一、指陰陽合和的均調狀態；如《莊子・田子方》：「至陰肅肅，至陽赫赫，肅肅出乎天，赫赫出乎地，兩者交通成和而物生焉。」又如《淮南子・天文訓》說：「道始於一，一而不生，故分而為陰陽，陰陽合和而萬物生。」照這樣說來，「沖氣以為和」應指陰陽合和的一種狀態。吳澄便說：「『和』，謂陰陽適均而不偏勝。」二、另一種說法認為陰陽二氣之外，還有另一種氣，叫做「和氣」；如高亨說：「『沖氣以為和』者，言陰陽二氣涌搖交盪以成和氣也。」

【今譯】 道是獨立無偶的，渾沌未分的統一體產生天地，天地產生陰陽之氣，陰陽兩氣相交而形成各種新生體。萬物背陰而向陽，陰陽兩氣互相激盪而成新的和諧體。

〔人所厭惡的就是「孤」、「寡」、「不穀」，但是王公卻用來稱呼自己。所以一切事物，減損它有時反而得到增加，增加它有時反而受到減損。別人教導我的，我也用來教導人。強暴的人不得好死，我把它當作施教的張本。〕

【引述】 本章為老子宇宙生成論。這裏所說的「一」「二」「三」乃是指「道」創生萬物時的活動歷程。「混而為一」的「道」，對於雜多的現象來說，它是獨立無偶，絕於對待的，老子用「一」來形容道向下落實一層的未分狀態。渾淪不分的道，實已稟賦陰陽兩氣，即《易傳》所說一陰一陽之

「道」；「二」就是指道所稟賦的陰陽兩氣，而這陰陽兩氣便是構成萬物最基本的原質。道再向下落漸趨於分化，則陰陽兩氣的活動亦漸趨於頻繁，「三」應是指陰陽兩氣互相激盪而形成的適均狀態，每個新的和諧體就在這種狀態中產生出來。

本章分兩段，後一段文字是：「人之所惡，唯孤寡不穀；而王公以為稱，故物或損之而益，或益之而損。人之所教，我亦教之，強梁者不得其死，吾將以為教父。」本章是說萬物的生成，和這一段文義並不相屬，疑是他章錯簡。蔣錫昌《校詁》已疑「上下文詞似若不接。」高亨、陳柱、嚴靈峯諸位疑為三十九章文字移入。按：「人之所惡」數句在於提醒人不可驕矜恃氣，應謙虛自守。從文義上看，似為三十九章錯移本章。

四十三章

天下之至柔，馳騁㊀天下之至堅。無有入無間㊁，吾是以知無為之有益。

不言之教，無為之益，天下希㊂及之。

【註釋】

(一) 馳騁：形容馬的奔走，這裏作「駕御」講。 (二) 無有入無間：無形的力量能穿透沒有間隙的東西。「無有入無間」，《淮南子》作「出於無有，入於無間。」 (三) 希：傅奕本作「稀」。

【今譯】

天下最柔軟的東西，能駕御天下最堅硬的東西。無形的力量能穿透沒有間隙的東西，我因此知道無為的益處。

不言的教導，無為的益處，天下很少能夠做得到的。

【引述】

水是最柔不過的東西，卻能穿山透地。老子以水來比喻柔能勝剛的道理。「有為」的措施乃是剛強的表現，為政者所應戒惕的。本章強調「柔弱」的作用與「無為」的效果。

四十四章

名與身孰親？身與貨孰多(一)？得與亡(二)孰病？

甚愛必大費(三)；多藏必厚亡(四)。

故知足不辱(五)，知止不殆，可以長久。

【註釋】

㈠ 多⋯作重的意思。奚侗說：「《說文》：『多，重也。』誼為重疊之重，引伸可訓為輕重之重。《漢書‧黥布傳》：『又多其材。』師古註：『多，猶重也。』」 ㈡ 得與亡⋯「得」，指得名利。「亡」，指亡失生命。 ㈢ 甚愛必大費；過於愛名就必定要付出很大的耗費。今本「甚愛必大費」句上原有「是故」兩字，依帛書甲本刪。張松如說：「景福《道德經碑》及河上公《道德真經註》、顧歡《道德真經註疏》、李榮《道德真經義解》、程大昌《易老通言》均如此。帛書甲本概同，惟只殘留首尾『甚』、『亡』兩字：乙本全部損掩。」 ㈣ 多藏必厚亡⋯豐厚的藏貨就必定會招致慘重的損失。釋德清說：「如斂天下之財，以縱鹿臺之欲，天下叛而臺已空，此藏之多，而不知所亡者厚矣。」 ㈤ 故知足不辱⋯「故」字今本無，據帛書甲本補。

【今譯】

聲名和生命比起來那一樣親切？生命和貨利比起來那一樣貴重？得到名利和喪失生命那一樣為害？

過分的愛名就必定要付出重大的耗費；豐富的藏貨就必定會招致慘重的損失。

所以知道滿足就必定不會受到屈辱，知道適可而止就不會帶來危險，這樣才可以保持長久。

【引述】

常人多輕身而徇名利，貪得而不顧危亡。老子乃喚醒世人要貴重生命，不可為名利而奮不顧身。

「甚愛必大費，多藏必厚亡。」這是很有道理的話。放眼觀看，處處可以見到社會人羣在求奪爭攘的圈子裏翻來滾去，其間的得失存亡，其實是很顯然的。

四十五章

大成㈠若缺，其用不弊。

大盈若沖㈡，其用不窮。

大直若屈，大巧若拙㈢，大辯若訥。

躁勝寒，靜勝熱㈣。清靜為天下正㈤。

【註釋】

㈠大成：最完滿的東西。㈡沖：訓「虛」（參看四章註㈠）。㈢大直若屈，大巧若拙：郭店簡本此處句序不同，無下句「大辯若訥」。㈣躁勝寒，靜勝熱：疾動可以戰勝寒冷，安靜可以戰勝炎熱。高明說：「『躁』乃疾急擾動，正與『靜』字相對。『躁』與『靜』是指人之體魄在不同環境下而表現的不同情緒或狀態。肢體運動則生暖，暖而勝寒；心寧體靜則自爽，爽而勝熱。」㈤清

靜為天下正：簡本作「清清（靜）為天下定」。蔣錫昌說：「『正』者，所以正人也，故含有模範之義。」

【今譯】 最完滿的東西好像有欠缺一樣，但是它的作用是不會衰竭的。

最充盈的東西好像是空虛一樣，但是它的作用是不會窮盡的。

最正直的東西好像是彎曲一樣，最靈巧的東西好像是笨拙一樣，最卓越的辯才好像是口訥一樣。

疾動可以戰勝寒冷，安靜可以戰勝炎熱。清靜無為可以做人民的模範。

【引述】 本章是對於「大成」「大盈」的人格形態的描述；「若缺」、「若沖」、「若屈」、「若拙」、「若訥」，都是說明一個完美的人格，不在外形上表露，而為內在生命的含藏內斂。

「躁勝寒，靜勝熱，清靜為天下正。」說明對反的事物可以相互制衡，而最後仍歸結到推崇清靜無為的最高作用。

四十六章

天下有道，卻㈠走馬以糞㈡。天下無道，戎馬㈢生於郊㈣。

咎莫大於欲得；禍莫大於不知足㈤。故知足之足，常足矣㈥。

【註釋】 ㈠卻：屏去、退回。吳澄說：「卻，退也。」 ㈡走馬以糞：「糞」，耕種。傅奕本「糞」作「播」。二字古時通用。高亨說：「此言天下有道，干戈不興，走馬不用於軍而用於田也。……《孟子‧滕文公篇》：『凶年糞其田而不足』，趙註：『糞治其田。』《禮記‧月令》：『可以糞田疇。』糞亦治田之義。」 ㈢戎馬：戰馬。 ㈣生於郊：字面的解釋是牝馬生駒犢於戰地的郊野。按：「生」，興。言大興戎馬於郊野，指興兵征戰，「興戎馬」正與「卻走馬」相對為文。吳澄說：「郊者，二國相交之境。」《鹽鐵論‧未通篇》載：「聞往者未伐胡越之時，繇賦省而民富足；溫衣飽食，藏新食陳；布帛充用，牛馬成羣；農夫以馬耕載，而民莫不騎乘。當此之時，卻走馬以糞。其後師旅數發，戎馬不足，牸牝入陣，故駒犢生於戰地，六畜不育於家，五穀不殖於野，民不足於糟糠。」 ㈤咎莫大於欲得，禍莫大於不知足：王弼本作「禍莫大於不知足，咎莫大於欲得」，據郭店簡本上下句互移。此處文句，通行本與簡、帛本略異。帛書本為：「罪莫大於可欲，禍莫大於不知足，咎莫憯於欲得」。簡本為：「罪莫厚乎甚欲，咎莫憯乎欲得，禍莫大乎不知足」，與莫憯（憯）乎欲得，禍莫大乎不知足」。簡本句序優於他本，因簡文第三句「禍莫大於不知足」，與這為「卻走馬以糞」和「戎馬生於郊」所舉的一個實例。 ㈤咎莫大於欲得，禍莫大於不知足：王弼本作「禍莫大於不知足，咎莫大於欲得」，據郭店簡本上下句互移。此處文句，通行本與簡、帛本略異。帛書本為：「罪莫大於可欲，禍莫大於不知足，咎莫憯於欲得」。簡本為：「罪莫厚乎甚欲，

下文「知足之足，此恆足矣」正相接連，文義較完。㈥故知足之足，常足矣：知道滿足的這種滿足，是永遠滿足的。胡寄窗說：「寡欲的具體表現是『知足』。老子學派把知足看得非常重要，以為知足可以決定人們的榮辱、生存、禍福。……不僅此也，他們並將知足作為從主觀上分辨貧富的標準。如知足，則雖客觀財富不多而主觀上亦可自認為富有，『知足者富』，『富莫大於知足』。因為知『足』之所以為足，則常足矣，常足當然可以看作是富裕。反之，客觀財富雖多，由於主觀的不知足，貪得無饜，能釀成極大的禍害。從這裏可以看出老子的財富觀決定於主觀的知足與不知足，亦即決定於『欲不欲』，所以帶有唯心主義色彩。但他們很重視客觀刺激對產生欲望之作用。如他們說『樂與餌，過客止』。寡欲與知足是不可分割的，未有能寡欲而不知足者，亦未有不寡欲而能知足者。老子提出寡欲、知足，對當時當權貴族的無饜欲求是一個強烈的抗議。」（《中國經濟思想史》上，第二〇九頁）

【今譯】

國家政治上軌道，把運載的戰馬還給農夫用來耕種。國家政治不上軌道，便大興戎馬於郊野而發動征戰。

禍患沒有過於不知足的了；罪過沒有過於貪得無厭的了。所以懂得滿足的這種滿足，將是永遠的滿足。

【引述】

戰爭的起因，大半由於侵略者的野心勃勃，貪得而不知止足，結果侵人國土，傷人性命，

帶來無窮的災難。老子指陳統治者多欲生事的為害，警惕為政者當清靜無為，收斂侵佔的意欲。

「天下無道，戎馬生於郊。」也可反映出當時兵馬倥傯，互相殺伐的慘烈情況。本章和三十章、三十一章都含有反戰思想，沉痛抨擊當時的武力侵略，給百姓帶來的災難。

四十七章

不出戶，知天下；不闚牖，見天道㊀。其出彌遠，其知彌少。

是以聖人不行而知，不見而明㊁，不為㊂而成。

【註釋】　㊀天道：自然的規律。　㊁不見而明：「明」原作「名」，「名」與「明」古時通用。張嗣成本作「明」。蔣錫昌說：「『名』、『明』古雖通用，然《老子》作『明』不作『名』。二十二章，『不自見，故明。』五十二章，『見小曰明』；皆『見』、『明』連言，均其證也。此當據張本改。」按：「不見而明」，指不窺見而明天道，《韓非‧喻老篇》所引正作「不見而明」，當據以改「名」為「明」。　㊂不為：即無為，不妄為。

【今譯】 不出門外，能夠推知天下的事理；不望窗外，能夠了解自然的規律。他越向外奔逐，他對道的認識也越少。

所以有道的人不出行卻能覺知，不察看卻能明曉，不妄為卻能成就。

【引述】 老子特重內在直觀自省。他認為我們的心智活動如果向外馳求將會使思慮紛雜，精神散亂。

一個輕浮躁動的心靈，自然無法明澈地透視外界事物，所以老子說：「其出彌遠，其知彌少。」

老子認為世界上一切事物都依循著某種規律運行著，掌握著這種規律（或原則），當可洞察事物的真情實況。他認為心靈的深處是透明的，好像一面鏡子，這種本明的智慧，上面蒙上一層如灰塵般的情欲（情欲活動受到外界的誘發就會趨於頻繁）。老子認為我們應透過自我修養的工夫，作內觀返照，清除心靈的蔽障，以本明的智慧，虛靜的心境，去覽照外物，去了解外物運行的規律。

上面的觀點，不限於老子，莊子和佛學也持著相似的基本觀念（老子的說法沒有莊子那樣明顯），我們還可以籠統地說東方型的思想都有這種基本的認定，這和西方思想家或心理分析學家的觀點迥異，他們認為人類心靈的最深處是焦慮不安的，愈向心靈深處挖掘，愈會發覺它是暗潮洶湧，騰折不寧的。

四十八章

為學日益㈠，為道日損㈡。損之又損，以至於無為。
無為而無不為㈢。取㈣天下常以無事㈤，及其有事㈥，不足以取天
下。

【註釋】 ㈠為學日益：「為學」是指探求外物的知識活動。河上公註：「『學』謂政教、禮樂之學
也；『日益』者，情欲文飾，日以益多。」蔣錫昌說：「『為學者日益』，言俗主為有為之學者，以
情欲日益為目的；情欲日益，天下所以生事多擾也。」 ㈡為道日損：「為道」是通過暝想或體驗以
領悟事物未分化狀態的「道」。帛書乙本作「聞道者日損」。張岱年說：「主損的思想，創始於老
子。老子是第一個分別損與益的人。」馮友蘭說：「『為道』就是求對於道的體會。道是不可說，不可名的，所以對於道的體
越多越好，所以要『日益』。『為道』是求對於外物的知識。知識要積累，
會是要減少知識，『見素抱樸，少私寡欲。』（十九章）所以要『日損』。……《老子》並不完全不

要知識，所以它還要用觀的方法去求對外界的知識。它認為，為道就要日損，為學就要日益，但是所損所益並不是一個方面的事。日損，指的是欲望、感情之類；日益，指的是積累知識的問題。這兩者並不矛盾，用我的話說，為道所得的是一種精神境界，為學所得的是知識的積累，這是兩回事。一個很有學問的人，他的精神境界可能還是像小孩子一樣天真爛漫，用《老子》表達的方式，一個人也應該知其益，守其損。」（《中國哲學史新編》）高明說：「『為學』指鑽研學問，因日積月累，知識日益淵博。『聞道』靠自我修養，要求靜觀玄覽，……復返純樸。」

〇 無為而無不為：不妄為，就沒有什麼事情做不成的。（同於三十七章註〇）蔣錫昌說：「上行無為，則民亦自正，而各安其業，故無不為也。『無為』者，言其因，『無不為』者，言其果。」〇 取：為，治，猶攝化。河上公註：「取，治也。」《國語》二十四：『疾不可為也。』」〇 無事：即是無擾攘之事。〇 有事：繁苛政舉。這裏的「事」，猶如「惹事生非」的「事」。

葦解：『為，治也。』《廣雅‧釋詁》：『取，為也。』」蔣錫昌說：「《廣雅‧釋詁》：『取，為也。』是『取』與『為』通，『為』與『治』通。故河上云：『取，治也。』」

【今譯】

求學一天比一天增加〔知見〕，求道一天比一天減少〔智巧〕。減少又減少，一直到「無為」的境地。

如能無為那就沒有甚麼事情做不成的了。治理國家要常清靜不擾攘，至於政舉繁苛，就不配治理國家

了。

【引述】 「為學」是求外在的經驗知識，經驗知識愈累積愈增多。「為道」是透過直觀體悟以把握事物未分化的狀態或內索自身虛靜的心境，這種工夫做得愈深，私欲妄見的活動愈減損。在這裏，「為學」的「學」是指「政教禮樂之學」（河上公註），老子認為「政教禮樂之學」實足以產生機智巧變，戕傷自然的真樸。老子要人走「為道」的路子，減損私欲妄見，返歸真純樸質（「以至於無為」──「為」便是指私欲妄見的活動，「無為」便是去除私欲妄見的活動而返歸真樸）。

為政的目的在於使人民「自化」而各安其業，老子認為用「無為」的方式，當可達到沒有什麼事情做不好（「無不為」）的效果。

四十九章

聖人常無心㊀，以百姓心為心。

善者，吾善之；不善者，吾亦善之；德㊁善。

信者，吾信之；不信者，吾亦信之；德信。

聖人在天下，歙歙焉㈢，為天下渾其心㈣，百姓皆注其耳目㈤，
聖人皆孩之㈥。

【註釋】㈠常無心：今本作「無常心」，據帛書乙本改。王安石說：「聖人無心，……以『吉凶與
民同患』故也。」張純一說：「景龍本、顧歡本皆無『常』字，此文當作『常無心』。」（《老子通
釋》）嚴靈峯說：「張純一曰：『當作「常無心」。』張說是也。河上公註云：『聖人重改更，貴因
循，若自「無心」。』嚴遵曰：『「無心」之心，心之主也。』劉進喜曰：『聖人「無心」；有感斯
應。』李榮注曰：『聖人「無心」與天地合德。』王安石曰：『聖人「無心」，故無思無為。』王雱
註第二章云：『夫聖人「無心」，以百姓心為心。』正引此章經文。是臨川王氏父子，俱作『無心』
矣。疑古本當作『無心』。……又：顧歡本、景龍本均無『常』字；正作『無心』。」證之帛書，嚴
說正是。張松如說：「『恒無心』，河、傅、王、范及唐宋以來諸本，大都誤作『無常心』，因在
『常心』二字上大作文章，焦竑《老子翼》說：『無常心，心無所主也。』……獨景龍、敦煌、顧歡
數本，則無『常』字或『恒』字，全句作『聖人無心，以百姓心為心。』此證『常心』二字，並非老
子專用術語。此句正宜從帛書作『恒無心』，或依今本寫作『常無心』。無心者，無私心也。」㈡

德：假借為「得」。「德」作「得」：景龍本、敦煌本、傅奕本、明太祖本、陸希聲本、司馬光本、嚴遵本、《次解》本、張嗣成本、林希逸本、吳澄本、王雱本，「德善」「德信」的「德」均作「得」。

（三）歙歙焉：歙，收斂，指收斂主觀的意志與意欲。「焉」字今本缺，傅奕本、司馬光本、李約本、吳澄本、范應元本均有「焉」字。王弼註文：「是以聖人之於天下『歙歙焉』，心無所主也。」依註「歙歙」下當有「焉」字，茲據傅本及帛書本補。范應元說：「歙：音吸，收斂也。」劉師培說：「『歙』，乃歙閉之義也。此言聖人治天下，行治不尚侈張。」徐復觀說：「歙歙，正形容在治天下時，極力消去自己的意志，不使自己的意志伸長出來作主，有如納氣入內（歙）。」（《中國人性論史》）

（四）渾其心：使人心思化歸於渾樸。　（五）百姓皆注其耳目：百姓都專注他們自己的耳目。指百姓競相用智，即王弼註：「各用聰明。」在「各用聰明」的情形下，自然會產生各種的紛爭。釋德清註：「百姓皆注其耳目者，謂注目而視，傾耳而聽，司其是非之昭昭。」　（六）聖人皆孩之：聖人使他們都回復到嬰孩般真純的狀態。徐復觀說：「聖人皆孩之的方法，亦只是聖人自己抱一守樸，不給百姓以擾動。亦即是無為而治。」

【今譯】　有道的人沒有主觀成見，以百姓的心為心。

善良的人，我善待他；不善良的人，我也善待他；這樣可使人人向善。

守信的人，我信任他；不守信的人，我也信任他；這樣可使人人守信。

有道的人在位，收斂自己的主觀意志與意欲，使人心思化歸於渾樸，百姓都專注他們自己的耳目，有

道的人使他們都回復到嬰孩般【真純】的狀態。

【引述】 理想的治者，收斂自我的意志與意欲，不以主觀鑿定是非好惡的標準，破除自我中心去體

認百姓的需求，而敞開彼此隔閡的通路。

理想的治者，渾厚真樸，以善心去對待任何人（無論善與不善的人）；以誠心去對待一切人（無論守

信與不信的人）。這和「無棄人」「無棄物」（二十七章）的人道主義精神是一貫的。

五十章

出生入死〇。生之徒〇，十有三〇；死之徒〇，十有三；人之生

【生】，動之於死地〇，亦十有三。夫何故？以其生生之厚〇。

蓋聞善攝生〇者，陸行不遇兕〇虎，入軍不被甲兵〇；兕無所投

其角，虎無所用其爪，兵無所容其刃。夫何故？以其無死地〇。

【註釋】

（一）出生入死：人出世為生，入地為死。這句通常有兩種解釋：一、人離開生路，就走進死路。王弼註：「出生地，入死地。」二、人始於生而終於死。吳澄說：「『出』則生，『入』則死；『出』謂自無而見於有，『入』謂自有而歸於無。」又如蔣錫昌說：「此言人出於世為生，入於地為死。」〔今譯〕從後者。

（二）生之徒：屬於長命的。「徒」，類，屬。王弼註：「取其生道，全生之極。」吳澄說：「凡不以憂思嗜欲損壽，不以風寒暑濕致疾，能遠刑誅兵爭壓溺之禍者，生之徒也。」蔣錫昌說：「長壽之類。」（《老子校詁》）

（三）十有三：十分中有三分。王弼註：「『十有三』，猶云十分有三分。」司馬光註：「大約柔弱以保其生者三，剛強以速其死者三，雖志在愛生而不免於趨死者亦三。其所以愛生而趨死者，由其自奉養太厚故也。」（《道德真經論》）楊興順說：「生死相循是『道』的自然法則之一。老子認為：人類社會上有三分之一的人走向生的自然繁榮；有三分之一的人走向自然的死亡；還有三分之一的人由於違背了生的自然性，即違背了『道』的法則，去做力所不逮的事，因而過早死亡了。」

（四）死之徒：屬於夭折的。蔣錫昌說：「短命之類。」高延第說：「『死之徒』謂得天薄者，中道而夭。」（《老子證義》）

（五）人之生〔生〕，動之於死地：「人之生生」，王弼本作「人之生」，據傅奕本及帛書本改。「生生」是一動賓結構之短語，譯成今語則謂「過分地

《韓非子》的說法，把「十有三」解釋為「四肢九竅」，這是錯誤的。

十有三：十分中有三分，即十分之三。許多解釋者從

二六一

奉養生命〕（高明說）。按上文「生之徒」、「死之徒」皆就長壽、短壽之自然性而言，此處「動之於死地」，則是人類反自然性的人為而說「動」，為，妄為。這十分之九皆不在「善攝生」之列。另外的十分之一，則是不妄為、任自然、注意「營魄合一」的形神修煉的「善攝生」者。高延第說：

「動而之死者，謂得天本厚，可以久生，而不自保持，自蹈死地。」⑥生生之厚：厚自奉養以求生。高亨說：「生生之厚者，逞欲於聲色等，是自傷其生而動之死地矣。」高延第說：「『生生之厚』，謂富貴之人，厚自奉養，服食藥餌，以求長生，適自蹈於死地，此即動之於死地者之端。緣世人但知戕賊為傷生，而以厚自奉養者為能養生，不知其取死者同也，故申言之。」⑦攝生：養生。攝，調攝，養護。⑧兕：犀牛。⑨入軍不被甲兵：戰爭中不會受到殺傷。馬總說：「不好戰殺。」（《老子意林》）蔣錫昌說：「《廣雅·釋詁》二：『被，加也。』『遇』『被』皆為受動詞。……其入軍也，不至敵人戒線之內，故決不為甲兵所加。」⑩無死地：沒有進入死亡的領域。

【今譯】 人出世為生，入地為死。屬於長壽的，佔十分之三；屬於短命的，佔十分之三；人的過分地奉養生命，妄為而走向死路的，也佔了十分之三。為什麼呢？因為奉養太過度了。

聽說善於養護生命的人，在陸地上行走不會遇到犀牛和老虎，在戰爭中不會受到殺傷；犀牛用不上牠的角，老虎用不上牠的爪，兵器用不上它的刃。為什麼呢？因為他沒有進入死亡的範圍。

五十一章

道生之，德畜之，物形之，勢成之①。

是以萬物莫不尊道而貴德。

道之尊，德之貴，夫莫之命而常自然②。

故道生之，德畜之；長之育之；亭之毒之③；養之覆之。生而不

有，為而不恃，長而不宰，是謂「玄德」④。

【註釋】

①道生之，德畜之，物形之，勢成之：「道」是萬物由以生成的究竟所以，而「德」是一

物由以生成之所以（張岱年《中國哲學大綱》）。「勢」：有幾種解釋：一、環境；如蔣錫昌說：

【引述】　人生在世，大約有十分之三是長壽的，十分之三是短命的，另

有十分之三的人，本來可以活得長久，但是貪饜好得，傷殘身體，而自己糟蹋了生命。只有極少數

（十分之一）的人，善於護養自己的性命，能做到少私寡欲，過著清靜樸質、純任自然的生活。

「『勢』」，指各物所處之環境而言，如地域之變遷、氣候之差異，水陸之不同是也。」二、力；如陳柱說：「勢者，力也。」但陳柱並沒有說明「力」是指潛在於物內的勢能或是指外在的自然力。若是指自然的力量（如河上公註：「寒暑之勢」。或如釋德清註：「勢者，凌逼之意。若夫春氣逼物，故物不得不生。秋氣逼物，故物不得不成」），這種解釋就與前者相同；因為寒暑氣候等自然力量的影響，就是屬於環境的因素。所以第二種解釋「勢」為內在的勢能。三、對立；如林希逸說：「勢則有對矣，故曰：『勢成之。』陰陽之相偶，四時之相因，皆勢也。」又如嚴靈峯說：「彼、此相資，互為利用，勢相依倚；故曰：『勢成之。』」〔今譯〕從一。張岱年說：「老子說：『道生之，德畜之，物形之，勢成之。』一物由道而生，由德而育，由已有之物而受形，由環境之情勢而鑄成。道與德乃一物之發生與發展之基本根據。《莊子·外篇》說：『物得以生謂之德。』德是一物所得於道者。德是分，道是全。一物所得於道以成其體者為德。德實即是一物之本性。道與德是道家哲學之最根本的二觀念，故道家亦稱為道德家。」馮友蘭說：「老子認為，萬物的形成和發展，有四個階段。首先，萬物都由『道』所構成，依靠『道』才能生出來（『道生之』）。其次，生出來以後，萬物各得到自己的本性，依靠自己的本性以維持自己的存在（『德畜之』）。有了自己的本性以後，再有一定的形體，才能成為物（『物形之』）。最後，物的形成和發展還要受周圍環境的培養和限制（『勢

成之」）。在這些階段中，『道』和『德』是基本的。沒有『道』，萬物無所從出；沒有『德』，萬

物就沒有了自己的本性，所以說：『萬物莫不尊道而貴德』。但是，『道』生長萬物，是自然而然如

此的；萬物依靠『道』長生和變化，也是自然如此的；這就是說並沒有什麼主宰使它們如此，所以

說：『莫之命而常自然』。」又：「『勢成之』，帛書甲、乙本均作『器成之』。高明說：「按物先有

形而後成器，《老子》第二十八章『樸散則為器』，王弼注：『樸，真也。真散則百行出，殊類生，

若器也。」二十九章『天下神器』，王弼注：『器，合成也。無形以合，故謂之神器也。』《周易·

繫辭》上『形乃謂之器』，韓康伯注：『成形曰器。』皆『形』、『器』同語連用。從而可見，今本

中之『勢』應假借為『器』，當從帛書甲、乙本作『器成之』。夫物生而後則畜，畜而後形，形成而

為器。其所由生者道也，所畜者德也，所形者物也，所成者器也。」（二）莫之命而常自然：不加以干

涉，而讓萬物順任自然。蔣錫昌說：「道之所以尊，德之所以貴，即在於不命令或干涉萬物，而任其

自化自成也。」張岱年說：「萬物皆由道生成，而道之生萬物，亦是無為而自然的。萬物之遵循於

道，亦是自然的。在老子的宇宙論中，帝神都無位置。」（三）亭之毒之：有兩種解釋，一、作「安」

「定」講；《倉頡篇》：「亭，定也。」《廣雅·釋詁》：「毒，安也。」「亭之毒之」，即是定之

安之。二、作「成」「熟」講；河上公本和其他古本「亭之毒之」多作「成之熟之。」高亨說：

「亭」當讀為『成』，『毒』當讀為『熟』，皆音同通用。《說文》：「熇，保也，高土也，讀若毒」。「熇」是土堡，名動相因，故有「保安」之義。這句話的意思是使萬物安寧其心性。傅山說：「『亭』『毒』兩字最要緊。『毒』字最好最有義，其中有禁而不犯之義，又有苦而使堅之義。」茲備一說。㈣生而不有，為而不恃，長而不宰，是謂玄德：這四句重見於十章。馮友蘭說：「因為『道』並不是有意識，有目的地創造萬物，所以老子又說：『生而不有，為而不恃，長而不宰』（《老子》十章亦有此文）。就是說，『道』生長了萬物，卻不以萬物為己有；『道』使萬物形成，卻不自己以為有功；『道』是萬物的首長，卻不以自己為萬物的主宰。這此論點表明，萬物的形成和變化不是受超自然的意志支配的，也不是有某種預定的目的。這是一種唯物主義和無神論的思想。它不僅否定了上帝創世說和目的論，而且表明了『道』不是精神性的實體。」

【今譯】 道生成萬物，德畜養萬物，萬物呈現各種形態，環境使各物成長。

所以萬物沒有不尊崇道而珍貴德的。

道所以受尊崇，德所以被珍貴，就在於它不加干涉，而順任自然。

所以道生成萬物，德畜養萬物；使萬物成長作育；使萬物安寧心性；使萬物愛養調護。生長萬物卻不據為己有，興作萬物卻不自恃己能，長養萬物卻不為主宰。這就是最深的德。

【引述】萬物成長的過程是：一、萬物由道產生；二、道生萬物之後，又內在於萬物，成為萬物各自的本性（道分化於萬物即為「德」）；三、萬物依據各自的本性而發展個別獨特的存在；四、周圍環境的培養，使各物生長成熟。「道德」的尊貴，在於不干涉萬物的成長活動，而順任各物自我化育，自我完成，絲毫不加以外力的限制與干擾。

道的創造萬物並不含有意識性，也不帶有目的性，所以說：「生而不有，為而不恃，長而不宰。」

「生」「為」「長」（生育、興作、長養）都是說明道的創造功能，「不有」「不恃」「不宰」都是說明道的不具佔有意欲。在整個道的創造過程中，完全是自然的，各物的成長活動亦完全是自由的。

本章說明道的創造性不含絲毫佔有性，並述及道與各物的自發性（Spontaneity）——這種自發性不僅是道所蘊含的特有精神，也是老子哲學的基本精神。

五十二章

天下有始⊖，以為天下母⊜。既得其母，以知其子⊜；既知其子，復守其母，沒身不殆。

塞其兌，閉其門㈣，終身不勤㈤。開其兌，濟其事㈥，終身不救。
見小曰明㈦，守柔曰強㈧。用其光，復歸其明㈨，無遺身殃㈩；是
為襲常㈡。

【註釋】

㈠始：本始，指道。張岱年先生說：「在老子以前，似乎無人注意到宇宙始終問題；到老子乃認為宇宙有始，是一切之所本。」（《中國哲學大綱》） ㈡母：根源，指道。 ㈢子：指萬物。

㈣塞其兌，閉其門：塞住嗜欲的孔竅，閉起嗜欲的門徑。王弼說：「『兌』，事欲之所由生，『門』，事欲之所由從也。」奚侗說：「《易·說卦》：『兌為口。』引申凡有孔竅者可云『兌』。……塞兌，閉門，使民無知無欲。」高延第說：「『兌』，口也，口為言所從出，門為人所由行，塞之閉之，不貴多言，不為異行。」 ㈤勤：勞。馬敘倫說：「『勤』借為『瘽』，《說文》曰：『病也。』」這裏的「勤」作普通「勤勞」講，含有勞擾的意思。不必從馬說。 ㈥開其兌，濟其事：打開嗜欲的孔竅，增添紛雜的事件。奚侗說：「『開其兌』，則民多智慧；益其事，則法令滋彰，天下因以燀亂。」高延第說：「尚口者窮，多為者敗，徒長詐偽，無益於事。」 ㈦見小曰明：能察見細微的，才是「明」。陳柱說：「見小則重分析，而見事理也明。」 ㈧強：自強不息的「強」，健。 ㈨用

其光，復歸其明：「光」是向外照耀，「明」是向內透亮。吳澄說：「水鏡能照物謂之『光』，光之體謂之『明』。用其照外之光，回光照內，復返而歸藏於其內體之明也。」 ○ 無遺身殃：不給自己帶來災殃。 ○ 襲常：承襲常道。「襲」，通行本作「習」。傅奕本、蘇轍本、林希逸本、吳澄本、焦竑本及帛書甲本均作「襲」。馬敘倫說：「『襲』『習』古通。《周禮·胥師》註曰：『故書襲為習。』是其例證。」

【今譯】 天地萬物都有本始，作為天地萬物的根源。如果得知根源，就能認識萬物；如果認識萬物，又持守著萬物的根源，終身都沒有危險。

塞住嗜欲的孔竅，閉起嗜欲的門徑，終身都沒有勞擾的事。打開嗜欲的孔竅，增添紛雜的事件，終身都不可救治。

能察見細微的叫做「明」，能持守柔弱的叫做「強」。運用智慧的光，返照內在的明，不給自己帶來災殃；這叫做永續不絕的常道。

【引述】 本章重點：一、要人從萬象中去追索根源，去把握原則。二、要人不可向外奔逐。向外奔逐的結果，必將離失自我。三、在認識活動中，要去除私欲與妄見的蔽障，內視本明的智慧，而以明澈的智慧之光，覽照外物，當可明察事理（這觀念見前面四十七章引述，這裏僅誇稱內視的作用而

已）。本章言外之意，還喻著世人好逞聰明，不知斂藏，老子遂懇切地喚醒人不可一味外溢，應知內蓄。

五十三章

使我㈠介然有知㈡，行於大道，唯施㈢是畏。

大道甚夷㈣，而人㈤好徑㈥。朝甚除㈦，田甚蕪，倉甚虛；服文綵，帶利劍，厭㈧飲食，財貨有餘；是謂盜夸㈨。非道也哉！

【註釋】

㈠ 我：指有道的治者。王真說：「我者侯王也。」范應元說：「使我者，老子託言也。」

㈡ 介然有知：微有所知；稍有知識。「介」，微小。《列子·楊朱篇》：「無介然之慮者。」《釋文》：「介，微也。」顧本成疏：「介然，微小也。」

㈢ 施：邪；斜行。王念孫說：「『施』讀為迤。迤，邪也。言行於大道之中，唯懼其入於邪道也。下文云：『大道甚夷，而民好徑。』河上公註：『徑，邪不正也。』是其證矣。《說文》：『迤，衺行也。』引《禹貢》：『東迤北會於匯。』」

《孟子·離婁篇》：「施從良人之所之。」趙註曰：「施者，邪施而行，丁公著音迆。」《淮南·齊

俗篇》：「去非者非批邪施也。」高註曰：「施，微曲也。」《要略篇》：「接徑直施。」高註曰：

「施，邪也。」是「施」與「迆」通。」（《老子雜誌》，在《讀書雜誌》內）錢大昕說：「施」古音

斜字。《史記·賈生列傳》：「庚子日施兮。」《漢書》作「斜」。「斜」「邪」音義同也。」（《潛

研堂文集》卷九，引自蔣錫昌《老子校詁》）四夷：平坦。范應元本「夷」作「徲」。范說：「徲」古

本如此，《說文》云：「行平易也。」高亨說：「夷借為徲，徲，道平也。」五人：指人君。原

作「民」。按下文義並據景龍本改。景龍本、李約本、《次解》本，「民」作「人」。嚴可均說：

「而人好徑。」（《老子唐本考異》）奚侗說：「人」指人主言。各本皆誤作「民」，與下文誼不相

屬。蓋古籍往往「人」「民」互用，以其可兩通。此「人」字屬君言，自不能借「民」為之，茲改

正。」蔣錫昌說：「奚氏謂此「民」當改作「人」，指人主言，是也。景龍碑正作「人」，可謂奚

證。」六徑：邪徑。河上公註：「徑」，邪不正也。」七朝甚除：朝廷非常敗壞。「除」，有幾

種解釋：一、（宮殿）整潔：如王弼註：「朝」，宮室也。「除」，潔好也。」河上公註：「高臺

榭，宮室修。」陸希聲說：「觀朝闕甚條除，牆宇甚雕峻，則知其君好土木之功，多嬉遊之娛矣。」

二、廢弛，頹敗。嚴靈峯說：「「除」，猶廢也。言朝政不舉而廢弛也。」而馬敘倫說：「「除」借

為「污」。

【今譯】從後者。

（八）厭：飽足。敦煌本「厭」作「饜」。「厭」，假借為「猒」。《說文》：「猒，飽也，足也。」「饜」是「猒」的俗字。

（九）盜夸：大盜。「盜夸」，《韓非子・解老篇》作「盜竽」。韓非說：「『竽』也者，五聲之長者也。故竽先，則鐘瑟皆隨；竽唱，則諸樂皆和。今大姦作則敗俗之民唱；俗之民唱則小盜必和。故服文采，帶利劍，厭飲食，而資貨有餘者，是之謂『盜竽』矣。」高亨說：「『夸』、『竽』同聲系，古通用。『盜竽』猶今言盜魁也。」嚴靈峯說：「『夸』，奢也；從大，亏聲；猶『大』也。『竽』以樂喻，魁以斗喻，其例正同。」「盜夸」，大盜也；猶「盜魁」也。

【今譯】假使我稍微有些認識，在大道上行走，擔心唯恐走入了邪路。

大道很平坦，但是人君卻喜歡走斜徑。朝政腐敗極了，弄得農田非常荒蕪，倉庫十分空虛；還穿著錦繡的衣服，佩帶鋒利的寶劍，飽足精美的飲食，搜括足餘的財貨；這就叫做強盜頭子。多麼的無道呀！

【引述】本章痛言當時政風的敗壞，為政者挾持權威武力，搜括榨取，侵公肥私，過著奢侈靡爛的生活，而下層民眾卻陷於饑餓的邊緣。這種景況，無怪老子氣憤地斥罵當時的執政者為：「強盜頭子。」

五十四章

善建者不拔，善抱㊀者不脫，子孫以祭祀不輟㊁。

修之於身，其德乃真；修之於家，其德乃餘；修之於鄉，其德乃長㊂；修之於邦㊃，其德乃豐；修之於天下，其德乃普。

故以身觀身，以家觀家，以鄉觀鄉㊄，以邦觀邦，以天下觀天下。吾何以知天下然哉？以此。

【註釋】 ㊀抱：有牢固的意思。 ㊁子孫以祭祀不輟：世世代代都能遵守「善建」「善抱」的道理，後代的煙火就不會絕滅。 ㊂長：盛大（《呂覽・知度》注：「長，盛也」）。 ㊃邦：王弼本作「國」。傅奕本作「邦」，《韓非子・解老篇》引同。漢人避高祖諱，所以本章「邦」字均改為「國」。今據《韓非・解老》、傅本及帛書甲本改正。范應元本作「邦」，范說：「『邦』字，《韓非》與古本同。」吳澄說：「『邦』，諸本作『國』。蓋漢避高祖諱改作『國』也。唐初聚書最盛，

二三三

猶有未避諱以前舊本也。」魏源說：「『拔』『脫』『輟』為韻，『身』『真』『家』『餘』為韻，『鄉』『長』『邦』『豐』為韻，『下』『普』為韻，皆古音也。諸本避漢諱改『邦』作『國』。」（《老子本義》）按：帛書甲本作「邦」，乙本則避劉邦的諱俱改為「國」，由此以證帛書甲、乙本抄寫年代的不同。高亨說：「甲本中所能辨得清的『邦』字二十二個，在乙本中俱改為『國』字。漢高祖名邦，這充分說明乙本寫者有意避劉邦的諱，而甲本則不避。可證它是劉邦稱帝以前抄寫的。」（《試談馬王堆漢墓中的帛書老子》）

⑤ 以身觀身，以家觀家，以鄉觀鄉：以自身察照別人，以自家察照他家，以我鄉察照他鄉。王弼註：「彼皆然也。」林希逸註：「即吾一身而可以觀他人之身，即吾之一家而可以觀他人之家，即吾之一鄉而可以觀他人之鄉。」

【今譯】

善於建樹的不可拔除，善於抱持的不會脫落，如果子孫能遵行這個道理則世世代代的祭祀不會斷絕。

拿這個道理貫徹到個人，他的德會是真實的；貫徹到一家，他的德可以有餘；貫徹到一鄉，他的德能受尊崇；貫徹到一國，他的德就會豐盛；貫徹到天下，他的德就會普遍。

所以要從〔我〕個人觀照〔其他的〕個人，從〔我〕家觀照〔其他人的〕家，從〔我的〕鄉觀照〔其他的〕鄉，從〔我的〕國觀照〔其他的〕國，從〔我的〕天下觀照〔其他的〕天下。我怎麼知道天下

的情況呢？就是用這種道理。

【引述】「修身」猶如鞏固根基，是建立自我與處人治世的基點。《莊子》說：「道之真，以治身，其餘緒，以為國。」道家所謂為家為國，乃是充實自我後的自然之流澤。這和儒家有層序性的目的之作為不同。

五十五章

含德之厚，比於赤子。蜂蠆虺蛇不螫〇，攫鳥猛獸不搏〇。骨弱筋柔而握固。未知牝牡之合而朘作〇，精之至也。終日號而不嗄〇，和之至也。

知和曰常，知常曰明〇。益生〇曰祥〇。心使氣曰強〇。物壯〇則老，謂之不道，不道早已。

【註釋】

〇蜂蠆虺蛇不螫：「蠆」，蝎類。「虺」，毒蛇。「螫」，毒蟲用尾端刺人。按此句河上

公本、景福本、李約本、陸希聲本、司馬光本、蘇轍本、林希逸本、吳澄本及其他眾古本多作「毒蟲

不螫」。毒蟲：指蜂、蠆、虺、蛇之類。王弼本與帛書甲、乙本同，當為《老子》原文。㈡攫鳥猛

獸不搏：「攫鳥」，用腳爪取物如鷹隼一類的鳥。「攫」的用法和猛獸的「猛」用法一樣，都是形容

兇惡的物類的。此句王弼本作「猛獸不據，攫鳥不搏」，據簡本及帛書本改，以與上句對文。㈢脧

作：嬰孩生殖器舉起。「脧」，王弼本作「全」，嬰孩的生殖器。「作」，挺舉，翹起。王本「全」，

傅本及帛書乙本作「脧」，河上公本及多種古本作「脧」。范應元說：「『脧』，傅奕與古本同，今

諸本多作「脧」。《玉篇》『脧』字註亦作『脧』，係三字通用，並子雷切，赤子陰也。」易

順鼎說：「『脧』『全』音近，故或假『全』為之。」㈣嗄：啞。河上公本作「啞」。㈤知和曰

常，知常曰明：郭店簡本作「和曰禀，知和曰明」。魏啟鵬說：「禀讀為同。《素問・上古天真論》：

『和於陰陽』。王冰注：『和謂同和』。此本《老子》『萬物負陰而抱陽，沖氣以為和』之旨。（《逸

周書・成開》：『眾和乃同』。孔注：『同謂和同』。亦和、同互訓。）從深層意義上解讀，『和曰

同』又指一種體道的境界。」（〈楚簡《老子》柬釋〉；刊在陳鼓應主編《道家文化研究》郭店楚簡專號

㈥益生：縱欲貪生。㈦祥：作妖祥，不祥解。林希逸說：「祥，妖也。《傳》曰：『是何祥也。』

即此『祥』字之意。」范應元說：「祥，妖怪也。」易順鼎說：「按『祥』即不祥。《書序》云：

『有祥桑穀共生於廟』，與此『祥』字同義。王註曰：『生不可益，益之則夭。』『夭』字當作

『妖』，蓋以『妖』解『祥』字。」蔣錫昌說：「《素問・六元正紀大論》：『水迺見祥。』註：

『祥，妖祥。』左氏僖十六年《傳》疏：『惡事亦稱為祥。』《道德真經取善集》引孫登曰：『生生

之厚，動之妖祥。』又引舒王曰：『此「祥」者，非作善之祥，乃災異之祥。』是『祥』乃妖祥。」

⑻ 強：逞強；暴。 ⑼ 壯：強壯。三十章王弼註：「『壯』，武力興暴。」這裏的「壯」應指上句

「強」（逞強）而言。

【今譯】 含德深厚的人，比得上初生的嬰兒。蜂蝎毒蛇不咬傷他，兇鳥猛獸不搏擊他。他筋骨柔弱

拳頭卻握得很牢固。他還不知道男女交合但小生殖器卻自動勃起，這是精氣充足的緣故。他整天號

哭，但是他的喉嚨卻不會沙啞，這是元氣淳和的緣故。

認識淳和的道理叫做「常」，認識常叫做「明」。貪生縱欲就會有災殃，心機主使和氣就是逞強。過

分的強壯就趨於衰老，這叫做不合於道，不合於道很快就會死亡。

【引述】 老子用赤子來比喻具有深厚修養境界的人，能返到嬰兒般的純真柔和。「精之至」是形容

精神充實飽滿的狀態，「和之至」是形容心靈凝聚和諧的狀態。

五十六章

知者不言，言者不知〇。

塞其兌，閉其門〇，挫其銳，解其紛，和其光，同其塵〇，是謂「玄同」〇。故不可得而親，不可得而疏；不可得而利，不可得而害；不可得而貴，不可得而賤〇。故為天下貴。

【註釋】

〇 知者不言，言者不知：郭店簡本作「智之者弗言，言之者弗智」。這裏按字面的解釋是：知道的人不說話，說話的人不知道。然「知者」疑作「智者」。嚴靈峯說：「此兩『智』字，原俱作『知』；似當讀去聲，作『智慧』之『智』。陸德明《釋文》云：『「知」者，或並音「智」。』」

……河上公注『智者不言』句云：『知者貴行不貴言也。』王註云：『因自然也。』又河上注『言者不知』句云：『駟不及舌，多言多患。』王註云：『造事端也。』疑河上、王弼兩本『知』皆作『智』者。伊凡摩爾根（Evan Morgan）在其所著英文本《淮南鴻烈》書中引白居易讀《老子》詩云：『言

者不智，智者默，此語吾聞諸老君；若道老君是智者，如何自著五千言？」並譯「智」作：「Wise」。

足證唐時所見古本亦有作「智」者。又，高麗版影印李朝《道家論辯牟子理惑論》引作：「智者不言。」而日本《大藏經牟子理惑論》引《老子》正作「智者不言，言者不智。」【今譯】據嚴說。

「言」指聲教政令。見二章註㈨、十七章註㈣、二十三章註㈠。蔣錫昌說：「是『言』乃政教號令，非言語之意也。」

㈡塞其兌，閉其門：這二句已見於五十二章，參看該章註㈣。簡本此處作「閟其說，賽（塞）其門」。「閟」乃「閉」字之異構。「說」借為「兌」，指人之孔竅（魏啟鵬說）。

㈢挫其銳，解其紛，和其光，同其塵：不露鋒芒，消解紛擾，含斂光耀，混同塵世。這四句重見於四章。馬敘倫說：「剉銳解紛和光同塵，正說玄同之義，不得無此四句。」

㈣玄同：玄妙齊同的境界，即道之境界。王純甫說：「玄同者，與物大同而又無迹可見也。」（引自《老子億》）

㈤不可得而親，不可得而疏；不可得而利，不可得而害；不可得而貴，不可得而賤：指「玄同」的境界超出了親疏利害貴賤的區別。林希逸說：「言其超出於親疏利害貴賤之外也。」

釋德清註：「以其聖人跡寄寰中，心超物表，不在親疏利害貴賤之間，此其所以為天下貴也。」

【今譯】

有智慧的人是不多言說的，多話的就不是智者。

塞住嗜欲的孔竅，閉起嗜欲的門徑，不露鋒芒，消解紛擾，含斂光耀，混同塵世，這就是玄妙齊同的

境界。這樣就不分親，不分疏；不分利，不分害；不分貴，不分賤。所以為天下所尊貴。

【引述】理想的人格形態是「挫銳」「解紛」「和光」「同塵」，而到達「玄同」的最高境界。「玄同」的境界是消除個我的固蔽，化除一切的封閉隔閡，超越於世俗褊狹的人倫關係之局限，以開豁的心胸與無所偏的心境去待一切人物。

老子哲學和莊子哲學最大的不同處，便是老子哲學幾乎不談境界，而莊子哲學則著力於闡揚其獨特的人生境界。如果老子的哲學有所謂「境界」的話，勉強可以說「玄同」的觀念為近似。

五十七章

以正㈠治國，以奇㈡用兵，以無事取天下㈢。吾何以知其然哉？以此㈣：

天下多忌諱，而民彌貧㈤；民㈥多利器㈦，國家滋昏；人多伎巧㈧，奇物㈨滋起；法令滋彰㈩，盜賊多有。

故聖人云：「我無為，而民自化㈠㈠；我好靜，而民自正；我無

事，而民自富；我無欲，而民自樸。」

【註釋】（一）正：指清靜之道。釋德清說：「天下國家者，當以清靜無欲為正。」（二）奇：奇巧，詭秘；臨機應變。帛書本「奇」作「畸」。（三）取天下：治理天下。見四十八章。朱謙之說：「取天下者，謂得民心也。……《荀子·王制篇》楊倞註：『取民謂得民心。』」（四）以此：簡本及帛書本均無此二字。（五）天下多忌諱，而民彌貧：郭店簡本作「天（下）多忌諱，而民彌畔（叛）」。簡文優於各本。（六）民：景龍本、唐玄宗本、強思齊本、王純甫本及多種古本則作「人」。蔣錫昌說：「『民』當從諸本作『人』。蓋『天下多忌諱』、『人多利器』、『人多伎巧』、『法令滋彰』，四句皆指人主而言，以明有事之不足以治天下也。三十六章云：『國之利器，不可以示人』，亦指人主而言，可為證也。」嚴靈峯說：「潘靜觀本作『朝』。三十六章云：『國之利器。』五十二章云：『朝甚除』，似當作『朝』於義為長。」（七）利器：銳利武器。一說喻權謀。王純甫說：「利器，即國之利器，智慧權謀之類也。」（八）伎巧：技巧，即智巧。呂惠卿本、陳象古本、寇才質本、林希逸本及多種古本「伎」作「技」。《次解》本「伎」作「知」，帛書甲本同，趙至堅本則作「智」。傅奕本「伎巧」作「智慧」，范應元本則作「智惠」。參看各古本可見「伎巧」有智巧、機詐的意思。

王純甫說：「巧，巧詐，非止藝也。」

⑨奇物：邪事。簡本作「䩓物」。「䩓」，應讀為苛刻、苛細之「苛」，「苛物」猶言「苛事」，「苛」字用法與「苛政」、「苛禮」之「苛」相類（裘錫圭說）。范應元本作「衺事」。范說：「『衺』與『邪』同。不正之事。」

⑩法令滋彰：河上公本作「法物滋彰」，簡本及帛書乙本同。河上公註：「『法物』，好物也。珍好之物滋生彰者，則農事廢，飢寒並至，故盜賊多有也。」

㈡我無為而民自化：「自化」，自我化育。晨陽說：「這裏提出私有欲望問題，為什麼當時周末社會被攪得很亂，無非是『天子』諸侯們互相爭奪，因『有欲』而動刀兵，天下因而多事，人民不得安寧。老子希望的是克制私欲，消滅剝削，滿足人們吃飽穿暖的要求，『甘其食，美其服，安其居，樂其俗』，反對『財貨有餘』，反對『貴難得之貨』，主張『去甚，去奢，去泰』，即去掉那些極端的、奢侈的、過分的。可見老子是反對不合理的剝削制度的。他把『無為』與『無欲』連在一起。『無為』是勿因爭奪而為，『無欲』是不要有占他人財物之欲。」

（〈老子的哲學〉，河北師範大學學報，一九八一，三期）

【今譯】

以清靜之道治國，以詭奇的方法用兵，以不攪擾人民來治理天下。我怎麼知道是這樣的？

從下面這些事端上可以看出：

天下的禁忌越多，人民越陷於貧困；人間的利器越多，國家越陷於昏亂；人們的技巧越多，邪惡的事

情就連連發生，；法令越森嚴，盜賊反而不斷地增加。

所以有道的人說：「我無為，人民就自我化育；我好靜，人民就自然上軌道；我不攪擾，人民就自然

富足，；我沒有貪欲，人民就自然樸實。」

【引述】 「天下多忌諱，而民彌貧……法令滋彰，盜賊多有。」從這裏，不僅可以看到老子對於

一切刑政的非議，也可體會出老子所生存的時代，戰亂及權力橫暴的地步。可見老子提倡「無為」並

非無的放矢。威廉詹姆士說：「自以為有資格對別人的理想武斷，正是大多數人間不平等與殘暴的根

由。」為政者常自以為是社會中的特殊角色，而依一己的心意擅自鏊定出種種標準，肆意作為，強意

推行。老子的不干涉主義與放任思想是在這種情境中產生，當時「無為」思想的提出，一方面要消解

統治集團的強制性，另方面激勵人民的自發性。

本章和三十七章是相對應的，而且說得更為具體。本章的結尾：「我無為而民自化，我好靜而民自

正，我無事而民自富，我無欲而民自樸。」這是老子「無為政治」的理想社會情境的構想。

五十八章

其政悶悶（一），其民淳淳（二）；其政察察（三），其民缺缺（四）。

禍兮，福之所倚；福兮，禍之所伏。孰知其極？其無正也（五）。正

復為奇，善復為妖（六）。人之迷，其日固久（七）。

是以聖人方而不割（八），廉而不劌（九），直而不肆（一〇），光而不耀（一一）。

【註釋】

（一）悶悶：昏昏昧昧，含有寬厚的意思。二十章有「我獨悶悶」句，形容淳樸的樣子。（二）淳淳：淳厚的意思。「淳淳」，帛書乙本作「屯屯」。高亨說：「淳借為惇，《說文》：『惇，厚也。』」

（三）察察：嚴苛（同於二十章註（六））。林希逸說：「察察者，煩碎也。」

（四）缺缺：狡猾。蔣錫昌說：「『缺缺』，機詐滿面貌。」高亨說：「『缺缺』借為獪，《說文》：『獪，狡獪也。』」獪，詐也。」

（五）其無正也：它們並沒有定準。指福、禍變換無端。「也」字通行本缺，據帛書乙本補。范應元說：「無正，猶言不定也。」朱謙之說：「『其無正』，『正』讀為『定』，言其無定

也。《玉篇》：「正，長也，定也。」此作「定」解。言禍福倚伏，孰知其所歸也。」馮友蘭說：「老子哲學中的辯證法思想是春秋戰國時期社會的劇烈的變革在人們思想中的反映。在中國哲學史中，從《周易》以降，即有辯證法的思想，但用一般的規律的形式把它表達出來，這還是老子的貢獻。」㈥正復為奇，善復為妖：正再轉變為邪，善再轉變為惡。嚴靈峯說：「『奇』，邪也。『妖』，不善，惡也。言正復轉為邪，善復轉為惡；福去禍來；禍、福又轉相乘也。」童書業說：「老子至少已經知道矛盾統一的規律，相反的東西是可以相成的，例如沒有『有』，也就沒有『無』；沒有『難』，也就沒有『易』，沒有『長』，也就沒有『短』等等。同時他又知道相反的東西可以互相轉化，例如『美』可以轉成『惡』，『善』可以轉成『不善』。因為每件事物之中，都包含有否定本身的因素，例如『禍』是『福之所倚』，『福』是『禍之所伏』；相反相成，變化發展，所以說：『孰知其極』。『正』可以變成『奇』，『善』可以變成『妖』。這種觀察事物的辯證方法，是老子哲學上的最大成就。」㈦人之迷，其日固久：人們的迷惑，已經有長久的時日。嚴靈峯說：「言人之迷惑於禍、福之門，而不知其循環相生之理者，其為時日必已久矣。」㈧方而不割：方正而不割傷人。吳澄說：「『方』，如物之方，四隅有稜，其稜皆如刀刃之能傷害人，故曰『割』。人之方者，無旋轉，其遇事觸物，必有所傷害。聖人則不割。」㈨廉而不劌：銳利而不傷

害人。「廉」，利。「劌」，傷。蔣錫昌說：「『廉』假為『利』。《國語‧晉語》：『殺君以為

廉。」言殺君以為利也。《莊子‧山木篇》：『成則毀，廉則挫。』言利則挫也。《呂覽‧孟秋》：

『其器廉以深。』言器利以深也。《禮記‧聘義》鄭註：『劌，傷也。』『廉而不傷

也。」張松如說：「『廉而不劌』，此古語也，亦見《荀子‧不苟篇》，楊倞注：『廉，稜也。』《說

文》云：「劌，利傷也。」但有廉隅，不至於刉傷也。」

⑩直而不肆：直率而不放肆。吳澄說：

「直者不能容隱，縱肆其言，以訐人之短。聖人則不肆。」

㈡光而不耀：光亮而不刺耀。吳澄說：

「光者不能韜晦，炫耀其行，以暴己之長。聖人則不耀。」

【今譯】

政治寬厚，人民就淳樸；政治嚴苛，人民就狡猾。

災禍啊，幸福倚傍在它裏面；幸福啊，災禍藏伏在它之中。誰知道它們的究竟？它們並沒有一個定

準！正忽而轉變為邪，善忽而轉變為惡。人們的迷惑，已經有長久的時日了。

因而有道的人方正而不割人，銳利而不傷人，直率而不放肆，光亮而不刺耀。

【引述】

「其政悶悶」即是指清靜「無為」之政；「其政察察」即是指繁苛「有為」之政。老子崇

尚「無為」之政，認為寬宏（「悶悶」）的政風，當可使社會風氣敦厚，人民生活樸實，這樣的社群

才能走向安寧平和的道路。老子所期望的是人民能享受幸福寧靜的生活，能過著安然自在的日子。如

此看來，老子的政治理想卻有積極拯救世亂的一面，僅是實行的方法和態度上與各家不同而已。由他

所構畫的理想人格形態也可看出，他說：「聖人方而不割，廉而不劌，直而不肆，光而不耀。」「方」

「廉」「直」「光」正是積極性的人格心態的描述，「不割」「不劌」「不肆」「不耀」乃是無逼迫

感的形容。這是說有道的人為政，有積極的理想，而其作為對人民並不構成逼迫感。

「禍兮福之所倚，福兮禍之所伏」，禍福之相因，很容易使我們聯想起塞翁失馬，焉知非福的故事。

在日常生活上，福中常潛伏著禍的根子，禍中常含藏著福的因素，禍與福是相依相生的。事實上，正

與邪，善與惡，亦莫不如此。甚至一切事象都在對立的情狀中反覆交變著，而這種反覆交變的轉化過

程是無盡止的。這種循環倚伏之理，常人迷惑不解。老子提示我們觀察事物，不可停留在表面，應從

顯相中去透視裏層，作全面的了解。他向我們拉開了觀察事物的視野，使我們能超拔於現實環境的局

限，使我們不致為眼前的困境所陷住，也使我們不致為當下的心境所執迷。

五十九章

治人事天㊀，莫若嗇㊁。

夫唯嗇，是謂早服㊂；早服謂之重積德㊃；重積德則無不克；無不克則莫知其極；莫知其極，可以有國；有國之母㊄，可以長久；是謂深根固柢，長生久視㊅之道。

【註釋】

㊀事天：保養天賦（嚴靈峯《老子達解》）。「天」，有兩種解釋：一、作「自然」；成疏：「天，自然也。」二、作「身」；河上公註：「治身者當愛精氣，不放逸。」【今譯】從後者。王純甫說：「事天，謂全其天之所賦，即修身之謂也。」奚侗說：「《呂覽·先己篇》：『所事者，末也。』高註：『事，治也。』又《本生篇》：『以全其天也。』高註：『天，身也。』……嗇以治人，則民不勞；嗇以治身，則精不虧。」嚴靈峯說：「『天』，猶身性；以全其天也。『事天』，猶治身也。」按：本章重點在於講「嗇」，「嗇」是「長生久視之道」（本章最末一句話）。林希逸註文中說：「治國者如此，養生者亦如此，養生而能嗇，則可以長生。」「治國」「養生」，就是指「治人，事天」而說的。本章在於講怎樣來治國養生，對於如何去應對自然（天）則隻字未提。所以「事天」當依林希逸作「養生」解。《孟子·盡心章》也曾說：「存其心，養其性，所以事天也。」「事天」當依林希逸作「養生」解的一個有力的旁證。道家的「養生」著重在存心、養性上（保存靈明的這是養生之所以為「事天」解

本心、蓄養天賦的本性），和後代道教止於養形的層次不同。㈡嗇：愛惜，保養。高亨說：「《說文》：『嗇，愛濇也，从來从回，來者回而藏之，故田夫謂之嗇夫。』……是『嗇』本收藏之義，衍為愛而不用之義。此『嗇』字謂收藏其神形而不用，以歸無為也。」郭店簡本「早服」正作「早備」。姚鼐說：「『服』者，準備。「早服」，早作準備（任繼愈說）。㈢早服：「服」，通「備」，事也。嗇則時暇而力有餘，故能於事物未至，而早從事以多積其德，逮事之至而無不克矣。」勞健說：「『早服』猶云早從事。」㈣重積德：不斷的積蓄「德」。「重」，多，厚，含有不斷增加的意思。「德」，指嗇「德」。㈤有國之母：「有國」，含有保國的意思。「母」，譬喻保國的根本之道。㈥長生久視：長久維持，長久存在。「久視」，就是久立的意思。

【今譯】

治理國家、養護身心，沒有比愛惜精力更重要。

愛惜精力，乃是早作準備；早作準備就是不斷的積德；不斷的積德就沒有什麼不能勝任的；沒有什麼不能勝任就無法估計他的力量；無法估計他的力量，就可以擔負保護國家的責任；掌握治理國家的道理，就可以長久維持，長生久視的道理。

【引述】

老子提出「嗇」這個觀念，並非專指財物上的，乃是特重精神上的。「嗇」即是培蓄能量，厚藏根基，充實生命力。

六十章

治大國，若烹小鮮〔一〕。

以道莅〔二〕天下，其鬼不神〔三〕；非〔四〕其鬼不神，其神不傷人；非其神不傷人，聖人亦不傷人。夫兩不相傷〔五〕，故德交歸焉〔六〕。

【註釋】

〔一〕治大國，若烹小鮮：「小鮮」，小魚。傅山說：「不多事瑣碎也。」（《讀老子》，《霜紅龕集》三二卷）車載說：「這一段話就治國為政說，從『無為而治』的道理裏面，提出無神論傾向的見解。無為而治的思想，是《老子》書無為的主張在政治上的運用。《老子》書很看重『無為』，是貫串全部思想的中心見解，它提出『無為』，提出『為無為』，提出『無為而無不為』，反覆說明這個道理，多方運用這個道理，這是它的『道法自然』的見解的發揮。它把這個道理運用在治國為政一方面，主張『處無為之事，行不言之教』，當『民忘於治，若魚忘於水』，就不需要用宗教來輔助政治而謀之於鬼，於是鬼神無靈了。鬼神不再有任何作為，是為政的人『無為』的結果，符合於『道法

【引述】

著為政之要在安靜無擾，擾則害民。虐政害民，災禍就要來臨。若能「清靜無為」，則人人可各遂其

用道治理天下，鬼怪起不了作用；不但鬼怪起不了作用，神祇也不侵越人；不但神祇不侵越人，聖人

也不侵越人。鬼神和有道者都不侵越人，所以彼此能相安無事。

【今譯】

治理大國，好像煎小魚。

《韓非子》說：「『德交歸焉』，言其德上下交盛而俱歸於民也。」意即人民相安無事。

「不唯」二字之合音（高亨《老子正詁》）。　㈤兩不相傷：指鬼神和聖人不侵越人。　㈥德交歸焉：

『魖』。《說文》：「魖，神也，從鬼，申聲。」蓋鬼靈曰魖。其鬼不魖，猶言鬼不靈耳。」㈣非：

則聖人以道無為，而臨天下，則陰陽和順，其歸於陰者，不伸於陽也。」高亨說：「此『神』字借為

者，陰之靈也；神者，陽之靈也。以一氣言，則至而伸者為神，反而歸者為鬼，其實一物而已。」然

『鬼』，歸也；『神』，伸也。張子曰：『鬼神者，二氣之良能也。』朱文公曰：『以二氣言，則鬼

民安，古人以陰氣過盛稱「鬼」。「神」這裏作「伸」講。范應元說：「鬼神，陰陽中之靈也。

作「莅」。帛書乙本「莅」省作「立」。　㈢其鬼不神：鬼不起作用。古人常用陰陽和順來說明國泰

自然】的無為的規律。這是它提出無神論傾向的一個方面。」　㈡莅：同「蒞」，臨。林希逸本「蒞」

　　「治大國，若烹小鮮。」這個警句，在傳統中國的政治思想上產生了重大的影響。它喻示

生而相安無事。如此，則一切外在的力量都不至於發生禍難的作用。

本章還排除一般人所謂鬼神作用的概念，說明禍患全在人為。人為得當，禍患則無由降生。

六十一章

大邦㊀者下流，天下之牝，天下之交也㊁。牝常以靜勝牡，以靜為下。

故大邦以下小邦，則取小邦；小邦以下大邦，則取大邦。故或下以取，或下而取㊂。大邦不過欲兼畜人㊃，小邦不過欲入事人。

夫兩者各得所欲，大者宜為下。

【註釋】

㊀ 邦：今本作「國」，據帛書甲本改。下文「邦」字均依甲本改正。 ㊁ 天下之牝，天下之交也：王弼本作「天下之交，天下之牝」，據帛書甲本改。張松如說：「『天下之牝』、『天下之交』，都是由『下流』一語所生發，其誼並同。」 ㊂ 或下以取，或下而取：「下」，謙下。「取」，

二五一

借為「聚」。「以取」，以聚人；「而取」，聚於人。本章四個「取」字都借為「聚」。顧歡本、開元本、敦煌本、《次解》本、趙至堅本「取」都作「聚」。張默生釋為：「故或謙下以取得小國的信仰，或謙下而取得大國的信任。」 ㉔兼畜人：把人聚在一起加以養護。「兼」是聚起來。「畜」是飼養。

【今譯】

大國要像居於江河的下流，處在天下雌柔的位置，是天下交匯的地方。雌柔常以靜定而勝過雄強，因為靜定而又能處下的緣故。

所以大國對小國謙下，可以會聚小國；小國對大國謙下，就可以會聚（小國），有時（小國）謙下而見容（於大國）。大國不過要聚養小國，小國不過要求容於大國。這樣大國小國都可以達到願望。大國尤其應該謙下。

【引述】

人類能否和平相處，係因於大國的態度。「大國者下流」，「大者宜為下」，本章開頭和結語一再強調大國應謙下包容，不可自恃強大而凌越弱小。「謙下」以外，老子還說到雌靜，雌靜是針對躁動而提出的。躁動則為貪欲所驅使而易產生侵略的行為。

老子感於當時各國諸侯以力相尚，妄動干戈，因而呼籲國與國之間，當謙虛並容。特別是大國，要謙讓無爭，才能贏得小國的信服。

六十二章

道者萬物之奧(一)。善人之寶，不善人之所保(二)。

美言可以市，尊行可以加人(三)。人之不善，何棄之有？故立天

子，置三公(四)，雖有拱璧以先馴馬(五)，不如坐進此道(六)。

古之所以貴此道者何？不曰：求以得(七)，有罪以免邪(八)？故為天

下貴。

【註釋】

(一) 奧：藏，含有庇蔭的意思。帛書甲、乙本「奧」作「注」。注讀為主，《禮記‧禮運》：

「故人以為奧也」，注：「奧猶主。」（見《老子》甲本釋文，馬王堆漢墓帛書整理小組編）河上公註：

「『奧』，藏也。」王弼註：「『奧』猶曖也，可得庇蔭之辭。」

(二) 不善人之所保：不善的人也要

保持的。河上公註：「『道』者，不善人之保倚也，遭患逢急，猶自知悔卑下。」嚴遵本、景龍本、

《次解》本、趙至堅本「保」作「不保」。(三) 美言可以市，尊行可以加人：嘉美的言詞可以用作社

交，可貴的行為可以見重於人。「市」，指交易的行為。「加」，施。「加人」，對人施以影響。吳澄說：「申言善人之寶。善人以道取重於人，嘉言可愛，如美物之可以鬻賣；卓行可宗，高出眾人之上。」按通行本：「美言可以市，尊行可以加人。」《淮南子·道應訓》及《人間訓》引作：「美言可以市尊，美行可以加人。」俞樾及奚侗以為當從《淮南子》。然驗之帛書甲、乙本，正與王弼本及其他古本同。「蓋老子此二句，意在貶『美言』而褒『尊行』，可證經文無誤」。（黃釗《帛書老子校注析》）

四三公：太師，太傅，太保。 五拱璧以先駟馬：「拱璧」在先，「駟馬」在後，這是古時獻奉的禮儀。蔣錫昌說：「古之獻物，輕物在先，重物在後。『拱璧以先駟馬』，謂以拱璧為駟馬之先也。」 六不如坐此道：不如用道來進獻。 七求以得：有求就得到。王弼本作「以求得」。景龍本、傅奕本、敦煌本、嚴遵本、顧歡本、《釋文》、李約本、陸希聲本、蘇轍本、林希逸本、范應元本、吳澄本及其他眾多古本「以求」都作「求以」，帛書甲、乙本正同。因據改。俞樾說：「唐景龍碑及傅奕本並作『求以得』，正與『有罪以免』相對成文，當從之。」 八有罪以免邪：這句正是前面「不善人之所保」一句的說明。即是說，有罪的人得到道可以免除罪，所以不善人也要對它加以保持。

【今譯】 道是萬物的庇蔭。善人珍貴它，不善的人也處處保住它。

嘉美的言詞可以用作社交，可貴的行為可以見重於人。不善的人，怎能把道捨棄呢？所以立位天子，

設置三公，雖然進奉拱璧在先、駟馬在後的禮儀，還不如用道來作為獻禮。

古時候重視道的原因是什麼呢？豈不是說有求的就可以得到，有罪的就可以免除嗎？所以被天下人所

貴重。

【引述】本章在於闡揚道的重要性。天子三公，擁有拱璧駟馬，但仍不如守道為要。

六十三章

為無為，事無事，味無味〇。

大小多少〇，〔報怨以德〇。〕圖難於其易，為大於其細；天下

難事，必作於易，天下大事，必作於細。是以聖人終不為大〇，故

能成其大。

夫輕諾必寡信，多易必多難。是以聖人猶難之，故終無難矣。

【註釋】

㈠ 味無味：把無味當作味。王弼註：「以恬淡為味，治之極也。」 ㈡ 大小多少：大生於

小，多起於少（嚴靈峯《老子達解》）。郭店簡本此句作「大小之」，其下逕接「多易必多難」，與各

本不同。按通行本「大小多少」四字意義欠明，姚鼐等疑有脫字。姚鼐說：「『大小多少』下有脫

字，不可解，當有誤文。」奚侗說：「『大小多少』句，誼不可說，疑上下或有挩簡。」蔣錫昌亦認為：「誼

不可解，不可強解。」「大小多少」，有這幾種講法：一、大的看作小，多的看作少；如釋德清註：

「世人皆以名位為大，以利祿為多而取之。然『道』至虛微淡泊無物，皆以為小少。聖人去功與名，

是去其大多，而取其小少。」這是指有道的人和一般人價值觀念的不同。二、以小為大，以少為多；

如高亨的解釋：「『大小』者，大者小，小而以為大也。多少者，多其少也，少而以為多也。視星星

之火，謂將燎原。覷涓涓之水，云將漂邑。即謹小慎微之意。」三、林希逸解釋為：「能大者必能

小，能多者必能少。」嚴靈峯根據《韓非子・喻老》補成為「大生於小，多起於少。」（見《老子達

解》）與下句「圖難於其易，為大於其細」文義可相聯。㈢ 報怨以德：這句和上下文似不相關聯，馬

敘倫認為當在七十九章「和大怨」上，嚴靈峯認為當在七十九章「必有餘怨」句下，慈依嚴說移入七

十九章，參看該章註釋㈠。㈣ 不為大：不自以為大。

【今譯】 以無為的態度去作為，以不攪擾的方式去作事，以恬淡無味當作味。

大生於小，多起於少，〔用德來報答怨恨。〕處理困難要從容易的入手，實現遠大要從細微的入手；天下的難事，必定從容易的做起；天下的大事，必定從細微的做起。所以有道的人始終不自以為大，因此能成就大的事情。

輕易允諾的信用一定不足；把事情看得太容易時遭遇的困難一定更多。所以有道的人遇見事情總把它看得艱難，因此終究沒有困難了。

【引述】　本章分二段略作說明：

一、開頭說到立身行事應做到自然無為、清靜無事、恬淡無味，這也是處事治世的宗旨。

「為無為，事無事，味無味。」這三句和後文不相關聯。「大小多少」一句，中間或前後有漏字，語意不完足，應擱置起來不必強解。「報怨以德」一句疑是錯簡，可移至七十九章。

二、「圖難於其易」至結尾成一個完整的段落（為本章的主題）。這一段是提醒人處理艱難的事情，須先從細易處著手。面臨細易的事情，卻不可輕心。「難之」是一種慎重的態度，謹密周思，細心而為。本章格言，無論行事求學，都是不移的至理。

六十四章

其安易持㊀，其未兆易謀。其脆易泮㊁，其微易散。為之於未有，治之於未亂。

合抱之木，生於毫末㊂；九層之臺，起於累土㊃；千里之行，始於足下。

為者敗之，執者失之。是以聖人無為故無敗；無執故無失㊄。

民之從事，常於幾成而敗之。慎終如始，則無敗事。

是以聖人欲不欲，不貴難得之貨；學不學㊅，復眾人之所過，以輔萬物之自然而不敢為。

【註釋】 ㊀ 其安易持：本章見於郭店簡本，惟簡本分成兩章。「其安易持」至「千里之行，始於足下」為一章，「為者敗之」至「以輔萬物之自然而不敢為」，簡本別為一章，兩者章次不相接連。

㈢ 其脆易泮：脆弱的容易消解。傅奕本、范應元本及焦竑本「泮」作「判」。「泮」、「判」古通用。《說文》：「判，分也。」河上公本、景龍本、敦煌本、嚴遵本、顧歡本、李約本、陸希聲本、陳景元本、呂惠卿本、林希逸本及多種古本「泮」作「破」。 ㈢ 毫末：指細小的萌芽。 ㈣ 累土：有兩種解釋：一、低土；河上公註：「從卑至高。」「卑」指低地。嚴靈峯說：「累土，地之低者。」

二、一堆土；林希逸說：「一簣之土。」高亨說：「『累』當讀蔂，土籠也。起於蔂土也。」土籠是盛土的用具，累土即一筐土。 ㈤ 為者敗之，執者失之。是以聖人無為故無敗；無執故無失：此處以下和上文意不相聯，疑是別章文字。按：「為者敗之」以下，郭店簡本別為一章。簡本由於字體和形制不同，整理者分為甲、乙、丙三組，三組章次內容各不相覆，僅本章文字重出於甲、丙組中，字句略異，可見乃出於不同傳本。 ㈥ 學不學：郭店甲組簡文作「教不教」，言效法人們未能效法的大道（魏啟鵬說）。

【今譯】 局面安穩時容易持守，事變沒有跡象時容易圖謀。事物脆弱時容易消解，事物微細時容易散失。要在事情沒有發生以前就處理妥當，要在禍亂沒有產生以前就早作準備。

合抱的大木，是從細小的萌芽生長起來的；九層的高臺，是從一堆泥土建築起來的；千里的遠行，是從腳下舉步開始走出來的。

人們做事情，常常在快要成功的時候就失敗了。事情要完成的時候也能像開始的時候一樣的謹慎，那就不會敗事了。

強作妄為就會敗事，執意把持就會失去。所以有道的人不妄為因此不會敗事，不把持就不會喪失。

一般人做事，常在快要成功時遭致失敗。審慎面對事情的終結，一如開始時那樣慎重，那就不會失敗。

所以有道的人求人所不欲求的，不珍貴難得的貨品；學人所不學的，挽救眾人的過錯，以輔助萬物的自然發展而不加以干預。

【引述】　本章上段，全文意義完整而連貫。其大意為：

一、注視禍患的根源。在禍亂發生之前，先作預防。

二、凡事從小成大，由近至遠；基層工作，十分重要。所謂「合抱之木，生於毫末；九層之臺，起於累土；千里之行，始於足下。」遠大的事情，必須有毅力和耐心一點一滴去完成；心意稍有鬆懈，常會功虧一簣。

六十五章

古之善為道者，非以明⊖民，將以愚⊜之。

民之難治，以其智多⊜。故以智治國，國之賊；不以智治國，國之福。

知此兩者⊗亦稽式⊗。常知稽式，是謂「玄德」。玄德深矣，遠矣，與物反矣⊗，然後乃至大順⊗。

【註釋】

⊖ 明：精巧。王弼註：「『明』謂多見巧詐，蔽其樸也。」河上公註：「明，知巧詐也。」

⊜ 愚：淳樸，樸質。王弼註：「『愚』謂無知，守其真順自然也。」河上公註：「使樸質不詐偽也。」

范應元說：「『將以愚之』使淳樸不散，智詐不生也。所謂『愚』者，非欺也，但因其自然不以穿鑿私意導之也。」高一涵說：「何以說老子的政治哲學，是反抗當時政治社會情形的呢？因為他看見當時年年打仗，百姓東跑西散所以纔主張去兵。看見當時社會貧富不均，損不足以奉有餘，所以纔主

張尚儉。看見當時暴君污吏，以百姓為土芥所以纔主張無為。看見當時智巧日生，詐偽百出，所以纔主張尚愚。這四個主張——去兵，尚儉，無為，尚愚——就是造成老子理想國的入手辦法。」（〈老子的政治哲學〉，《新青年雜誌》六卷五號）張默生說：「他（老子）是願人與我同愚，泯除世上一切階級，做到物我兼我的大平等，這樣自可減少人間的許多齟齬紛爭。」（《老子》第六〇頁）③智多⋯多智巧偽詐。王弼註：「多智巧詐。」范應元說：「不循自然，而以私意穿鑿為明者，此世俗之所謂智者。」徐復觀說：「智多，即多欲；多欲則爭奪起而互相陷於危險。老子始終認為人民的所以壞，都是因為受了統治者的壞影響。人民的智多，也是受了統治者的壞影響。」景龍本、敦煌辛本「智多」作「多智」。 ④兩者：指上文「以智治國，國之賊；不以智治國，國之福」而言。 ⑤亦稽式：「亦」，乃也（訓見《古書虛字集釋》）；乃，為。「稽式」，法式，法則。景龍本、敦煌辛、壬本、河上公本、顧歡本、林希逸本及其他古本「稽式」多作「楷式」。 ⑥與物反矣：有兩種解釋：一、「反」作相反講。解釋為：「德」和事物的性質相反。如河上公註：「玄德之人，與萬物反異，萬物欲益己，玄德施與人也。」二、「反」借為返。解釋為：「德」和事物復歸於真樸。王弼註：「反其真也。」即返歸於真樸，；林希逸註：「反者，復也，與萬物皆反復而求其初。」「初」就是一種真樸的狀態。〔今譯〕從後者。 ⑦大順：自然。林希逸說：「大順即自然也。」

【今譯】 從前善於行道的人，不是教人民精巧，而是使人民淳樸。

人民所以難治，乃是因為他們使用太多的智巧心機。所以用智巧去治理國家，是國家的災禍；不用智巧去治理國家，是國家的幸福。

了解這兩種治國方式的差別就是一個法則。經常認識這個法則，就是「玄德」，「玄德」好深好遠啊！和事物復歸到真樸，然後順應於自然。

【引述】 本章強調為政在於真樸。老子認為政治的好壞，常繫於統治者的處心和做法。統治者若是真誠樸質，才能導出良好的政風，有良好的政風，社會才能趨於安寧；如果統治者機巧黠滑，就會產生敗壞的政風。政風敗壞，人們就互相偽詐，彼此賊害，而社會將無寧日了。居於這個觀點，所以老子期望統治者導民以真樸。

老子生當亂世，感於世亂的根源莫過於大家攻心鬥智，競相偽飾，因此呼籲人們揚棄世俗價值的爭紛，而返歸真樸。老子針對時弊，而作這種憤世矯枉的言論。

本章的立意被後人普遍誤解，以為老子主張愚民政策。其實老子所說的「愚」，乃是真樸的意思。他不僅期望人民真樸，他更要求統治者首先應以真樸自礪。所以二十章有「我愚人之心也哉」的話，這說明真樸（「愚」）是理想統治者的高度人格修養之境界。

六十六章

江海之所以能為百谷王㊀者，以其善下之，故能為百谷王。

是以聖人㊁欲上民，必以言下之；欲先民，必以身後之。是以聖人處上而民不重㊂，處前而民不害。是以天下樂推㊃而不厭。以其不爭，故天下莫能與之爭。

【註釋】㊀百谷王：百川所歸往。「百谷」，即百川。《說文》：「泉出通川為谷。」所以「百谷」可作百川講。「王」：《說文》：「王，天下所歸往也。」這裏的「王」有歸往的意思。㊁聖人：王弼本缺此二字。景龍本、傅奕本、河上本及多種古本「是以」下有「聖人」二字，帛書本同，因依文例與諸古本補。蔣錫昌說：「《道藏》王本有『聖人』二字，當據補入。」㊂重：累，不堪。高亨說：「民戴其君，若有重負以為大累，即此文所謂重。故重猶累也。而民不重，言民不以為累也。《詩‧無將大車》：『無思百憂，祇自重兮。』鄭箋：『重，猶累也。』《漢書‧荊燕吳王傳》：

『事發相重。』」顏註：「『重猶累也。』」此『累』之證。」④樂推：郭店簡本作「樂進」，簡文文義為優。

【今譯】

江海所以能成為許多河流所匯往的地方，因為它善於處在低下的地位，所以能成為許多河流所匯往。

所以聖人要為人民的領導，必須心口一致的對他們謙下；要為人民的表率，必須把自己的利益放在他們的後面。所以聖人居於上位而人民不感到負累；居於前面而人民不感到受害。所以天下人民樂於推戴而不厭棄。因為他不跟人爭，所以天下沒有人能和他爭。

【引述】

統治者權勢在握，容易給人民一種重壓感。一旦肆意妄作，人民就不堪其累了。基於此，本章提示在上者要盡量避免帶給人民負擔與累害。

老子深深感到那些站在上位的人，威勢凌人，對人民構成很大的壓力；那些處在前面的人，見利爭先，對人民構成很大的損害。因此喚醒統治者應處下退讓。這就是前面一再說過的「不爭」的思想（如八章、二十二章）。

本章開頭用江海作比喻，這和三十二章「譬道之在天下，猶川谷之於江海」的意思相同。老子喜歡用江海來比喻人的處下居後，同時亦以江海象徵人的包容大度。

六十七章

〔天下皆謂我：「『道』大，似不肖。」夫唯大，故似不肖。若肖，久矣其細也夫！〕㊀

我有三寶，持而保之。一曰慈，二曰儉㊁，三曰不敢為天下先。

慈故能勇㊂；儉故能廣㊃；不敢為天下先，故能成器長㊄。

今舍慈且㊅勇；舍儉且廣；舍後且先；死矣！

夫慈，以戰則勝㊆，以守則固。天將救之，以慈衛之。

【註釋】 ㊀〔天下皆謂我：「『道』大，似不肖。」夫唯大，故似不肖。若肖，久矣其細也夫〕：

本章談「慈」，這一段和下文的意義似不相應，疑是他章錯簡。這段文字的今譯是：「天下人都對我說：『道』廣大，卻不像任何具體的東西。正因為它的廣大，所以不像任何具體的東西。如果它像的話，早就渺小了！」通行本首句「大」前有「道」字，帛書本及傅奕本則無。帛書乙本云：「天下皆

謂我大，大而不肖。夫唯不肖，故能大。若肖，久矣其細也夫。 ㈡ 儉：有而不盡用。和五十九章

「嗇」字同義。胡寄窗說：「老子去奢寶儉的主張與其他先秦各學派思想比較雖無若何特殊之處，但

這一主張的提出，至少也反映了老子對當時貴族階級窮奢極欲、殘酷剝削人民所持的反對態度。」

（《中國經濟思想史》上，第二一○頁） ㈢ 慈故能勇：慈愛所以能勇邁。這句話有孟子說「仁者無敵」的

意思。蔣錫昌說：「是『勇』謂勇於謙退，勇於防禦，非謂勇於爭奪，勇於侵略。『慈故能勇』言唯

聖人抱有慈心，然後士兵能有防禦之勇也。」 ㈣ 儉故能廣：儉嗇所以能厚廣。《韓非子·解老篇》

說：「智士儉用其財則家富，聖人寶愛其神則精盛，人君重戰其卒則民眾，民眾則國廣。」王弼註：

「節儉愛費，天下不匱，故能廣。」 ㈤ 器長：萬物的首長。「器」，物，指萬物。 ㈥ 且：取。 ㈦ 以

戰則勝：傅奕本和范應元本作「以陳則正」。范應元說：「陳，音陣，軍師行伍之列也。」

【今譯】 我有三種寶貝，持守而保全著。第一種叫做慈愛，第二種叫做儉嗇，第三種叫做不敢居於

天下人的前面。

慈愛所以能勇武；儉嗇所以能厚廣；不敢居於天下人的前面，所以能成為萬物的首長。

現在捨棄慈愛而求取勇武，捨棄儉嗇而求取寬廣；捨棄退讓而求取爭先，是走向死路！

慈愛，用來征戰就能勝利，用來守衛就能鞏固。天要救助誰，就用慈愛來衛護他。

【引述】 本章所說的三寶：「慈」——愛心加上同情感，這是人類友好相處的基本動力；「儉」——意指含藏培蓄，不肆為，不奢靡。這和五十九章「嗇」字同意；「不敢為天下先」——即是「謙讓」「不爭」的思想。

本章重點在於說「慈」。老子身處戰亂，目擊暴力的殘酷面，深深地感到人與人之間慈心的缺乏，因而極力加以闡揚。

六十八章

善為士㈠者，不武；善戰者，不怒；善勝敵者，不與㈡；善用人者，為之下。是謂不爭之德，是謂用人，是謂配天，古之極也㈢。

【註釋】 ㈠為士：「為」，治理，管理。這裏作統率、率領講。「士」，士卒。統率士卒，指擔任將帥。王弼說：「『士』，卒之帥也。」

㈡不與：不爭。王弼註：「不與爭也。」高亨說：「『與』猶『鬥』也，古謂對鬥為『與』。」

㈢是謂不爭之德，是謂用人，是謂配天，古之極也：王弼本作

「是謂不爭之德，是謂用人之力，是謂配天古之極」，據帛書乙本改。許抗生說：「乙本作『是胃（謂）用人，是胃（謂）肥（配）天，古之極也』，傅奕本作『是謂用人之力，是謂配天，古之極也』。則『人』、『天』為韻，『德』、『極』為韻，前後皆為韻讀。今本中間多出『之力』二字，格局全非。」

乙本無『之力』兩字，作『是謂不爭之德，是謂用人，是謂配天，古之極也』。（《帛書老子注譯與研究》）高明說：「帛書甲、乙本無『之力』兩字為後人增之。今從乙本。」疑傅本『之力』兩字為後人增之。

【今譯】 善作將帥的，不逞勇武；善於作戰的，不輕易激怒；善於戰勝敵人的，不用對鬥；善於用人的，對人謙下。這叫做不爭的品德，這叫做善於用人，這叫做合於天道，這是自古以來的最高準則。

【引述】 「武」「怒」乃是侵略的行為，暴烈的表現。老子卻要人「不武」「不怒」，意即不可逞強，不可暴戾。在戰爭中講「不爭」，要人不可嗜殺，這和前章在戰亂中強調「慈」是相應的，這是古來的準則。

六十九章

用兵有言：「吾不敢為主⊖，而為客⊜；不敢進寸，而退尺。」

是謂行無行㈢；攘無臂㈣；扔無敵㈤；執無兵㈥。

禍莫大於輕敵，輕敵幾喪吾寶。

故抗兵相若㈦，哀㈧者勝矣。

【註釋】㈠為主：進犯，採取攻勢。河上公註：「『主』，先也，不敢先舉兵。」吳澄說：「『為主』，肇兵端以伐人也。」㈡為客：採取守勢；指不得已而應敵。㈢行無行：「行」，行列，陣勢。「行無行」即是說雖然有陣勢，卻像沒有陣勢可擺。㈣攘無臂：攘臂是作怒而奮臂的意思。「攘無臂」即是說雖然要奮臂，卻像沒有臂膀可舉。㈤扔無敵：「扔」，因就。扔敵是就敵的意思。「扔無敵」即是說雖然面臨敵人，卻像沒有敵人可赴。此句帛書甲、乙本均作「乃無敵」，並在「執無兵」句後。㈥執無兵：「兵」指兵器。「執無兵」即是說雖然有兵器，卻像沒有兵器可持。范應元說：「苟無意於爭，則雖在軍旅，如無臂可攘，無敵可扔，無兵可執，而安有用兵之咎邪！」㈦抗兵相若：兩軍相當。「若」字王弼本作「加」，據傅奕本、敦煌辛本及帛書本改。張松如說：「敦煌唐寫本作『故抗兵相如。』『相如』，范與開元、河上、諸王本皆作『相加』。王弼注：『抗，舉也』；加，當也。』蓋『加』、『如』字自古常互訛。敦煌又一本作『相若』，同傅與帛書，『若』亦

當也。」㈧哀：有「慈」的意思。《說文》：「哀，閔也。」「閔」，即六十七章所說的「慈」。

林希逸說：「哀者戚然不以用兵為喜，擊攻其鎧，踴躍用兵，則非哀者矣。」

【今譯】

用兵的曾說：「我不敢進犯，而採取守勢；不敢前進一寸，而要後退一尺。」這就是說：

雖然有陣勢，卻像沒有陣勢可擺；雖然要奮臂，卻像沒有臂膀可舉；雖然面臨敵人，卻像沒有敵人可赴；雖然有兵器，卻像沒有兵器可持。

禍患沒有再比輕敵更大的了，輕敵幾乎喪失了我的「三寶」。

所以，兩軍相當的時候，慈悲的一方可獲得勝利。

【引述】

基本上，老子是反戰的。不得已而捲入戰爭，應「不敢為主而為客，不敢進寸而退尺。」——不挑釁，完全採取被動守勢；不侵略，無意於爭端肇事。所謂「行無行，攘無臂，扔無敵，執無兵。」即意指有制敵的力量，但不輕易使用，這就是謙退無爭的思想。最後老子警告參戰者不可「輕敵」，輕敵是好戰的表現，出師輕敵則多殺，多殺則傷慈，所以老子說：「幾喪吾寶。」

本章和前面二章是相應的，闡揚哀慈，以明「不爭」之德。

七十章

吾言甚易知，甚易行。天下莫能知，莫能行。

言有宗㊀，事有君㊁。夫唯無知㊂，是以不我知。

知我者希，則㊃我者貴㊄。是以聖人被褐㊅懷玉。

【註釋】

㊀言有宗：言論有主旨。呂吉甫說：「無為而自然者，言之宗也。」㊁事有君：行事有根據。「君」，有「主」的意思，「有君」指有所本。傅奕本「君」作「主」。㊂無知：有兩種說法，一是指別人的不理解，一是指自己的無知。【今譯】取前者。㊃則：法則。釋德清註：「『則』，謂法則。言取法也。」（《老子道德經解》）㊄貴：難得。蔣錫昌說：「物以希為貴，則『貴』亦希也。」㊅被褐：「被」，著。褐，粗布。「被褐」，穿著粗衣。帛書甲、乙本「被褐」下有「而」字。

【今譯】

我的話很容易了解，很容易實行。大家卻不能明白，不能實行。

言論有主旨，行事有根據。正由於不了解這個道理，所以不了解我。

了解我的人越少，取法我的就很難得了。因而有道的聖人穿著粗衣而內懷美玉。

【引述】 老子提倡虛靜、柔和、慈儉、不爭，這些都是本於人性自然的道理，在日常生活上最易實

行，最見功效的。然而世人多惑於躁進，迷於榮利，和這道理背道而馳。

老子的思想企圖就人類行為作一個根源性的探索，對於世間事物作一個根本性的認識，而後用簡樸的

文字說出個單純的道理來。文字固然簡樸，道理固然單純，內涵卻很豐富，猶如褐衣粗布裏面懷藏著

美玉一般。可惜世人只慕戀虛華的外表，所以他感嘆地說：「知我者希」。

七十一章

知不知㈠，尚矣㈡；不知知㈢，病也。聖人不病，以其病病㈣。夫

唯病病，是以不病㈤。

【註釋】

㈠ 知不知：這句話可以有好幾種解釋，最通常的解釋是：一、知道卻不自以為知道：二、

知道自己〔有所〕不知道。 ㊁尚矣：河上、王弼作「上」，缺「矣」字。「上」、「尚」古字通。

蔣錫昌說：「《淮南‧道應訓》引作『知而不知，尚矣；不知而知，病也。』《文子‧符言篇》作「知不知，上也；不知知，病也。』……王本文誼不顯，當據《淮南》為正。」按帛書甲、乙本及傅奕本「上」作「尚矣」，與《淮南‧道應訓》所引同，據改。下句「病」字下據《淮南》補「也」字。 ㊂不知知：不知道卻自以為知道。 ㊃病病：把病當作病（Who recognizes sick-minded as sick-minded）。 ㊄聖人不病，以其病病，是以不病。夫唯病病，是以不病：王弼本原作「夫唯病病，是以不病。聖人不病，以其病病，是以不病；夫唯病病，是以不病。」較諸本為長，當據改正。蓋『夫唯』之句，常承上句之意而重言之，此老子特有文例也。今試以全書證之。二章：『功成而弗居。夫唯弗居，是以不去。』『夫唯』二句，係承上句『弗居』之意而重言之，例一。八章：『水善利萬物而不爭。……夫唯不爭，故無尤。』『夫唯不爭』二句，係承上文『不爭』之意而重言之，例二。十五章：『保此道者不欲盈。夫唯不盈，故能蔽不新成。』『夫唯不盈』二句，係承上句『不欲盈』之意而重言之，例三。七十二章：『無厭其所生。夫唯不厭，是以不厭。』『夫唯不厭』二句，係承上句『無厭』之意而重言之，例四。此文『夫唯病病，是以不病』二句，誤倒在『聖人不

《御覽‧疾病部》引作：『聖人不病，以其病病；夫唯病病，是以不病。』文句誤倒且複出，根據蔣錫昌的說法依《御覽》所引改正。蔣錫昌

病，以其病病」二句上，又衍末句「是以不病」四字，致失古本之真也。」

【今譯】 知道自己有所不知道，最好；不知道卻自以為知道，這是缺點。有道的人沒有缺點，因為他把缺點當作缺點。正因為他把缺點當作缺點，所以他是沒有缺點的。

【引述】 本章是就不知的態度上來說的。

有些人只看到事物的表層，便以為洞悉事物的真相；或一知半解，強不知以為知。這在求知的態度上，欠缺真誠，所以說犯了謬妄的「病」。有道的人之所以不被視為謬妄，乃是由於他能不斷地作自覺與自省的工作，能懇切的探尋「不知」的原因與根由，在不了解一件事情之前，也不輕易斷言。在求知的過程中，能做到心智上的真誠。

孔子說：「知之為知之，不知為不知，是知也。」蘇格拉底說：「知道自己不知道。」立意亦相同，要人有自知之明，並誠實地檢視自己，以求自我改進。

七十二章

民不畏威，則大威至(一)。

無狎㊁其所居，無厭㊂其所生。夫唯不厭，是以不厭㊃。
是以聖人自知不自見㊄；自愛不自貴㊅。故去彼取此㊆。

【註釋】㊀民不畏威，則大威至：「畏威」的「威」作威壓講。「大威」的「威」指可怕的事，作
禍亂講。王弼註：「威不能復制民，民不能堪其威，則上下大潰矣。」陳柱說：「民執不樂生而畏
死，然壓制之力愈強，則反抗之力愈猛，此專制政體之下，所以多暴也。」張默生說：「專制政府用
威權壓制人民，人民到了不能忍受的時候，便不惜輕死作亂。」㊁狎：假為「狹」。奚侗說：
「『狎』即《說文》『陝』字，『陜』也，『陜』有『迫』誼。此言治天下者，無陝迫人民之居處，
使不得安舒。」河上公本、景龍本、顧歡本、敦煌庚壬本及多種古本「狎」作「狹」。㊂厭：壓。
奚侗說：「厭，《說文》：『笮也。』無厭笮人民之生活，使不得順適。」㊃夫唯不厭，是以不厭：
只是不壓榨〔人民〕，人民才不厭惡〔統治者〕。高亨說：「上『厭』字即上文『無厭其所生』之
厭。下『厭』字乃六十六章『天下樂推而不厭』之厭。言夫唯君不厭迫其民，是以民不厭惡其君也。」
㊄不自見：「見」，音現，作表現講。「不自見」即不自我表揚。參見二十二章註㊃。㊅自愛不自
貴：指聖人但求自愛而不求自顯高貴。蔣錫昌說：「『自愛』即清靜寡欲，『自貴』即有為多欲，此

言聖人清靜寡欲，不有為多欲。」㈦去彼取此：指捨去「自見」「自貴」而取「自知」「自愛」。

【今譯】　人民不畏懼統治者的威壓，則更大的禍亂就要發生了。

不要逼迫人民的居處，不要壓榨人民的生活。只有不壓榨人民，人民才不厭惡〔統治者〕。

因此，有道的人但求自知而不自我表揚；但求自愛而不自顯高貴。所以捨去後者而取前者。

【引述】　暴政逼迫，使用恐怖手段壓制人民，人民到了無法安居、無以安生的時候，就會鋌而走險了。

本章是對於高壓政治所提出的警告。

七十三章

勇於敢則殺，勇於不敢則活㈠。此兩者，或利或害㈡。天之所惡，孰知其故？〔是以聖人猶難之㈢。〕天之道㈣，不爭而善勝，不言而善應，不召而自來，繟然㈤而善謀。天網㈥恢恢㈦，疏而不失㈧。

【註釋】

（一）勇於敢則殺，勇於不敢則活：勇於堅強就會死，勇於柔弱就可活。蔣錫昌說：「七十六章：『堅強者死之徒，柔弱者生之徒。』『敢』即『堅強』，『不敢』即『柔弱』。」　（二）此兩者，或利或害：指勇於柔弱則利，勇於堅強則害。　（三）〔是以聖人猶難之〕：這句是六十三章的文字，重出於此。景龍本、嚴遵本、《次解》本、敦煌辛本均無「是以聖人猶難之」一句，驗之帛書本正是，當據刪。奚侗說：「『是以』一句誼與上下文不屬，蓋六十三章文複出於此。『是以』一句乃六十三章錯簡複出者，易州無此句，可證也。」高亨說：「『是以聖人猶難之』句，嚴遵本、六朝寫本殘卷、景龍碑、龍興觀碑並無之。此句乃後人引六十三章以註此文者，宜據刪。」　（四）天之道：自然的規律。　（五）繟然：坦然，安然，寬緩。河上公註：「繟，寬也。」嚴遵本、敦煌庚本、王雱本、呂惠卿本、林希逸本、吳澄本等古本「繟」作「坦」。　（六）天網：自然的範圍。　（七）恢恢：寬大，廣大。　（八）失：漏失。

【今譯】

勇於堅強就會死，勇於柔弱就可活。這兩種勇的結果，有的得利，有的遭害。天道所厭惡的，誰知道是什麼原故？

自然的規律，是不爭攘而善於得勝，不說話而善於回應，不召喚而自動來到，寬緩而善於籌策。自然的範圍廣大無邊，稀疏而不會有一點漏失。

【引述】 老子以為自然的規律是柔弱不爭的，人類的行為應取法於自然的規律而惡戒剛強好鬥。「勇於敢」，則逞強貪競，無所畏憚，「勇於不敢」，則柔弱哀慈，慎重行事。人類的行為應選取後者而遺棄前者。

七十四章

民不畏死，奈何以死懼之？若使民常畏死，而為奇㈠者，吾將得而殺之㈡，孰敢？

常有司殺者㈢殺。夫代司殺者㈣殺，是謂代大匠斲㈤。夫代大匠斲者，希有不傷其手矣。

【註釋】 ㈠奇：奇詭。「為奇」，指為邪作惡的行為。王弼說：「詭異亂羣謂之『奇』也。」 ㈡吾將得而殺之：今本「得」上衍一「執」字，此句據帛書甲本改。許抗生說：「此句乙本作『吾得而殺之』，傅奕本與乙本同。然從上下文義看，應有『將』字較勝。今從甲本。」高明說：「傅本皆作

二八〇

『吾得執而殺之』，多一『執』字。按『得』字本有執、捕之誼，⋯⋯此文當從帛書甲、乙本作『吾得而殺之』為是。」③司殺者：專管殺人的。指天道。④代司殺者：代替專管殺人的。張默生說：

「『代司殺者』，指偽託天道。」蔣錫昌說：「人君不能清靜，專賴刑罰，是代天殺。」⑤斲：砍，

削。

【今譯】 人民不畏懼死亡，為什麼用死亡來恐嚇他？如果使人民真的畏懼死亡，對於為邪作惡的人，

我們就可以把他抓來殺掉，誰還敢為非作歹？

經常有專管殺人的去執行殺的任務。那代替專管殺人的去執行殺的任務，這就如同代替木匠去斲木頭

一樣。那代替木匠斲木頭，很少有不砍傷自己的手的。

【引述】 人的生死本是順應自然的，如莊子所說的：人的生，適時而來；人的死，順時而去（「適

來，時也；適去，順也」）。人生在世，理應享盡天賦的壽命，然而極權者只為了維護一己的權益，

斧鉞威禁，私意殺人，使得許多人本應屬於自然的死亡（「司殺者殺」），卻在年輕力壯時，被統治

階層驅向窮途，而置於刑戮。

本章為老子對於當時嚴刑峻法，逼使人民走向死途的情形，提出沉痛的抗議。

七十五章

民之饑，以其上食稅之多，是以饑。

民之難治，以其上之有為[一]，是以難治。

民之輕死，以其上求生之厚[二]，是以輕死。

夫唯無以生為[三]者，是賢[四]於貴生[五]。

【註釋】

[一] 有為：政令煩苛；強作妄為。林希逸說：「『有為』言為治者過用智術也。」張松如說：「本章揭露了勞動人民與封建統治者之間階級矛盾的實質：人民的饑荒，是由統治者沉重的租稅造成的；人民的輕生，是統治者苛酷的措施造成的；人民的反抗，是統治者無厭的聚斂造成的。這種說法，當然同貫穿《老子》書中的『無為』思想相通著。」

[二] 以其上求生之厚：由於統治者奉養奢厚。

[上] 字原闕，傅奕本、杜道堅本俱有『上』字。嚴靈峯說：「『上』字王弼本原闕，根據傅奕本補上。

[上] 字王弼本原闕，根據傅奕本補上。嚴靈峯說：「『上』字原闕，傅奕本、杜道堅本俱有『上』字。王註云：『言民之所以僻，治之所以亂，皆由上，不由其下也；民從上也。』依註並上二句例，

當有此一『上』字；因據傅本並註文補正。」（三）無以生為：不把厚生奢侈作為追求的目標。即是不

貴生；生活要能恬淡。河上公注：「夫唯獨無以生為務者，爵祿不干於意，財利不入於身。」（四）賢：

勝。（五）貴生：厚養生命。高亨說：「君貴生則厚養，厚養則苛斂。」

【今譯】 人民所以饑餓，就是由於統治者吞吃稅賦太多，因此陷於饑餓。

人民所以難治，就是由於統治者強作妄為，因此難以管治。

人民所以輕死，就是由於統治者奉養奢厚，因此輕於犯死。

只有清靜恬淡的人，才勝於奉養奢厚的人。

【引述】 剝削與高壓是政治禍亂的根本原因。在上者橫征暴斂，厲民自養，再加上政令繁苛，使百

姓動輒得咎；這樣的統治者已經變成大吸血蟲與大虎狼。到了這種地步，人民自然會從饑餓與死亡的

邊緣中挺身而出，輕於犯死了！

本章是對於虐政所提出的警告。

七十六章

人之生也柔弱㊀，其死也堅強㊁。

草木㊂之生也柔脆㊃，其死也枯槁㊄。

故堅強者死之徒㊅，柔弱者生之徒㊆。

是以兵強則滅，木強則折㊇。

強大處下，柔弱處上。

【註釋】

㊀柔弱：指人體的柔軟。　㊁堅強：指人體的僵硬。帛書甲、乙本「堅強」上有「筋朋」二字。　㊂草木：通行本「草木」上衍「萬物」二字，傅奕本、嚴遵本、王雱本、呂惠卿本、邵若愚本、彭耜本、董思靖本、范應元本、吳澄本、焦竑本均無「萬物」二字，據刪。蔣錫昌說：「諗詒，『萬物』二字當為衍文。蓋『柔脆』與『枯槁』，均指草木而言也。」嚴靈峯說：「『人』與『草木』皆屬『萬物』，則『萬物』二字當係衍文；因據傳本刪。」　㊃柔脆：指草木形質的柔軟。蘇轍本、葉

二八四

夢得本「柔脆」作「柔弱」。 ㈤枯槁：形容草木的乾枯。 ㈥死之徒：屬於死亡的一類。 ㈦生之徒：屬於生存的一類。 ㈧兵強則滅，木強則折：王弼本作「兵強則不勝，木強則兵。」據《列子・黃帝篇》、《淮南子・原道訓》等書所引改正。彭耜說：「黃茂材本『共』作『折』。」黃茂材說：「《列子》載老聃之言曰：『兵強則滅，木強則折。』《列子》之書，大抵祖述《老子》之意，且其世相去不遠。『木強則折』，其文為順，今作『共』，又讀如『拱』，其說不通，當以《列子》之書為正。」（《道德真經集註》）俞樾說：「案『木強則兵』，於義難通。河上公本作『木強則共』，更無義矣。《老子》原文作『木強則折。』因『折』字闕壞，止存右旁之『斤』，又涉上句『兵強則不勝』而誤為『兵』耳。『共』字則又『兵』字之誤也。《列子・黃帝篇》引老聃曰：『兵強則滅，木強則折』，即此章之文，可據以訂正。」（《老子平議》）劉師培說：「案俞說是。《淮南・原道訓》亦作：『兵強則滅，木強則折。』疑『不勝』係後人註文。」（《老子斠補》）奚侗說：「木彊則失柔韌之性，易致斷折。『折』各本或作『共』，或作『兵』，皆非是。『折』以殘缺誤作『兵』，復以形近誤為『共』耳。茲據《列子・黃帝篇》、《文子・道原篇》、《淮南・原道訓》引改。」（《老子集解》）蔣錫昌說：「《列子》『不勝』作『滅』，『兵』作『折』，當從。此文『滅』『折』為韻。」（《老子校詁》）按：帛書甲、乙本此文上句作「兵強則不勝」，與王本及諸傳本同。下句帛書甲本作「木

強則恒」、乙本作「木強則競」，高明以為：「嚴遵、傅奕諸本所云『木強則共』不誤。『共』字與

『恒』、『競』古讀音相同，在此均當假借為『烘』。《爾雅·釋言》：『烘，燎也。』」

【今譯】 人活著的時候身體是柔軟的，死了的時候就變成僵硬了。

草木生長的時候形質是柔脆的，死了的時候就變成乾枯了。

所以堅強的東西屬於死亡的一類；柔弱的東西屬於生存的一類。

因此用兵逞強就會遭受滅亡，樹木強大就會遭受砍伐。

凡是強大的，反而居於下位，凡是柔弱的，反而佔在上面。

【引述】 老子從人類和草木的生存現象中，說明成長的東西都是柔弱的狀態，而死亡的東西都是堅硬的狀態。老子從萬物活動所觀察到的物理之恒情，而斷言：「堅強者死之徒，柔弱者生之徒。」他的結論還蘊涵著強悍的東西易失去生機，柔韌的東西則充滿著生機。這是從事物的內在發展狀況來說明的。若從它們外在表現上來說，堅強者之所以屬於死之徒，乃是因為它的顯露突出，所以當外力衝擊時，便首當其衝了；才能外露，容易招忌而遭致攻擊，這正如高大的樹木容易引來砍伐。人為的禍患如此，自然的災難亦莫不然；狂風吹颳，高大的樹木往往被摧折。小草由於它的柔軟，反而可以迎風招展。

本章為老子貴柔戒剛的思想。「柔弱勝剛強」之說，見於三十六章、四十三章和七十八章。

七十七章

天之道，其猶張弓與？高者抑之，下者舉之；有餘者損之，不足者補之。

天之道，損有餘而補不足。人之道，則不然〇，損不足以奉有餘。

孰能有餘以奉天下，唯有道者。

是以聖人為而不恃，功成而不處，其不欲見賢〇。

【註釋】

〇 人之道，則不然：「人之道」，指社會的一般律則。楊興順說：「在老子看來，損有餘而補不足，這是自然界最初的自然法則——『天之道』。但人們早已忘卻『天之道』，代之而建立了人們自己的法則——『人之道』，它只有利於富人而有損於貧者。『天之道』，有利於貧者，給他們帶來寧靜與和平，而『人之道』則相反，它是富人手中的工具，使貧者瀕於『民不畏死』的絕境。」

㈢是以聖人為而不恃，功成而不處，其不欲見賢：「為而不恃，功成而弗處」，帛書乙本作「為而弗有，成功而弗居」。「其不欲見賢」句上帛書乙本有「若此」二字。「見」，即現。「賢」，蔣錫昌依《說文》訓多財。蔣錫昌說：「《說文》，『賢，多財也。』三章，『不尚賢，使民不爭，』謂不尚多財，使民不爭也。此『賢』亦訓多財，即指上文之『有餘』而言。此言聖人為而不恃有餘，功成而不處有餘，以其根本不欲見自己之有餘也。三句正承上文而言。」馮達甫說：「賢，常訓為聰明才智，通觀全章，以蔣說為勝，本章先講自然規律，次說人世常情，再看有道者的選擇，末談聖人的自處。識得天之道，應知所去取。」

【今譯】自然的規律，豈不就像拉開弓弦一樣嗎？弦位高了，就把它壓低，弦位低了就把它升高；有餘的加以減少，不足的加以補充。自然的規律，減少有餘，用來補充不足。人世的行徑，就不是這樣，卻要剝奪不足，而用來供奉有餘的人。

誰能夠把有餘的拿來供給天下不足的？這只有有道的人才能做到。

因此有道的人作育萬物而不自恃己能；有所成就而不以功自居，他不想表現自己的聰明才智。

【引述】本章將自然的規律與社會的規則作一個對比說明。社會的規則是極不公平的，所謂「朱門酒肉臭，路有凍死骨」，人間世上多少富貴人家不勞而獲，多少權勢人物苛斂榨取，社會上處處可看

到弱肉強食的情形，正如老子所說的「剝奪不足來供奉有餘。」自然的規律則不然，它是拿有餘來補

不足，而保持均平調和的原則。社會的規則應效法自然規律的均平調和，這就是老子人道取法於天道

的意義。

老子所處的時代，正面臨著政治與社會大動盪的時代，貧富差距愈來愈懸殊，強豪兼併之風愈來愈熾

盛，無怪乎老子慨嘆地問道：「世上人君，有誰肯把自己多餘的拿出來供給貧困者呢？」顯然，這期

望是難以實現的。

七十八章

天下莫柔弱於水，而攻堅強者莫之能勝，以其無以易之㊀。

弱之勝強，柔之勝剛，天下莫不知，莫能行。

是以聖人云：「受國之垢㊁，是謂社稷主；受國不祥㊂，是為天

下王。」正言若反㊃。

【註釋】

（一）以其無以易之：通行本「其」上脫「以」字，蔣錫昌說：「『以其』二字為老子習用之語。」驗之帛書甲、乙本正是。　（二）受國之垢：承擔全國的屈辱。蔣錫昌說：「凡《老子》書中所言：『曲』、『枉』、『敝』、『少』、『雌』、『柔』、『弱』、『賤』、『損』、『嗇』、『慈』、『儉』、『後』、『下』、『孤』、『寡』、『不穀』之類，皆此所謂『垢』與『不祥』也。」　（三）受國不祥：承擔全國的禍難。蔣錫昌說：「此乃正直之言，世人不知，以為反言。」釋德清說：「乃合道之正言，但世俗以為反耳。」高延第說：「此語並發明上下篇玄言之旨。凡篇中所謂『曲則全，枉則直，洼則盈，敝則新』，柔弱勝強堅，不益生則久生，無為則有為，不爭莫與爭，知不言，言不知，損而益，益而損，言相反而理相成，皆正言若反也。」張岱年說：「若反之言，乃為正言。此亦對待之合一。」（《中國哲學大綱》）

【今譯】

世間沒有比水更柔弱的，衝激堅強的東西沒有能勝過它，因為沒有什麼能代替它。

弱勝過強，柔勝過剛，天下沒有人不知道，但是沒有人能實行。

因此有道的人說：「承擔全國的屈辱，才配稱國家的君主；承擔全國的禍難，才配做天下的君王。」

正面的話好像反話一樣。

【引述】

老子以水為例，說明柔克剛的道理。我們看看，屋簷下點點滴滴的雨水，由於它的持續性，

經過長年累月可以把一塊巨石穿破；洪水泛濫時，淹沒田舍，沖毀橋梁，任何堅固的東西都抵擋不

了。所以老子說柔弱是勝過剛強的。由此可知，老子的「柔弱」，並不是通常所說的軟弱無力的意

思，而其中卻含有無比堅韌不拔的性格。

本章藉水來說明柔弱的作用。水性趨下居卑，老子又闡揚卑下屈辱的觀念，卑下屈辱乃是「不爭」思

想引申出來的。而「不爭」思想即是針對佔有意欲而提出的。

七十九章

和大怨，必有餘怨；〔報怨以德〇，〕安可以為善？

是以聖人執左契〇，而不責〇於人。有德司契，無德司徹〇。

天道無親〇，常與善人。

【註釋】

〇 報怨以德：這句原是六十三章文字，據陳柱、嚴靈峯之說移入此處。嚴靈峯說：「『報

怨以德』四字，係六十三章之文，與上下文誼均不相應。陳柱曰：『六十三章「報怨以德」句，當在

「和大怨，必有餘怨」句上。

下；文作：『和大怨，必有餘怨；報怨以德，安可以為善』。按：嚴說可從，「報怨以德」原在六

十三章，但和上下文並無關聯，疑是本章的錯簡，移入此處，文義相通。本段的意思是說：和解大

怨，必然仍有餘怨，所以老子認為以德來和解怨（報怨），仍非妥善的辦法，最好是根本不和人民結

怨。如何才能不和人民結怨呢？莫若行「清靜無為」之政——即後文所說的「執左契而不責於人」，

這樣就不至於構怨於民。如行「司徹」之政——向人民榨取，就會和人民結下大怨了。到了那時候，

雖然用德來和解，也非上策。 ㊀左契：「契」即券契，就像現在所謂的「合同」。古時候，刻木為

契，剖分左右，各人存執一半，以求日後相合符信。左契是負債人訂立的，交給債權人收執，就像今

天所說的借據存根。高亨說：「《說文》：『契，大約也。券，契也。』古者契券以右為尊。《禮記·

曲禮》：『獻粟者執右契。』鄭注：『契，券要也，右為尊。』《商子·定分篇》：『以左券予吏之

問法令者。主法令之吏，謹藏其右券木柙。以室藏之。』《戰國策·韓策》：『操右契而為公責德於

秦魏之王。』並其證也。聖人所執之契，必是尊者，何以此文云執左契，今諗三十一章曰：『吉事尚

左，凶事尚右。』用契券者，自屬吉事，可證老子必以左契為尊，蓋左契右契執尊執卑，因時因地而

異，不盡同也。《說文》：『責，求也。』凡貸人者執左契，貸於人者執右契。貸人者可執左契以責

貸於人者令其償還。聖人執左契而不責於人，即施而不求報也。」按：通行本「左契」，帛書甲本作

「右契」。高明認為當從甲本。高明說：「從經義考察，甲本是『是以聖人執右契，而不以責於人』，

乃謂聖人執右契應責而不責，施而不求報。正與《老子》所講『生而弗有，長而弗宰』之玄德思想一

致。乙本『執左契』義不可識，雖經歷代學者旁徵博引，多方詮釋，仍不合老子之旨。據此足證帛書

甲本當為《老子》原本舊文，乙本與世傳今本皆有訛誤。今據上述古今各本勘校，《老子》此文當訂

正為：『是以聖人執右契，而不以責於人。』右契位尊，乃貸人者所執。左契位卑，為貸於人者所

執。聖人執右契而不以其責於人，施而不求報也。」③責：索取償還；即債權人以收執的左券向負

債人索取所欠的東西。④司徹：掌管稅收。「徹」是周代的稅法。⑤天道無親：天道沒有偏愛。和

五章「天地不仁」的意思相同。高明說：「《老子》用一句古諺『夫天道無親，恒與善人』結束全

篇。類似之語亦見於《周書·蔡仲之命》，作『皇天無親，唯德是輔』。善者德之師也，彼此用語雖

同，則意義有別。《老子》用古諺中的『天道』說明自然界之規律，非若周書中的『天命』。」

【今譯】 調解深重的怨恨，必然還有餘留的怨恨；〔用德來報答怨恨，〕這怎能算是妥善的辦法呢？

因此聖人保存借據的存根，但是並不向人索取償還。有德的人就像持有借據的人那樣寬裕，無德的人

就像掌管稅收的人那樣苛取。

自然的規律是沒有偏愛的，經常和善人一起。

【引述】本章在於提示為政者不可蓄怨於民。用稅賦來榨取百姓，用刑政來箝制大眾，都足以構怨於民。理想的政治是以「德」化民——輔助人民，給與而不索取，決不騷擾百姓，這就是「執左券而不責於人」的意義。

「天道無親」，和「天地不仁」（五章）的觀念是一致的，都是非情的自然觀。人的心裏常有一種「移情作用」，心情開朗時，覺得花草樹木都在點頭含笑；心情抑悶時，覺得山河大地都在哀思悲愁，這是將人的主觀情意投射給外物，把宇宙加以人情化的緣故。老子卻不以人的主觀情意附加給外物，所以說自然的規律是沒有偏愛的感情（並非對那一物有特別的感情，花開葉落都是自然的現象，不是某種好惡感情的結果）。所謂「天道無親，常與善人」，並不是說有一個人格化的天道去幫助善人，而是指善人之所以得助，乃是他自為的結果。

八十章

小國寡民⊖。使有什伯人之器⊜而不用；使民重死而不遠徙⊜。

雖有舟輿，無所乘之；雖有甲兵，無所陳之。使民（四）復結繩而用之。

甘其食，美其服，安其居，樂其俗。鄰國相望，雞犬之聲相聞，

民至老死，不相往來。

【註釋】（一）小國寡民：這是老子在古代農村社會基礎上所理想化的民間生活情景。童書業說：「這

實際上是一種理想化的小農農村，保持著古代公社的形式。有人說：老子企圖恢復到原始社會，這種

說法並不妥。因為老子還主張有『國』，有統治；這種社會裏還有『甲兵』，而且能夠『甘其食，美

其服』，這些都不像是原始社會的現象。老子只是企圖穩定小農經濟，要統治者不干擾人民，讓小農

經濟自由發展，這就達到了他的目的。」（《先秦七子研究》第一三五頁）馮友蘭說：「《老子》第八十

章描繪了它的理想社會的情況。從表面上看起來，這好像是一個很原始的社會，其實也不盡然。它

說，在那種社會中，『雖有舟輿，無所乘之。雖有甲兵，無所陳之。使人復結繩而用之。』可見，在

這種社會中，並不是沒有地方用它。並不是沒有甲兵，不過是用不著把它擺在戰場

上去打仗。並不是沒有文字，不過是用不著文字，所以又回復到結繩了。《老子》認為，這是『至治

之極』。這並不是一個原始的社會，用《老子》的表達方式，應該說是知其文明，守其素樸。《老

子》認為，對於一般所謂文明，它的理想社會並不是為之而不能，而是能之而不為。有人可以說，照這樣理解，《老子》第八十章所說的並不是一個社會，而是一種人的精神境界。是的，是一種人的精神境界，《老子》所要求的就是這種精神境界。」（《中國哲學史新編》）

〇 什伯人之器：王弼本及諸本均作「什伯之器」。嚴遵本、河上公本作「什伯人之器」，帛書甲、乙本同。依胡適、高明之說，當從河上本。胡適云：「什」是十倍，「伯」是百倍。文明進步，用機械之力代人工，一車可載千斤，一船可裝幾千人，這多是『什伯人之器』。下文所說『雖有舟輿，無所乘之；雖有甲兵，無所陳之』，正釋這一句。」高明說：「『什伯人之器』，係指十倍百倍人工之器，非如俞樾獨謂兵器也。經之下文云：『雖有舟輿，無所乘之；雖有甲兵，無所陳之，使人復結繩而用之。』『舟輿』代步之器，跋涉千里可為十百人之工；『甲兵』爭戰之器，披堅執銳可抵十百人之力。可見『十』乃十倍，『百』乃百倍，『十百人之器』係指相當於十、百倍人工之器。」

〇 不遠徙：帛書本作「遠徙」。許抗生說：「『遠徙』，甲本作『遠送』，乙本作『遠徙』。今從乙本。其它諸本皆作『不遠徙』，『不』字疑為後人增。『重』與『遠』為對文，皆為動詞。遠徙，即把遷徙看成很遠當作不應做的事，意即不隨便遷徙，把搬遷的事看得很重。」

〇 民：王弼本作「人」，《莊子·胠篋篇》：「民結繩而用之。」是作「民」。帛書乙本、傅奕本、景龍本、河上公本及其他古本「人」都作

「民」。當據改，以求與上文一律。

【今譯】 國土狹小人民稀少。即使有十倍百倍人工的器械卻並不使用；使人民重視死亡而不向遠方遷移。雖然有船隻車輛，卻沒有必要去乘坐；雖然有鎧甲武器，卻沒有機會去陳列。使人民回復到結繩記事的狀況。

人民有甜美的飲食，美觀的衣服，安適的居所，歡樂的習俗。鄰國之間可以互相看得見，雞鳴狗吠的聲音可以互相聽得著，人民從生到死，互相不往來。

【引述】 「小國寡民」乃是激於對現實的不滿而在當時散落農村生活基礎上所構幻出來的「桃花源」式的烏托邦。在這小天地裏，社會秩序無需鎮制力量來維持，單憑各人純良的本能就可相安無事。在這小天地裏，沒有兵戰的禍難，沒有重賦的逼迫，沒有暴戾的空氣，沒有凶悍的作風，民風淳樸真實，文明的污染被隔絕。故而人們沒有焦慮、不安的情緒，也沒有恐懼、失落的感受。這單純樸實的社區，實為古代農村生活理想化的描繪。中國古代農業社會，是由無數自治自尚的村落所形成。各個村落間，由於交通的不便，經濟上乃求自足自給，所以這烏托邦亦為當時封建經濟生活分散性的反映。

八十一章

信言不美，美言不信㊀。

善者不辯，辯者不善㊁。

知者不博，博者不知。

聖人不積，既以為人己愈有，既以與人己愈多。

天之道，利而不害；人之道㊂，為而不爭。

【註釋】㊀信言不美，美言不信：「信言」，真話，由衷之言。「美言」，華美之言，乃巧言（釋德清註）。張松如說：「本章開頭提出了美與信、善與辯、知與博諸範疇，實際上是提出了真假、善惡、美醜等矛盾對立的一系列問題，說明某些事物的表面現象和內在實質往往不一致。這中間包含著豐富的辯證法思想。」

㊁善者不辯，辯者不善：帛書甲本缺字，乙本保存完好，作「善者不多，多者不善。」甲、乙本此句均在「知者不博，博者不知」句後。㊂人之道：今本作「聖人之道」，據帛書乙本改。

【今譯】 真實的言詞不華美，華美的言詞不真實。

行為良善的人不巧辯，巧辯的人不良善。

真正了解的人不廣博，廣博的人不能深入了解。

有道的聖人不私自積藏，他儘量幫助別人，自己反而更充足；他儘量給與別人，自己反而更豐富。

自然的規律，利物而無害；人間的行事，施為而不爭奪。

【引述】 本章的格言，可作為人類行為的最高準則。前面三句格言在於提示人要信實、訥言、專精。

後面四句，在於勉勵人要「利民而不爭」。

信實的話，由於它的樸直，所以並不華美。華美之言，由於它的動聽，往往虛飾不實。

善者的言論，止於理，符於實，所以不必立辭巧說；善者的行為，真誠不妄，正直不欺，所以不必自作辯解。反之嘵嘵巧辯的人，乃是由於言行的欠虧而求自我掩飾。

「知者不博，博者不知。」這話運用到現代學術界的情形，的確如此。現代的知識活動愈來愈專精，「一事不知，儒者之恥」的時代早已經過去了。以博學自居的人，對於任何一門學問，往往只是略知皮毛而已。所以為學如果博雜不精，則永遠無法進入知識的門牆。

「聖人不積，既以為人己愈有，既以與人己愈多。」這是一種最偉大的愛的表現。佛洛姆（Erich Fromm）說：「愛是培養給與的能力。」「為人」「與人」便是給與能力的一種表現。「聖人」的偉大，就在於他的不斷幫助別人，而不私自佔有。這也就是「為而不爭」的意義。老子深深地感到世界的紛亂，起於人類的相爭——爭名、爭利、爭功……無一處不在伸展私己的意慾，無一處不在競逐爭奪，為了消除人類社會的糾結，乃提出「不爭」的思想。老子的「不爭」，並不是一種自我放棄，並不是消沉頹唐，他卻要人去「為」，「為」是順著自然的情狀去發揮人類的努力，人類努力所得來的成果，卻不必擅據為己有。這種貢獻他人（「為人」「與人」「利萬物」）而不和人爭奪功名的精神，亦是一種偉大的道德行為。

歷代老子註書評介

自先秦以降，有關《老子》的註疏解說，多達數百種。以下評介自漢至明各家註書，選自嚴靈峯所編《老子集成》叢書。

一、先秦至六朝

韓非　《解老》

在現存解釋老子思想的著作中，這是最古的一篇文字。這篇文字見於《韓非子》書上。

《解老》一文，對於《老子》以下各章作了一個闡解：一章，十四章，三十八章，四十六章，五十章，五十三章，五十四章，五十八章，五十九章，六十章，六十七章。在韓非所闡解的章次和他的內容上，可以看出一個特色，就是在《道德經》上下篇中，韓非較重視下篇（三十八章以前為上篇，三十八章以後為下篇）。而且，韓非更重視老子的人生哲學和政治哲學。在《解老》的文字中，並不重視老子的形而上學的思維。韓非重功效，所以在《解老》中發揮了老子這一面的思想。

《解老》有一處顯著的曲解，有一處顯著的誤解，分別在下面指出來：

(1)韓非說：「治大國而數變法，則民苦之。是以有道之君，貴虛靜而重變法。」韓非認為老子主張「重變法」，顯然是曲解。王力在《老子研究》中已有所評說：「非言『重變法』，頗迕老聃之旨。」韓非認為老子主張「重變法」，顯然是曲解。王力在《老子研究》中已有所評說：「非言『重變法』，頗迕老聃之旨。」韓非認為老子主張「重變法」，顯然是曲解。

本已無法，奚待重變？」

(2)韓非將五十章「生之徒十有三，死之徒十有三」的「十有三」解釋為四肢與九竅。他以為「四肢與九竅」中的數字「四」和「九」加起來剛好十三，於是產生這種錯誤的解釋。「十有三」就是指十分中有三分，即十分之三。王弼的註是正確的，王註：「十有三，猶云十分有三分。」

另一處，韓非說：「道譬諸若水，溺者多飲之即死，渴者適飲之即生；……故得之以死，得之以生；得之以敗，得之以成。」在《老子》書上，只說過得到「道」，萬物可以生可以成，卻沒有說過得到「道」會「死」「敗」的。韓非這段話只能當作他自己的說法，與老子思想無關。

《解老》中有許多精到的解釋。這裏只舉出韓非對「道」和「德」的解說：

(1)關於「道」，韓非說：「『道』者，萬物之所然也，萬物之所稽也。……萬物各異理，而『道』盡稽萬物之理。」這是說「道」為萬物共同的理，也即是指萬物普遍的原理或律則。韓非這裏所說「道」，應指規律性的「道」。

又說：「『道』者萬物之所以成也。」這個「道」是指萬物所由以生成的「道」，也就是指形而上的實存之「道」。

(2)關於「德」，韓非說：「『德』者，『道』之功。」即是說「德」是「道」的作用。這種解釋，簡捷明瞭。

此外，韓非對於五十九章「嗇」字的解釋也至為恰當。他說：「嗇之者，愛其精神……聖人之用神也靜。靜則少費，少費之謂嗇。」老子「嗇」和「儉」這兩個觀念是相通的，乃意指寶愛精神而不耗費精力。韓非的解釋遠勝於後人的註解。後人常把「嗇」「儉」誤為專指節儉錢財而言。

韓非　《喻老》

大抵說來，《解老》的文字還值得一讀，《喻老》一文則盡多誤說。所以有人懷疑這兩篇文字不是出於一人之手（王力說：「《解老》多精到語，《喻老》則粗淺而失玄旨，疑出二人手筆」）。

《喻老》全用歷史故事去附會《老子》。王力曾說：「韓非喜刑、名、法、術之學，故任權威。其作《喻老》也，以是附會老子。」全篇最嚴重的曲解有下面幾段文字……

(1)「制在己曰重，不離位曰靜。重則能使輕，靜則能使躁。……無勢之謂輕，離位之謂躁，是以生幽而死。故曰：『輕則失臣，躁則失君。』主父之謂也。」這是曉喻人君不要離位，不要失勢。

（2）「勢重者，人君之淵。君人者，勢重於人臣之間，失則不可復得也。……賞罰者，邦之利器也。在君則制君，在臣則勝君。君見賞，臣則損之以為德；君見罰，臣則益之以為威。」這是曉喻人君賞罰為治國的利器，不可輕易示人。

（3）「越王入宦於吳，而觀之伐齊以弊吳。吳兵既勝齊人於艾陵，張之於江、濟，強之於黃池，故可制於五湖。故曰：『將欲翕之，必固張之；將欲弱之，必固強之。』晉獻公將欲襲虞，遺之以璧馬，知伯將襲仇由，遺之以廣車。故曰：『將欲取之，必固與之。』」這是說要滅人之國，必先使對方「張」「強」暴露，自己則隱蔽起來，示弱於人。又說要取人之國，可先賂送財物，以示友好，乘其不備而攻取。

（4）「周有玉版，紂令膠鬲索之，文王不予；費仲來求，因予之。是膠鬲賢而費仲無道也。周惡賢者之得志也，故予費仲。文王舉太公於渭濱者，貴之也；而資費仲玉版者，是愛之也。故曰：『不貴其師，不愛其資，雖知大迷。是謂要妙。』」這是說要滅人之國，須先打擊對方的賢臣，而討好對方的佞臣。

以上是韓非假借《老子》所引申出來的幾種法術，都是講求駕馭陰謀的詐術，完全曲解老子的原意。

老子思想可說沒有一點兒權謀詐術的成份在內，老子是最反對機智巧詐的。很不幸，這點卻造成後人

普遍的誤解，而《喻老》作者則是誤解老子的第一人（錢穆先生，在《莊老通辨》中反覆誤解老子講權謀，這都是沒有深究老學的緣故，只是對老子所使用的特設語句作字面的猜認，而且對於老子整個哲學系統及其建構哲學的立意未深入了解所致）。

嚴遵　《道德指歸論》

嚴遵是漢成帝時候的人，《指歸》可說是相當古老的一本解老的書。

《指歸》原作共十三卷，分〈論道篇〉和〈論德篇〉。陳、隋時代〈論道篇〉全部遺失，僅存〈論德篇〉七卷。嚴靈峯根據陳景元《道德真經藏室纂微篇》錄出上篇（〈論道篇〉）佚文。

《指歸》以黃老思想解老。

嚴遵　《老子注》

嚴遵《老子注》早已散失，嚴靈峯根據陳景元《道德真經藏室纂微篇》、李霖《道德真經取善集》、劉惟永《道德真經集義》、范應元《道德經古本集註》等書有關嚴註文字輯校成冊。

嚴遵將《老子》分成七十二章，所依據的理由是：「上經配天，下經配地；陰道八，陽道九。以陰行陽，故七十有二首；以陽行陰，故分上下。以五行八，故上經四十而更始；以四行八，故下經三十有二而終矣。」

嚴遵註《老》，語多乖謬，例如說：

「神明得位，與虛無通，魂休魄息，各得所安，志寧氣順，血脈和平也。」（註解「歸根曰靜，

靜曰復命。」）

「信不足謂主身也，有不信謂天人也。」（註解「信不足有不信。」）

「天地生於太和，太和生於虛冥。」（註解「天下之物生於有，有生於無。」）

嚴遵註《老》，可窺見漢代老學的一種觀點。

谷神子　《道德指歸論注》

谷神子輯錄嚴遵《指歸》之文並加註釋，對《老子》原文也略加註解。

葛玄　《老子節解》

葛玄號葛仙公，為道教方士之流人物。所學為是神仙、導引、服氣、養生一類法術。葛玄註《老》，

語多扭曲。茲舉數例為證：

「使民不為盜」，葛註：「謂邪氣不來，盜賊不入，行一握固，則邪氣去也。」

「天長地久」，葛註：「天長者，謂泥丸也，地久者，謂丹田也。泥丸下至絳宴，丹田上昇行

一，上下元炁，流離百節，浸潤和氣，自生大道畢矣，故曰長生。」

「上善若水」，葛註：「善者謂口中津液也。以口漱之則甘泉出；含而咽之下列萬神。子欲行之，常以晨朝漱華池，會津液滿口，即昂頭咽之，以利萬神而益精焉。」

「窈冥中有精」，葛註：「謂腦中元氣化為精也。」

全書註說多養生吐納之言。

王弼　《道德真經註》

毫無疑問的，王弼的註是古註中第一流的作品。王弼很能掌握老子哲學上的幾個基本觀念，並加以闡釋。王弼所採用的方法，就是魏晉玄學家所通用的「辨名析理」的方法。所謂「辨名」就是分辨一個名詞的意義。一個名詞，有它所代表的概念，分析這些概念，就是「析理」。王弼運用這種方法，不僅精確地解釋老子哲學名詞的原意，並且也精闢地發揮了老子哲學的義涵。讓我們先看看王註的優點和特色，下面抽引一些王弼的註文，並略作說明：

「常使民無知無欲。」（三章）王註：「守其真也。」

憑字面的解釋，很容易使人誤會老子要人民無知無欲是一種愚民政策。其實老子這裏所說的「知」和「欲」都有特定的意義：他所謂的「知」乃意指偽詐的心智，他所謂的「欲」乃意指爭盜的欲念。老子認為這種「知」「欲」是產生一切巧詐爭紛的根源，「無知無欲」，就是消解巧偽的心智活動與爭

奪的欲念心理，而保持天真爛漫、純真樸質的生活。王弼用一個「真」字，極其簡明的把握了老子「使民無知無欲」的意義。

「天地不仁。」（五章）王註：「天地任自然，無為無造，萬物自相治理，故不仁也。仁者必造立施化，有恩有為；造立施化，則物失其真……。」

在這裏，可以看出王弼很能發揮老子純任自然、自由發展的基本精神。

「無狀之狀，無物之象。」（十四章）王註：「欲言『無』邪！而物由以成；欲言『有』邪！而不見其形。故曰：『無狀之狀，無物之象也。』」

這一章是談「道」的。「無」「有」乃是指稱「道」的。王弼不僅簡明地解釋了「無」「有」的概念，而且也說出了老子用「無」「有」這兩個概念的原因。依王弼這註解，我們很清楚的知道：由於「道」的「不見其形」，所以用「無」來形容它；而這個不見其形的「道」卻又能產生天地萬物（「物由以成」），所以又用「有」來指稱它。

「眾人熙熙。」（二十章）王註：「眾人迷於美進，惑於榮利，欲進心競，故熙熙如享太牢。」

王弼的註述，文辭生動而優美。

「道法自然。」（二十五章）王註：「道不違自然，乃得其性。法自然者，在方而法方，在圓而

法圓，於自然無所違。」

「道法自然」一語，常使人感到困惑。「道」在老子哲學中已是究極的概念，一切都由「道」所導出來的，那末「道」怎麼還要效法「自然」呢？其實，所謂「道法自然」就是如王弼所說的「道不違自然」，即是說「道」的運行和作用是順任自然的。

因物自然，不設不施……此五者皆言不造不施，因物之性，不以形制物也。」

（二十七章）王註：「順自然而行，不造不始……順物之性，不別不析……因物之數，不假形也；善行無轍迹，善言無瑕讁，善數不用籌策，善閉無關楗而不可開，善結無繩約而不可解。」

「萬物以自然為性。」「聖人達自然之至，暢萬物之情。」王弼透徹地了解老子自由哲學的基本精神，而加以發揮。

王弼牢牢地掌握住老子「順自然」「因物之性」的基本觀念。這觀念散佈於全書。例如二十九章王註說：

「魚不可脫於淵，國之利器，不可以示人。」（三十六章）王註：「利器，利國之器也。唯因物之性，不假刑以理物，器不可覩，而物各得其所，則國之利器也。示人者，任刑也，刑以利國，則失矣。魚脫於淵，則必見失矣。利國器而立刑以示人，亦必失也。」

許多人把「國之利器不可示人」這句話誤為權術，看到王弼的註解，當可知道老子的本意乃在於告誡

人君不可以「立刑以示人」。讀了王弼這段註文，不但不會誤解老子有權術思想，而且能深刻的體會出老子反對峻制苛刑為害的心意。

「古之善為道者，非以明民，將以愚之。」（六十五章）王註：「『明』謂多見巧詐，蔽其樸也。

『愚』謂無知，守其真，順自然也。」

老子「非以明民，將以愚之」的話，普遍被誤解為愚民政策。讀了王註當可知道老子絕非主張通常意義的愚民政策。在老子哲學中，「愚」含有特定的意義，「愚」和「真」、「樸」、「自然」的意義是相通的。老子不僅希望人民能真樸（「愚」），而且更要求統治者先做到真樸。

從以上所徵引的王註中，可以看出王弼甚能了解老子哲學的真義。王弼實為研究《老》學的第一大功臣。

王弼註《老》，和郭象註《莊》，都是經典般的註作。王註既然有這麼大的作用和影響力，因此王註有問題的地方，也必須指出來，以免產生錯誤的影響。下面分別的指出王註的錯處以及版本上的誤字或漏字。

先看王註的錯誤：

「天地不仁，以萬物為芻狗。」（五章）王註：「地不為獸生芻，而獸食芻；不為人生狗，而人

食狗。」

「芻狗」是用草紮成的狗，作為祭祀時使用的。《莊子·天運篇》上也說過。王弼誤把「芻狗」當成二種東西。（嚴靈峯在《老子眾說糾繆》中曾指出王弼的錯誤：「『芻狗』為一物，而非『芻』與『狗』二物也。」）

「以道佐人主者，不以兵強天下，其事好還。」（三十章）王註：「有道者務欲還反『無為』，故云其事好還也。」

王註剛好和原意相反。「其事好還」是說用兵這件事一定得到還報。「好還」含有「還報」或「報復」的意思。如李息齋說：「殺人之父，人亦殺其父；殺人之兄，人亦殺其兄，是謂好還。」又如林希逸說：「我以害人，人亦將以害我，故曰其事好還。」「好還」都作報復講，含有反自為禍的意思，不當作還回「無為」講。

「將欲歙之，必固張之；將欲弱之，必固強之；將欲廢之，必固興之；將欲奪之，必固與之。」（三十六章）王註：「將欲除強梁，去暴亂，當以此四者，因物之性，令其自戮，不假刑為大以除將物也。」

老子這段話是「物極必反」的說明。王弼的註和老子的原意沒有接上頭。雖然如此，王弼「因物之

性」的註釋還算不違背老子崇尚自然的宗旨，不像許多人將老子這段話作權術來曲解。

「以正治國；以奇用兵。」（五十七章）王註：「夫以『道』治國，崇本以息末；以正治國，立

辟以攻末。本不立而末淺，民無所及，故必至於奇用兵也。」

「以政治國；以奇用兵。」這是兩個對等語句，王弼把它們視為上下連鎖語句，遂認為「以正治國」

是導致於「以奇用兵」的結果。王弼將「以正治國」解釋為「立辟以攻末」，令人費解。四十五章：

「清靜為天下正」；本章：「我好靜而民自正」，都是「靜」「正」互言。老子主張以清靜之道治

國，自然亦主張以正治國。可見王註不妥。

這一章王註頗多失誤。下面分句來談：

「正復為奇，善復為妖，人之迷，其日固久。是以聖人方而不割，廉而不劌。」（五十八章）

王弼的解釋和五十七章的註文一樣，誤認為「以正治國」導致「以奇用兵」。其實「正復為奇」只是

說明事物轉換的情形。

「正復為奇。」王註：「以正治國，則便復以奇用兵矣。」

「善復為妖。」王註：「立善以和萬物，則便復有妖之患也。」

「善復為妖」和「正復為奇」一樣，只在於形容事物循環相生之理。

「人之迷其日固久。」王註：「言人之迷惑失道，固久矣，不可便正善以責。」

「人之迷其日固久」是承接上兩句而說的。意即世間的事物，正忽而轉變為邪，〔邪忽而轉變為正；〕善忽而轉變為惡，〔惡忽而轉變為善。〕人們對於這種循環倚伏之理，迷惑而不知，已經有長久的時日了。

「廉而不劌」王註：「『廉』，清廉也。『劌』，傷也。以清廉清民，令去其邪，令去其汙，不以清廉傷於物也。」

「廉」假借為「稜利」，在古書上常見；《莊子·山木篇》：「廉則挫」，即是說稜利則挫。《荀子·不苟篇》楊倞註「廉而不劌」說：「廉，稜也。……但有廉隅而不至於刃傷也。」「廉而不劌」為古時一句成語，意指稜利而不傷人。王弼將「廉」當作「清廉」講是錯誤的。

「夫唯不厭。」（七十二章）王註：「不自厭也。」

此處「厭」作「壓」講。《說文》：「厭，笮也。」這句話是喚醒統治者不要壓榨人民的。

以上指出王註中的誤失。

下面校正王弼版本的錯字。王本分八十一章，為一般學者所通用。然而現在通行的王本，和王弼原本已經有了出入。茲據河上公本、傅奕本及帛書本等古本，將通行的王本加以校正：

二章：「長短相較」應改為「長短相形」。

依畢沅說：古無「較」字。河上本和傅奕本都作「長短相形」。「長短相形」和下句「高下相盈」相對為文，「形」與「盈」押韻。所以應據傅奕本改「較」為「形」。

十五章：「蔽不新成」應改正為「蔽而新成」。

這句所有的古本都有一個「不」字，從文句的脈絡上來看，若作「不」講則文義相反而失義。「不」字應改為「而」字，「不」「而」篆文形近致誤。

十六章：「公乃王，王乃天。」應改成「公乃全，全乃天。」

「全」字脫壞成「王」。王注：「無所不周普」，即是「全」的注字。且「全」「天」為韻，故應改「王」為「全」。

十八章：「慧智出」應改正為「智慧出」。

王弼的註文：「故『智慧』出，則大偽生也。」可見王本原作「智慧」，後人抄寫誤倒為「慧智」。

根據王註和傅奕本改正。

二十章：「頑似鄙」應改為「頑且鄙」。

傅奕本「似」作「且」字。「且」和「目」（古「以」字）形近而誤，「以」「似」古字通用，遂由

「且」誤為「吕」，由「吕」（以）誤「似」。「頑似鄙」應據傅奕本改為「頑且鄙」。

二十三章：「故從事於道者，道者同於道。」應刪為「故從事於道者，同於道。」「同於道」上面疊「道者」二字是衍文。《淮南子・道應篇》引《老子》說：「從事於道者，同於道。」可證古本不疊「道者」二字。

二十五章：「故道大、天大、地大、王亦大。域中有四大，而王居其一焉。」兩個「王」字都應改正為「人」。

傅奕本「王亦大」作「人亦大」。「王」為「人」字之誤。「人」古文作「三」，讀者或誤為「王」。下文「人法地，地法天，天法道」，可證明域中的四大就是指道，天，地，人。所以「王」字應改正為「人」字。

二十六章：「輕則失本，躁則失君。」「本」字當改正為「根」。

《永樂大典》作：「輕則失根。」（引自俞樾《諸子平議》）本章首句是「重為輕根，靜為躁君。」故應改為「輕則失根」，以與首句相應。

二十八章：「知其白，守其黑，為天下式。為天下式，常德不忒，復歸於無極。知其榮，守其辱，為天下谷。」原文應作：「知其白，守其辱，為天下谷。」

《莊子‧天下篇》引老聃說：「知其雄，守其雌，為天下谿。知其白，守其辱，為天下谷。」《莊子》所引為《老子》原文。本為以「雌」對「雄」，以「白」對「辱」（四十一章「大白若辱」也是以「白」「辱」對言），「辱」通「黷」，含有「黑」的意思，後人不知「辱」和「白」對言，以為只有「黑」才可對「白」，又以為「榮」可對「辱」。所以「知其白」下面，加「守其辱」上面，加「知其榮」，而後又加「為天下式，為天下式，常德不忒，復歸於無極」四句，以叶「黑」韻，就這樣竄入了這六句多餘的文字（參看本章徵引易順鼎、馬敘倫、蔣錫昌各家的校詁）。

二十九章：「或挫或隳」應改正為「或載或隳」。

河上公註：「『載』，安也。『隳』，危也。」「載」（安）與「隳」（危）對言，和上句「或強或羸」文例相同，所以應據河上本將「挫」字改正為「載」字。

三十四章：「萬物恃之而生而不辭。」可改成：「萬物恃之以生而不辭。」傅奕本及多種古本「恃之而生」作「恃之以生」。可據傅本改「而」字為「以」字。

三十四章：「功成不名有」應改成：「功成而不有」。

「不有」為老子慣用的詞字（見二章、十章、五十一章），中間的「名」字是衍文。

三十九章：「地無以寧將恐發。」「發」應改正為「廢」。

「發」為「廢」字闕壞，失去「广」旁致誤。根據嚴靈峯的說法改正。

三十九章：「侯王無以貴高將恐蹶。」「貴高」應改為「貞」。

原文為「貞」，誤為「貴」，後人見下文「貴以賤為本，高以下為基」二句，以為是承接上文而言，遂於「貴」下文增一「高」字。趙至堅本正作「貞」，所以應據趙本改正為「侯王無以貞將恐蹶」，以與上句「萬物無以生將恐滅」相應，且「生」「貞」為韻。

三十九章：「致數輿無輿」。應改成「致譽無譽」。

「數」是衍文，「輿」原是「譽」字。陸德明《釋文》出「譽」字，註：「毀譽也。」《釋文》是根據王弼古本，可見王本原是「譽」字，後人傳寫致誤。

四十五章：「躁勝寒，靜勝熱。」應改成「靜勝躁，寒勝熱」。

「靜」「躁」對言，見於二十六章。此外六十章、六十一章、七十二章王弼的註文，也以「靜」「躁」對言。若作「躁勝寒」，不僅文例不符，而且有背於老子思想。作「靜勝躁，寒勝熱」，則正合老子對言。

四十七章：「不見而名」應改為「不見而明」。

在《老子》書上，「見」「明」連言（見於二十一章和五十二章），「不見而明」指不見而明天道。應與下句「清靜為天下正」，文義相連。這二句話是比喻清靜無為勝於擾亂有為的，和下句「清靜為天下正」，文義相連。思想，

根據張嗣成本改「名」為「明」。

六十二章：「以求得」應改正為「求以得」。「求以得」和下句「有罪以免」相對成文。應據景龍本改正。

景龍本、傅奕本及眾多古本「以求」作「求以」。「求以得」和下句「有罪以免」相對成文。應據景龍本改正。

六十六章：「是以欲上民」補成「是以『聖人』欲上民。」

其他古本「是以」下面都有「聖人」二字，現在通行的王本獨缺漏。後面一句「是以『聖人』處上」，「是以」下面有「聖人」兩字，故依文例增補。蔣錫昌說：「《逸藏》王本有『聖人』二字，當據補入。」

七十一章：「夫唯病病，是以不病，聖人不病，以其病病，是以不病。」應改正為：「聖人不病，以其病病，夫唯病病，是以不病。」

這一段所有古本文句都誤倒複出，應依《老子》特有文例以及《御覽・疾病部》改正。

七十五章：「民之輕死，以其求生之厚。」補正為「民之輕死，以其上求生之厚。」王弼註：「言民之所以僻，治之所以亂，皆由上，不由其下也。」從王註中可知王本原有「上」字。當據傅本和王註補上。

傅奕本「以其」下面有「上」字（「上」指統治者）。王弼註：「言民之所以僻，治之所以亂，皆由上，不由其下也。」從王註中可知王本原有「上」字。當據傅本和王註補上。

七十六章：「萬物草木之生也柔脆」應刪為「草木之生也柔脆。」

「人之生也柔弱，其死也堅強；萬物草木之生也柔脆，其死也枯槁。」「人」和「草木」都屬於萬物，「萬物」二字是衍文。傅奕本沒有「萬物」二字。當據傅本刪去。

七十六章：「兵強則不勝，木強則兵」應改正為「兵強則滅，木強則折。」

《列子・黃帝篇》，《文子・道原篇》，《淮南子・原道訓》都作「兵強則滅，木強則折。」當據以改正。

八十章：「使人復結繩而用之」改為「使民復結繩而用之。」

「人」應作「民」，根據《莊子・胠篋篇》、河上本及其他各古本改正，以求和上文文律一致。

以上，我們校正王弼通行的版本，並對王弼的註文作了一些評介。王弼的成就，不僅在於註釋《老子》學，如果我們把他的註解單獨抽出來看，可看出他的文字自成一個系統，可說是一篇很好的哲學論文。

王弼　《老子微旨例略》

《例略》為嚴靈峯自《道藏正乙部》檢出影印成冊。

《例略》說明老子之「道」的無形無名，幽微玄妙。並申說老子「崇本息末」：見素樸，棄巧利。

《例略》解《老》與其註《老》有其思想的一貫性。

河上公　《老子道德經》

河上公為何許人，河上註本成於何時，都是一個謎。《神仙傳》有一段記載說：漢文帝時，河上公結草為庵，住在河邊。某日，文帝去見他，他「撫掌坐躍，冉冉在虛空中，去地數丈」，然後給文帝二卷書，並說：「余註此經以來，一千七百餘年，凡傳三人，連子四矣。」說完話就不見了。這種記載是後代道教人士的編造。

《史記》曾提到河上丈人，河上註本當是兩漢之際的作品。河上公的註文多是養生家之言，而分章標題，乃後代道教徒所為。

在眾多的《道德經》古本中，流傳最廣的要算是王弼本和河上本。王弼本為一般學者所推崇，而河上本則為普遍民間所通用。由於河上本的廣泛使用，因此對於河上註本的得失須詳加檢討。

先說河上公註釋的優點；河上註文字簡明，茲舉數例：

「不尚賢。」（三章）河上註：「賢，謂世俗之賢。去質為文也。不尚者，不貴之以祿，不貴之以官。」

「使民不爭。」（三章）河上註：「不爭功名，返自然也。」

從這裏所摘錄的一些註文中，可以看出河上註的清晰精確的一面。

下面我們看河上註的錯誤和曲解之處。先指出河上註的失誤：

「道沖而用之。」（四章）河上註：「沖，中也。『道』匿名藏譽，其用在中。」

「道沖」是形容形上之「道」為虛空狀態。「沖」作「盅」，訓「虛」，河上解作「中」，不妥。本章的「道」也不是河上公所謂的「匿名藏譽」之道。「匿名藏譽」的道，乃就生活層面上而言的，本章的「道」，則就形而上層次而言的。

「故有道者不處。」（二十四章）河上註：「言有道之人，不居其國也。」

「不處」不是指「不居其國」，依上文，應指不自見、不自是、不自伐、不自矜。

「國之利器。」（三十六章）河上註：「利器，權道也。」

「道法自然。」（二十五章）河上註：「道性自然，無所法也。」

「眾人皆有餘。」（二十章）河上註：「眾人餘財以為奢，餘智以為詐。」

「絕學無憂。」（二十章）河上註：「除浮華，則無憂患也。」

「天地不仁。」（五章）河上註：「天施地化，不以仁恩，任自然也。」

「無知無欲。」（三章）河上註：「反樸守淳」。

「聖人常善救人。」（二十七章）河上註：「聖人所以常教人忠孝者，欲以救人在命。」

河上公用儒家的眼光去看。其實老子這裏在於教人依自然而行事，並非「常教人忠孝」。只要看十八

章和十九章便可明白河上註與原義不符。

「其事好還。」（三十章）河上註：「其舉事好還，自責不怨於人也。」

「其事好還。」是說用兵這件事，反自為禍，其後果將會遭受報復的。

「道常無名。」（三十二章）河上註：「道能陰能陽，能弛能張，能存能亡，故常無名。」

這句應以「道常無名樸」斷句，三十七章有「無名之樸」一詞端為證。「樸」是「無名」的譬喻。

「道」是無形的，因而不可名稱。河上的解釋和原文不相干；「道」是永存的，說它「能存能

『亡』」，更不妥。

「始制有名。」（三十二章）河上註：「道無名能制於有名，無形能制於有形也。」

「始制有名」同於二十八章「樸散為器」。「制」，興作講。（林希逸註：「制，作也。」）河上作

駕馭的意思，不妥。

「夫亦將知之。」（三十二章）河上註：「人能去道行德，天亦將自知之。」

「夫」，河上本誤作「天」，版本不確，註釋自然也隨著錯誤。應根據王弼本改正為：「夫亦將知

止。」

「死而不亡者壽。」（三十三章）河上註：「目不妄視，耳不妄聽，口不妄言，則無怨惡於天下，

故長壽。」

「死而不亡」乃是喻指「身死而道存」；像歷史上許多大思想家一樣，身軀雖然死滅了，但他們的思

想和精神卻永續長存，這就可說是「壽」了。

「致譽無譽。」（三十九章）河上公本誤作「致數車無車」，原文錯了，所根據的注解便為不相

干的文字。

「十有三。」（五十章）河上註：「十三謂九竅四關也。」

十有三是指十分中有三分。河上註依韓非「四肢九竅」的解釋，錯誤。

「益生曰祥。」（五十五章）河上註：「祥，長也。」

這裏「祥」作妖祥解，含有災殃的意思，古人常有這種用法。王弼將「祥」解作「夭」是正確的，河

上註為誤。

「以正治國，以奇用兵。」（五十七章）河上註：「天使正身之人，使至有國也。天使詐為之人，

使用兵也。」

這兩句話純粹是人事問題，河上公卻用「天」使」來解說，全然不相干的。

「正復為奇，善復為妖。」（五十八章）河上註：「人君不正，下雖正，復化上為詐也。善人皆復化上為詐祥也。」

世事無常，「正」忽而轉變為「奇」，「善」忽而轉變為「妖」，老子以此說明事物的循環運轉，河上註未切合老子原意。

此處「廉」作稜利講，王弼誤作「清廉」，河上誤作「廉清」。

「廉而不劌。」（五十八章）河上註：「聖人廉清……。」

「無狹其所居。」（七十二章）河上註：「謂心居神當寬柔，不當急狹也。」

老子這話是警惕統治者不要逼使人民不得安居。

以上指出河上公註釋中的一些錯誤。河上公帶著道教的有色眼鏡去註《老子》，因而出現許多乖謬的言詞，下面分別指出。

「玄之又玄。」（一章）河上註：「玄，天也。言有欲之人與無欲之人同受氣於天。」

「玄」是深遠的意思。河上以「天」釋「玄」，並說人受氣於天，和老子原義無關。

「谷神不死。」（六章）河上註：「谷，養也。人能養神則不死也。神謂五藏之神也；肝藏，魂。

肺藏，魄。心藏，神。腎藏，精。脾藏，志。」

這是以方士「養神」一套說法來附會。第六章整章的註釋都是荒謬不經。

「及吾無身，吾有何患？」（十三章）河上註：「使吾無有身體，得道自然，輕舉昇雲，出入無間，與道通神。」

河上以為「及吾無身」，可以「輕舉昇雲」，這有如神怪故事中的語句。

「卻走馬以糞。」（四十六章）河上註：「兵甲不用卻走馬治農田，治身者卻陽精以糞其身。」

第一句的註文已經將原文解釋得很清楚，後面一句畫蛇添足。「陽精」一類的字眼，顯然是方士之流的口語。

這是用衛生之經去註《老》的一例。

「修之於身，其德乃真。」（五十四章）河上註：「修道於身，愛氣養神，益壽延年。」

「含德之厚，比於赤子。」（五十五章）河上註：「神明保祐含德之人，若父母之於赤子也。」

「神明保祐」之說是教徒的口頭語，和老子思想無關。

「深根固柢。」（五十九章）河上註：「人能以氣為根，以精為蒂⋯⋯深藏其氣，固守其精，使無漏泄。」

河上用「藏氣」「固精」一類的方士術語註解，和老子原義大相背謬。

此外六十章、七十一章、七十二章都可看到河上用養身一套的觀點去註《老》。由上可知河上註是帶著相當濃厚的方士思想。王力曾說：「河上公註，多養生家言；而老子非談養生者，故河上註根本錯誤。」

下面校正河上本的錯字和脫字：

三章：「使心不亂。」本章前面二句都有「民」字，此處第三句也應依文例加一「民」字（「使民心不亂」）。

四章：「淵乎似萬物之宗。」後面有「湛兮似或存」句，「淵乎」可據王本改為「淵兮」，以與「湛兮」對稱。

十章：「天門開闔能無雌？」「無雌」應改正「為雌」。「愛民治國能無知？」「無知」可改成「無為」。

此外，本章每句後面可依王本加一「乎」字，成：「能無離乎？」「能嬰兒乎？」「能無知乎？」「能無為乎？」

十五章：「蔽不新成。」應改正為「蔽而新成」。「不」為「而」字之誤。

十六章：「不知常，萎作凶。」「萎」應改正為「妄」，河上註文即作「妄」，原文筆誤。

二十三章：「故從事於道者，道者同於道。」刪成「故從事於道者，同於道。」河上本和王本都在「同於道」者上面疊「道者」二字。這是衍文，應刪除。

二十五章：「故道大，天大，地大，王亦大。域中有四大，而王居其一也。」「王」為「人」字之誤。「人」古文作「⿱三」，讀者誤為「王」。後句「人法地，地法天，天法道。」正作「人」而不作「王」。

二十六章：「輕則失臣。」改正為「輕則失根。」本章首句「重為輕根，靜為躁君。」末句「輕則失根，躁則失君。」相對成文。

二十八章：「知其白，守其黑，為天下式，常德不忒，復歸於無極。知其榮，守其辱，為天下谷。」應據《莊子・天下篇》刪成：「知其白，守其辱，為天下谷。」

三十二章：「天亦將知止。」應據王本改正為「夫亦將知止。」「夫」筆誤為「天」。

三十四章：「萬物恃之而生而不辭，功成不名有。」應改正為「萬物恃之以生而不辭，功成而不有。」

三十六章：「將使弱之。」「將使」應依前後各句文例改正為「將欲」。

（上節王弼本校正中已敘說）

三十九章：「侯王無以貴高將恐蹶……孤寡不穀……致數車無車。」應改為：「侯王無以貞將恐蹶……孤寡不穀……致譽無譽。」「貴高」應改正為「貞」。（原文為「貞」誤作「貴」，後人又妄增一「高」字。）「穀」與「穀」古通，然河上註誤讀為車轂之轂。「譽」王本誤為「輿」，河上本再誤作「車」。

四十五章：「躁勝寒，靜勝熱。」當改正為「靜勝躁，寒勝熱。」（上節王弼本校正中已敘說）

四十七章：「不見而名。」「名」應改成「明」。

六十二章：「美言可以市，尊行可以加人。」補正為「美言可以市尊，美行可以加人。」

六十二章：「以求得。」應改正為「求以得」（參看前節王本校正）。

七十一章：「夫唯病病，是以不病，聖人不病，以其病病，是以不病。」應改正為「聖人不病，以其病病，夫唯病病，是以不病。」

七十五章：「以其求生之厚。」應改正為「以其上求生之厚。」上兩句都作「以其上」，本句漏一「上」字，故應依文例增補。

七十六章：「萬物草木之生也柔脆……兵強則不勝，木強則共。」應改正為：「草木之生也柔脆……兵強則滅，木強則折。」「萬物」兩字是衍文。「兵強則滅，木強則折。」依《列子‧黃帝篇》與

《淮南子·原道訓》改正（見上節王弼本校正）。

上面對於流傳最廣遠的王弼註本和河上公註本所作的評介，我們可以斷言：關於註文，王註遠勝於河上註。關於版本，則互有優劣。一般說來，學者仍多採用王本。然而現在通行的王本，已非原舊，後人筆誤或脫字不少。

二、初唐至五代

陸德明　《老子音義》

依王弼本註音。

魏徵　《老子治要》

摘錄河上公註文。河上註文中有關養神鍊氣一類的方士語句盡被刪去，未予選錄。

傅奕　《道德經古本篇》

傅本是研究校刊的學者非常重視的一個古本。它是依據王弼本發展出來的。傅本常在文句後面添增「矣」「也」一類的贅詞，錯字也不少。但有許多處倒可刊正王本的誤失。例如：

二十五章：傅本「強字之曰道。」王本及其他古本遺「強」字，應據傅本補上。又，同一章傅本「道

大，天大，地大，人亦大。」王本及其他古本作「王亦大」，應據傅本改為「人亦大」。

三十九章：傅本「致數譽無譽」。「數」是衍文。「譽」應為《老子》原文，而王本筆誤為「輿」，河上本再誤作「車」，各古本均應據傅本改正。

六十二章：傅本「不曰：求以得。」王本及河上本都誤倒為「以求得」，傅本正確。

七十五章：傅本「以其上求生之厚。」王本和河上本在「以其」下面遺漏「上」字，可據傅本補上。

七十六章：傅本「人之生也柔弱，其死也堅強；草木之生也柔脆……。」王本及河上本「草木」上衍「萬物」兩字，依據傅本刪去。

上面幾點是傅本最大貢獻處，眾古本的錯誤都可據以校正。

顏師古　《玄言新記明老部》

簡略說明《老子》每章主旨（「以正治國」章以下缺），每章的說明文字只有一二行。顏氏對老學思想上並無特殊見解，然「三十一章『佳兵』註語可證王弼於此有七字註文，唐時尚未脫落，可證宋人之說，於考據方面頗具意義。」（引嚴靈峯評語）

成玄英　《道德經開題序訣義疏》

成玄英把老子哲學的基本觀念含混化、龐雜化了。例如他對「道」的解釋：

「……元氣大虛之先，寂寥何有！至精感激，而真一生焉。真一運神，而元氣自化，元氣者，無中之有，有中之無，廣不可量，微不可察。氤氳漸著，混茫無倪，萬象之端，兆朕於此，於是清通澄朗之炁，而浮為天煩昧濁滯之炁……，生天地人物之形者，元炁也；授天地人物之靈者，神明也。……道全則神王，神王則炁靈，炁靈則形超，形超則性徹。性徹者，反覆流通，與道為一，可使有為無，可使虛為實，吾將與造物者為儔，奚死生之能累乎？」

這段話很明顯的可以看出不僅夾雜了佛教、道教的觀念，而且還滲入了《莊子》的思想。

成作有兩大特色，也可說兩大弊病：

一、引《莊子》證說《老子》。老子和莊子，在基本的心態與意境上是大不相同的。莊子有許多的觀念，為老子所沒有的，例如上面所引這段話的最後兩句：「吾將與造物者為儔，奚死生之能累乎？」「吾將與造物者為儔，奚死生之能累乎？」的觀念，為老子所無。又如二十二章：「曲則全」，成疏：「莊子云：『吾行屈曲，無傷吾足。』此一句，忘違順也。」「忘」是莊子的境界，用來解釋老子則不妥。此外，「枉則直」，成疏：「此一句，忘毀譽。」這也是用《莊》來套《老子》，而且用「忘毀譽」來解釋「枉則直」顯然是誤解。以《莊》誤解《老》的例子還很多，這裏只是略舉數例。

二、用佛教、道教觀點解老。例如：「逝曰遠」（二十五章），成疏：「超凌三界，遠適三清也。」又

如：「遠曰反」，成疏：「既自利道，圓遠之聖境，故能返還界內，慈救蒼生，又解迷時，以三清為

三界悟即三界是三清，故返在塵俗之中，即是大羅天上。」如此註解，把老子弄得面目全非。成疏

中，以佛教、道教誤解老的例子舉不勝舉。

成玄英的《莊子疏》確是上乘之作，遠勝於《老子疏解》。

李榮　《道德真經注》

本注書原缺。嚴靈峯根據《道藏》殘本為底本，收輯強思齊《道德真經玄德纂疏》中之李榮註校輯成

冊。

李榮為唐高宗時道士，故以道教色彩註《老》。

馬總　《老子意林》

摘出《老》書上的一些文句加以註釋。註文尚清楚。

王真　《道德經論兵要義述》

這本藉《道德經》來「論兵」的書，並不是主張要用兵或如何去用兵，相反的，卻主張戢戈止兵，偃

武息爭。作者牢牢地抓住老子不爭的思想而加以發揮。整本書都充滿了濃厚的反戰思想。令人驚奇的

是：：作者王真竟然是一位擁有極大兵權的將軍。他是唐憲宗手下的一員大將。他的軍職是朝議郎使持

節漢州諸軍事守漢州刺史充威勝將軍。

王真寫這本書，直接的對象就是他的皇帝憲宗（書上每章的前面都寫：「臣真述曰」）。王真深深地

感到戰爭給人民帶來的災害，因而力陳戰爭的禍患：「夫爭城，殺人盈城；爭地，殺人盈野。」（《上

善若水章》第八）「臣敢借秦事以言之：；李斯、趙高、白起、蒙恬之類，皆不以道佐其主，而直以武力

暴強，吞噬攫搏，……李斯父子麋潰於雲陽；白起齒劍於杜郵；趙高取滅于宮闈，此皆事之還也。且

興師十萬，日費千金，十萬之師在野，則百萬之人流離於道路矣。」（《以道佐人主章》第三十）又說：：

「夫窮兵黷武，峻制嚴刑，則人必無聊也。」（《人不畏死章》第七十四）

為政者若能停止爭戰，不興兵革，社會才能安定，人民才能安寧。王真說：「王者既不責於人，則刑

罰自然不用矣。刑罰不用，則兵革自然不興矣。兵革不興，則天下自然無事矣。」（《天地不仁章》第

五）「治天下國家之人，尚以安靜不撓為本。……明王在上，兵革不興。」（《治大國章》第六十）王

真認為老子著書立說最大的用意就在於：「勸人君無為於上，不爭於下。」這也是王真自己寫這本義

述的真正動機。他又說：「竊嘗習讀五千之文，每至探索奧旨，詳研大歸，未嘗不先於無為，次於不

爭，以為教父。」王真掌握了老子「無為」和「不爭」這兩個中心觀念，而後極力加以闡釋。關於

「無為」，他引申說：

「無為之事，蓋欲潛運其功，陰施其德，使百姓日用而不知之……王者無為於喜怒，則刑賞不溢，金革不起；無為於求取，則賦斂不厚，供奉不繁。」（《天下皆知章》第二）

「為無為者，直是戒其人君無為兵戰之事也。語曰：『舜何為哉，恭己南面而已！』」（《不尚賢章》第三）

第十）

「無為者，即是無為兵戰之事。兵戰之事，為害之深，欲愛其人，先去其害。」（《營魄抱一章》

「無為」的反面是「有為」「有事」。王真說：「及其有事也，則以賦稅奪人之貨財；及其有為也，則以干戈害人性命。」

「無為」的思想蘊涵了「不爭」。王真極力陳述爭端的根源與弊害，並強調「不爭」的重要性。他說：

「暴慢必爭，忿至必爭，奢泰必爭，矜伐必爭，勝尚必爭，專恣必爭。夫如是王者有一於此，則師興於海內，諸侯有一於此，則兵交於其國……是以王者知安人之道，必當先除其病，俾之無爭則戰可息矣，戰可息則兵自戢矣，是故其要在於不爭。」

「夫爭者兵戰之源，禍亂之本也。故經中首尾重疊唯以不爭為要也。」

王真的《義述》，將老子形而上的意味完全刷除。例如第四章「道沖而用之」，分明是說「道」體的，但王真卻將它賦與現實的意義，他解說：「此章言人君體道用心，無有滿溢之志，長使淵然澄靜。」又如第八章「上善若水」，王真解說：「特論理兵之要深至矣。夫上善之兵，方之於水，然水之溢也，有昏墊之災；兵之亂也，有塗炭之害。」這種解釋雖然未必與老子原義相同，但能和老子另一基本思想吻合：即掌握權力者，萬萬不可造成塗炭百姓的災害。

在書後王真附了一封給皇帝的信。皇帝看了，也回了他一封簡短的信，信上說：「省閱之際，嘉歎良深，秋涼，卿比平安。」這幾句話不僅道出了共鳴之意，也表露了親切的人情味。王真接到信以後，又上書給皇上，再度痛陳兵革之害：「……塗萬姓之肝腦，決一人忿慾，毒痛海內，災流天下……。」慷慨陳詞，王真的道德勇氣和他對百姓的愛心，令人感佩。讀這本《義述》，覺得一股強烈的人道主義的精神在字裏行間跳盪著。

陸希聲　《道德真經傳》

陸希聲說：「老子之術本於質，質以復性。」陸氏認為「化情復性」、「以性正情」是老子哲學的基本動機。

陸希聲在序言中說：「天下方大亂……於是仲尼闡五代之文，以扶其衰；老氏據三皇之質，以救其

亂，其揆一也。」十八章註文中說：「孔老之術不相悖。」十九章註文也說：「老氏之術焉有不合於

仲尼。」無論老子或孔子，他們的心懷都是救世的，這一點是不錯的。但是並不能因著他們有相同的

「救亂」心懷，就將他們的人生態度和價值取向混同，陸希聲並沒有很清楚的分辨這一層。陸氏雖然

以儒解老，不過儒家思想的痕跡並不顯明。作者闡述每章要旨，明晰可讀。

喬諷　《道德經疏義節解》

雜引史事及他說以解《老》。

顧歡　《道德經注疏》

收集河上公註和成玄英疏，兼引唐玄宗等十五家註言。

三、兩宋至元代

宋鸞　《道德篇章玄頌》

用七言詩詠頌《老子經義》。

王安石　《老子註》

原書有二卷，已亡失，僅從彭耜《道德真經集註》中輯引王氏殘註。王安石在《老子》註中首先將第

一章以「無」「有」斷句，在他以前的人都以「無名」、「有名」、「無欲」、「有欲」為讀。

附論〈老子〉短文一篇（錄自《臨川先生文集》首卷六八），僅五百字，文末評說：「如其廢轂輻於車，廢禮樂刑政於天下，而坐其之無為用也，則亦近於愚矣。」

蘇轍　《老子解》

這本解《老》，見解頗為精到，很受宋明以來的學者所重視。書中一再強調「復性」的思想，是其特色。

程俱　《老子論》

短論五篇：論一，談道；論二，說明《老》學不主張厚生亦不及長生；論三，闡揚超越死生之對；論四，解釋《老子》第十章；論五，申說《老子》「濟天下而度羣生」的心懷。

葉夢得　《老子解》

《老子》書上的「言」，不僅指言說的意思，還含有聲教法令的意義。葉解十七章中說：「號令教戒，無非『言』也。」書篇幅不多，卻有獨見處。

程大昌　《易老通言》

程氏認為：「老氏一書，凡其說理率不能外乎繫辭而別立一撫也。」又說：「老語皆《易》出也，而

獨變其名稱，以示無所師承，而求別成一家焉耳。」這種說法將老子哲學的獨創性完全抹殺，同時也

把老子哲學建立的動機與時代的意義輕易忽略。

員興宗　《老子略解》

節引《老子》部分文字，常以孔孟之言註解，偶而也引用莊子的觀點，但所論註，多與老子原義有所

出入。

寇才質　《道德真經四子古道集解》

引錄莊列文庚四子著作（《南華經》、《通玄經》、《沖虛經》、《洞靈經》）為註。頗費一番採摘

工夫，可供相互對照參考。

呂祖謙　《音註老子道德經》

依河上公本加反切註音，附於各句註後。

葛長庚　《道德寶章》

夾雜著佛學觀點註《老》。

趙秉文　《道德真經集解》

收錄蘇轍《老子解》全文，並摘引政和、鳩摩羅什、陸世聲、司馬光等註釋，偶而也附錄己見。

董思靖　《道德真經集解》

對《老子》經文的解釋，頗有己見，其中以三十六章的解釋最為可取（前面曾引錄）。每章的後面，有數語作總結，扼略說明各章主旨。此外，還摘引司馬光、蘇轍等註。本《集解》勝於趙秉文《集解》。

李嘉謀　《道德真經義解》

按章次順文作解，尚屬通順。焦竑《老子翼》所引「息齋註」，即是此書文字。息齋是嘉謀的道號。

林希逸　《老子鬳齋口義》

用通俗淺近的文字作解，明白可讀。但林氏所作《莊子口義》遠比這本《老子口義》可取。

龔士�5　《纂圖互註老子道德經》

採河上公註本。常於句後附「互註」，多徵引《莊子》文字作補註。書前附有「老子車制圖」的圖樣。

范應元　《老子道德古本集註》

這本集註的特點：一、解釋扼要洗鍊。二、徵引多種古文及「音辯」，並鑑別何種古本同於老子原作。三、精選王弼、河上公、陸德明、傅奕、司馬光、蘇轍等三十家註解。這是一本很有參考價值的書。在版本上，尤受校刊學者所重視。

劉辰翁　《老子道德經評點》

針對林希逸《口義》一書，加以闡解批評。

張嗣成　《道德真經章句訓頌》

以五言七言等文體為句，按章稱頌《老子》經義。

陳觀吾　《道德經轉語》

依河上公章目，將每章改成七言絕句。間或夾雜佛教觀念。

此係吟詠之作，和宋鸞的《道德篇章玄頌》以及張嗣成的《道德真經章句訓頌》為同類作品，附有音註，可供參考。

吳澄　《道德真經註》

註解精確明晰，為研究老學的人所必讀的一本好書。

何道全　《太上老子道德經》

依河上公章句本，集河上公、林希逸、蕭應叟、李清庵、如愚子等家註，每章後面有總結，並附四言、五言、或七言句。註解「雖雜採黃冠之說，間有可取。」（引嚴靈峯評語）

蔣融庵　《道德真經頌》

依《老子》章數作七言絕句頌八十一首。本篇和宋鸞、張嗣成等人的作品同類。

四、明代

薛蕙 《老子集解》

薛蕙早年喜歡看神仙長生一類的書，後來研讀老子，才發覺以前所學，不過是「方士之小術」。在序言中，他說：「予蚤歲嗜神仙長生術，凡神仙家之說，無不觀也。晚讀《老子》而好之，迺知昔之所嗜者，第方士之小術，而非性命之學也。……後世直以道家為養生耳，皆予所未喻也。予又竊怪夫方士之言養生者，往往穿鑿於性命之外。」前人常用乖異的道教詞句解《老》，薛氏之能免疫，值得一提。

這本《集解》，依王本章次順文作解。註解部分，雖不如吳澄本精到，但也很有獨見（二十九章註解勝過各家，前面註釋部分已引錄）。

《集解》的最大特點是常在一章的後面作評語，澄清前人的誤解。如：

三十六章是最受誤解的一章，普通被誤認為含有權詐思想，薛蕙以程子為例，加以評說：「程子嘗曰：『《老子》書，其言自不相入處如冰炭，其初意欲談道之極玄妙處，後來印入權詐上去，如「將欲取之，必固與之」之類。』程子之言……雖大儒之言，固未可盡執以為是也。竊謂此章首明物盛則衰之理，次言剛強之不如柔弱，末則因戒人之不可用剛也。豈誠權詐之術。夫仁義聖智，老子且猶病

之，況權詐乎？按《史記》陳平，本治黃帝老子之術，及其封侯，嘗自言曰：「我多陰謀，道家之所禁，吾世即廢亦已矣，終不能復起，以吾多陰禍也。」由是言之，謂老子為權數之學，是親犯其所禁，而復為書以教人，必不然矣。」

三十八章的後面，薛氏澄清老學和晉學的不同。他說：「自太康之後，訖於江左之亡，士大抵務名高，溺宴安，急權利，好聲伎。老子之言曰：『大白若辱』，務名高乎！『強行有志』，溺宴安乎！『少私寡欲』，急權利乎！『不見可欲』，好聲伎乎！『若畏四鄰』，嗜放達乎！『多言數窮』，尚清談乎！以此觀之，則晉人之行，其與老子之言，不啻若方圓黑白之相反矣。」

此外，如五十四章結語中批評朱熹認為「老子便是楊氏」的看法，以及五十八章結語中區別申韓和老子的不同，並指責司馬遷所造成的混淆（司馬遷把申韓與老子視為同原於道德而引起後人的傅會），這些批評和見解，都很得要旨。在古註中，很少見到這類批評性的文字和澄清的工作。薛氏這本《集解》，流行不廣，但很值得一讀。

張洪陽　《道德經註解》

認為《老子》是「性命之書」。對「道」和「德」有簡明的解釋：「自然為『道』，得『道』為『德』……；自無生有，『道』也；從有返無，『德』也。」本註解平實可讀。

釋德清 《老子道德經解》

釋德清別號憨山。他的註《莊》（內篇）勝於註《老》。雖然如此，但這本解《老》，對於義理方面的引申，仍有許多精闢的見解。在古註中，算是難得一見的作品。

朱得之 《老子通義》

全書分六十四章，逐章作解，偶而採集林希逸、吳澄、薛蕙、王純甫等家的註解。辭意不夠簡潔，泛泛之作。惟朱氏認為三十一章「悲哀泣之」，「泣」應改為「涖」，並註說：「以悲哀臨之。」這是《通義》中唯一可供參考之點。

王道 《老子億》

王道字純甫。按章次作解，常藉原始儒家思想為助說，解說尚稱通暢明曉。在前言中，對於「道經」、「德經」的分法不表贊同，他說：「至唐玄宗改定章句，始取篇首二字為義，以上篇言『道』，謂之『道經』；下篇言『德』，謂之『德經』，支離不通，殊失著書本旨。」在解說中，有兩點值得一提：一、十三章「貴大患若身」。所有的註釋家都照字面解，只有王純甫指出：「貴大患若身，當云貴身若大患，例而言之，古語多類此者。」按老子的原義，當如王解。二、三十一章註文混入正文，為時已久，無從分辨了（王弼只有這章不作註）。王純甫首先提出疑問，認為是「古義疏混入於經者」。

陸長庚　《老子道德經玄覽》

視老子思想為「窮性命之隱」。依章次解釋。

沈津　《老子道德經類纂》

解說平易可讀。偶而引王弼、司馬光、蘇轍、董思靖之註以助其解說。

王樵　《老子解》

只解釋十個章目。站在儒學的觀點解《老》，並引申程朱的見解。

在第一章的解釋中，主張應以「無」「有」為讀：「舊註『有名』『無名』，猶無關文義：『無欲』『有欲』恐有礙宗旨。老子言『無欲』，『有欲』則所未聞。」

李贄　《老子解》

間有獨見之處。

張登雲　《老子道德經參補》

錄河上公註本，略加補註。

沈一貫　《老子通》

申說通暢。書前附《老子概辨》一文，提及「尊老者過諛，薄老者盛貶。」文中指出薄老的言論，並

加駁正，特別對於程子和朱子的誤解，討論得最多。程子最大的誤解以為老子雜權詐：「《老子》與
之、翕之之意，乃在乎取之、張之，權詐之術也。」其實三十六章這段文字只在於說明「物極必反」
的道理，並非權術。朱子則誤解老子「不肯役精神，須自家占得十分穩便方肯做。一毫不便，便不肯
做。」以為老子持著「只是占便宜」的態度，朱子的看法十分膚淺。此外，沈文中還指出朱子批評老
子「無」的說法，認為「朱子失其意」。並說：「老子兼『有』『無』而名『道』也，豈但以『無』
為『道』也。」沈氏認為「有」「無」是指稱「道」，這說法很正確。

焦竑　《老子翼》

選摘《韓非》以下六十四家註解。以蘇轍、呂吉甫、李息齋、王純甫、李贄等家的註解為主。並附自
著《筆乘》，以抒己見。

林兆恩　《道德經釋略》

參他家以解說。

陳深　《老子品節》

錄河上公註本，在眉欄上批註，如一章上批說：「諸家皆於『無名』『有名』讀，又於『有欲』『無
欲』讀，又以『徼』為『竅』，誤矣！誤矣！」其餘的眉批也很簡明，惜無深意。

徐學謨 《老子解》

順章作解，並在解說後面對蘇轍、薛蕙、林希逸、李息齋等家註解，頗有批評，其評語可讀。附帶還指陳宋儒的曲解。

王一清 《道德經釋辭》

序文《道德經旨意總論》中，指出《老子》五千文不只專言鍊養，也並兼言治道，並敘說老子思想對歷代的影響。註解抒雜各家之說。

彭好古 《道德經》

間或在句後作註。「此係校刻本子，尚可供校註參考。」（引嚴靈峯評語）

歸有光 《道德經評點》

依河上公註本，在眉欄上引宋明各家註語。

書前附宋太祖序文，略說讀《老》經過與心得，宋太祖曾感慨地說：「見本經云：『民不畏死，奈何以死而懼之。』當是時，天下初定，民頑吏弊，雖朝有十人而棄市，暮有百人而仍為之。如此者，豈不應經之所云。朕乃罷極刑而囚役之，不逾年而朕心減恐。」從這裏可以看出老子思想影響的好的一面。其次，附秦繼宗序文，說及漢景帝、唐太宗等人受老子的影響，以及宋儒對老子的誤解。

陳懿典　《道德經精解》

每句作註，清晰可讀。每章後面及眉欄上引各家解說（如徵引蘇子由、李息齋、李宏甫、焦竑等家解說），可供參考。

鍾惺　《老子嫏嬛》

順章作解，並在眉欄上加按語，簡明但無特色。

鍾惺　《老子文歸》

錄河上公本原文，加以圈點。在上篇末加按語說：「老子《道德經》導人返其天性，而非異端之書。」

陶望齡　《陶周望解老》

全書分上下兩篇，不標章目，部分作解。有誤解處，如五章「天地不仁」，陶氏解釋：「此驚俗之言也，故復以多言自砭。」又如六十六章「江海為百谷王」，陶氏附會說：「老子之言，多半是術，姑以此誘聾俗耶！」這些是較顯著的誤解。

趙統　《老子斷註》

自敘中，認為老子和孔子一樣，具有衰世之志、救世之心。並斥「方士之奇邪」、「方士之禍」。註解中，申言老子「用世之意」，並發揮老子自生自化的思想。解說時，常引孔儒觀念作對比說明。

洪應紹 《道德經測》

從儒家的觀點去看老子，試圖貫通《老》《易》，例如洪氏認為：「有物混成，已分明挈《大易》根

宗。絕學無憂，即不習無不利之旨也。嬰兒未孩，即何思何慮之宗也。虛而不屈動而愈出，即寂然不

動，感而遂通之致也。」因而認為：「即謂《道德》為老氏之《易》，可謂老氏為《周易》作爻辭作

繫辭亦可。」

《老》《易》或有相似的觀點，但這兩者的哲學基點和價值取向卻有很大的不同。古人的學科界線不

分明，常因求「同」而忽略其間基本差異處。

龔修默 《老子或問》

書的前面，說明上篇各章大意。並附「老孔略同」，摘錄兩家近似的言語。註解部分，採用問答體，

從儒家的觀點解《老》。

潘基慶 《道德經集註》

書的前面，附各家對老子的讚語或評語。每章原文後面，附考異和註音。集註部分，雜引各家，如列

子、莊子、荀子、管子、廣成子、淮南子、蘇子由、李贄等家，以及道教各典（如《清靜經》、《陰

符經》、《定觀經》）。章末考訂文句，可供參考。

郭良翰　《老子道德經薈解》

序文《道德經薈解題辭》澄清蘇子瞻的誤解。子瞻說：「老子之學，重於無為，輕於治天下國家，韓非得其以輕天下之術，遂至殘忍刻薄。」郭氏申說老子基本觀念，並評說：「不知韓剽老之糠粕，蘇掇韓之皮相。」

《薈解》依河上公本，以林希逸《口義》為主。每章後面引蘇轍、呂吉甫、李息齋、吳澄、焦竑等家註解。

陳仁錫　《老子奇賞》

抄錄河上公本，加以圈點。

程以寧　《太上道德寶章翼》

用道教觀點作解，認為「不讀丹書，未聞秘訣，而欲以經史諸子百家解《道德經》，是以凡見而窺仙，俗骨而測佛。」這說法頗誤謬。惟第五十章的註解，頗供參考。

顏錫疇　《道德經解》

順章解說，清晰可讀。

後記

一、以上各書，選自於嚴靈峯所編《無求備齋老子集成》（藝文印書館）。這套叢書集成，影印自漢迄明歷代有關《老子》的重要著述和版本，分成寫本、石本、刻本、註本四類。上面的評介以註本為主。

二、清代以來，校詁方面的工作有很大的成績。下面各家的著作，為研究《老子》的人所必讀，如王念孫《老子雜志》、俞樾《老子平義》、易順鼎《讀老子札記》、劉師培《老子斠補》（以上清代）、馬敘倫《老子校詁》、奚侗《老子集解》、高亨《老子正詁》、蔣錫昌《老子校詁》、朱謙之《老子校釋》、嚴靈峯《老子章句新編》等。

三、考據、訓詁、校勘是談義理的基層工作。許多談義理的人，很忽視校詁學者所提供的成績，事實上談義理如果缺乏基礎的訓練，常常會望文生義而產生誤解。因而談老子哲學思想的人，兩層的工作都應兼顧。

一九七〇年元月

附錄一 帛書老子甲乙本釋文

一九七三年十二月，湖南長沙馬王堆三號漢墓中出土了一批具有歷史價值的古代帛書。其中的《老子》有兩種寫本，現在分別稱為甲、乙本。甲本字近篆體，根據書中不避漢高祖劉邦諱，推算抄寫的年代，最晚在漢高祖時代，約公元前二〇六年到公元前一九五年間。乙本字為隸體，根據書中避劉邦諱，不避惠帝劉盈諱，抄寫年代略晚，當在惠帝或呂后時期，約公元前一九四年至公元前一八〇年間。這兩種寫本，距今已兩千多年，是目前所見到的《老子》書較古的本子。

《老子》甲、乙釋文，為馬王堆漢墓帛書整理小組整理（在《馬王堆漢墓帛書老子》內，一九七四年文物出版社出版線裝本，一九七六年出版排印本）。茲將排印本釋文附錄於此，俾便研究者參考。

本書所附釋文，分了段，個別標點及文字與原書稍有不同。

原書釋文凡例如下：

一、帛書《老子》皆分二篇，乙本篇尾標有《德》、《道》篇題。甲本用圓點作分章符號，但已殘缺，無法復原。為了保存帛書的真實性，本書釋文不按通行本分章，僅在篇前補加《德經》、《道

經》篇題。

二、為了便於閱讀，釋文加標點並作簡要註釋（按註釋部分本附錄刪去）。釋文不嚴格按帛書字體，例如亂，帛書作爪、乳，靜作靖，聖作耶，其作亓等等，一般多用通行字排印。

三、帛書中的異體字、假借字，在釋文中隨文註明，外加（　）標誌。帛書中抹去及未寫全的廢字，釋文用○代替。原有奪字和衍字，釋文不作增刪。帛書中的錯字，隨文註出正字，用〈　〉表示。

四、帛書殘缺部分，按所缺字數據它本補足，首先用甲乙兩本互補，兩本俱殘或彼此字數有出入時，選用傳世諸本補入。這主要是便利讀者閱讀，並不是恢復帛書原貌。補文以【　】標出。

老子甲本釋文

德經

【上德不德，是以有德。下德不失德，是以无】德。上德无【為，而】無以為也。上仁為之，【而無】以為也。上義為之而有以為也。上禮【為之而莫之應也，則】攘臂而扔之。故失道。失道矣而後德，失德而後仁，失仁而後義，【失】義而【後禮。夫禮者，忠信之薄也，】而亂之首也。【前識

者，〕道之華也，而愚之首也。是以大丈夫居其厚而不居其泊（薄），居其實不居其華。故去皮（彼）取此。

昔之得一者，天得一以清，地得【一】以寧，神得一以靈（靈），浴（谷）得一以盈，侯〔王得一〕而以為正。其致之也，胃（謂）天毋已清將恐【裂】，胃（謂）地毋【已寧】將恐【發】，胃（謂）神毋已靈（靈）【將】恐歇，胃（謂）浴（谷）毋已盈將恐渴（竭），胃（謂）侯王毋已貴【以高將恐蹶】。故必貴而以賤為本，必高矣而以下為基。夫是以侯王自胃（謂）【曰】孤寡不橐（穀），此其賤【之本】與，非【也？】故致數與無與。是故不欲【祿祿】若玉，硌硌【若石】。

【上士聞道，堇（勤）】能行之。中士聞道，若存若亡。下士聞道，大笑之。弗笑，不足以為道。是以建言有之曰：明道如費，進道如退，夷道如類。上德如谷，大白如辱，廣德如不足。建德如偷，質真如渝，大方無隅，大器晚成，大音希聲，天象無形，道褒無名。夫唯【道，善始且善成】。

【反也者，〕道之動也。弱也者，道之用也。天【下之物生於有，有生於無。】

【道生一，一生二，二生三，三生萬物。萬物負陰而抱陽，中氣以為和。天下之所惡，唯孤寡不（穀），而王公以自名也。勿（物）或敗（損）之【而益，益】之而敗（損）。故人【之所】教，夕（亦）議而教人。故強良（梁）者不得死，我【將】以為學父。

天下之至柔，【馳】騁於天下之致（至）堅。無有入於無間，五（吾）是以知無為【之有】益也。不

【言之】教，無為之益，【天】下希能及之矣。

名與身孰親？身與貨孰多？得與亡孰病？甚【愛必大費，多藏必厚】亡。故知足不辱，知止不殆，可

以長久。

大成若缺，其用不幣（敝）。大盈若盅（沖），其用不窮（窘）。大直如詘（屈），大巧如拙，大贏

如炳。趮（躁）勝寒，靓（靜）勝炅（熱），請（清）靓（靜），可以為天下正。

·天下有道，【卻】走馬以糞。天下無道，戎馬生於郊。·罪莫大於可欲，憨（禍）莫大於不知足，

咎莫憯于欲得。【故知足之足，】恒足矣。

不出於戶，以知天下。不規（窺）於牖，以知天道。其出也彌遠，其【知彌少。是以聖人不行而知，

不見而名，【成】】，弗為而【成】。

為【學者日益，聞道者日損。損之又損，以至於無為，無為而無不為。將欲】取天下也。恒【無事，

及其有事也，又不足以取天下矣】。

【聖人恒無心，】口以百【姓】之心為【心】。善者善之，不善者亦善【之】，得善也。信者信之，不

信者亦信之，得【信】信也。【聖人】之在天下，擒（歙）憹（歙）焉，為天下渾心，百姓皆屬耳目焉，

聖人皆咳之。

【出】生，【入死。生之徒十】有【三，死之】徒十有三。而民生生，動皆之死地之十有三。夫何故

也？以其生生也。蓋【聞善】執生者，陵行不【辟】矢（兕）虎，入軍不被甲兵。矢（兕）無所椯

（揣）其角，虎無所昔（措）其蚤（爪），兵無所容【其刃，夫】何故也？以其無死地焉。

・道生之而德畜之，物刑（形）之而器成之。是以萬物尊道而貴【德。道】之尊，德之貴也，夫莫之

㨁（爵），而恒自然也。・道生之，畜之，長之，遂之，亭之，□之，【養之、覆之。生而】弗有

也，為而弗寺（恃）也，長而弗宰也，此之謂玄德。

天下有始，以為天下母。恖（既）得其母，以知其【子】，復守其母，沒身不殆。・・塞其悶（悶），

閉其門，終身不堇（勤）。啟其悶，濟其事，終身【不棘。見】小曰【明】，守柔曰強。用其光，復

歸其明。毋道〈遺〉身央〈殃〉，是胃（謂）襲常。

・使我挈（挈）有知也，【行於】大道，唯【施是畏】。大道】其夷，民甚好解。朝甚除，田甚蕪，倉

甚虛，服文采，帶利【劍，厭】食【貨，財有餘，是謂盜夸。盜夸，非道也】。

善建【者不】拔，【善抱者不脫】，子孫以祭祀【不絕。修之身，其德乃真。修之家，其德有】余

（餘）。修之【鄉，其德乃長。修之邦，其德乃豐。修之天下，其德乃溥】。以身【觀】身，以家觀

家，以鄉觀鄉，以邦觀邦，以天【下】觀【天下】。吾何以知天下之然哉？以此】。

【含德】之厚【者】，比於赤子。逢（蜂）蠆（蠍）虺（虺）地（蛇）弗螫，攫鳥猛獸弗搏。骨弱筋

柔而握固。未知牝牡【之會】而脧（朘）【怒】，精【之】至也。終日【日】號而不嗄（嚘），和之至也。

和曰常，知和〈常〉曰明，益生曰祥，心使氣曰強。【物壯】即老，胃（謂）之不道，不【道早已】。

【知者】弗言，言者弗知。塞其悶，閉其【門】，和其光，同其塵（塵），坐（挫）其閱（銳），解

其紛，是胃（謂）玄同。故不可得而親，亦不可得而疏；不可得而利，亦不可得而害；不可【得】而

貴，亦不可得而淺（賤）。故為天下貴。

·以正之（治）邦，以畸（奇）用兵，以無事取天下。吾何【以知其然】也哉（哉）？夫天下【多

忌】諱，而民彌貧。民多利器，而邦家茲（滋）昏。人多知（智），而何（奇）物茲（滋）【起】。法

物滋章，而【盜賊】多有。是以聖人之言曰：我無為也，而民自化。我好靜，而民自正。我無事，

民【自富。我欲不欲，而民自樸】。

【其政閔閔，其民屯屯。】其正（政）察察，其邦夬（缺）夬（缺）。禍（禍），福之所倚；福，禍

之所伏。【孰知其極？其無正也？正復為奇，善復為妖。人之迷也】，其日固久矣。是以方而不割，廉

而不刺，直而不絏，光而不曜】。

【治人事天，莫若嗇，是以早服。早服是謂重積德。重積德則無不克，無不克則莫知其極。

莫知其極，】可以有國。有國之母，可以長久。是胃（謂）深槿（根）固氐（柢），長【生久視之】道也。

【治大國若亨（烹）小鮮。以道蒞】天下，其鬼不神。非其鬼不神也，其神不傷人也。非其申（神）

不傷人也，聖人亦弗傷【也。夫兩】不相【傷，故】德交歸焉。

大邦者，下流也，天下之牝。天下之郊（交）也，牝恒以靚（靜）勝牡。為其靚（靜）【也，故】宜

為下。大邦【以】下小【邦】，則取小邦。小邦以下大邦，則取於大邦。故或下以取，或下而取。

【故】大邦者不過欲兼畜人，小邦者不過欲入事人。夫皆得其欲，【故大邦者宜】為下。

【道】者，萬物之注也，善人之蕷（寶）也，不善人之所蕷（保）也。美言可以市，尊行可以賀（加）

人。人之不善也，何棄【之】有？故立天子，置三卿，雖有共之璧以先四馬，不善〈若〉坐而進此。

古之所以貴此者何也？不胃（謂）【求以】得，有罪以免與（與）？故為天下貴。

·為無為，事無事，味無未（味）。大小多少，報怨以德。圖難乎【其易也，為大乎其細也。】天下

之難作於易，天下之大作於細。是以聖人冬（終）不為大，故能【成其大。夫輕諾者必寡信，多易】

必多難，是【以聖】人猷（猶）難之，故冬（終）於無難。

·其安也，易持也。【其未兆也，】易謀【也。其脆也，易判也。其微也，易散也。為之於其未有，

治之於其未亂也。合抱之木，生於毫末。九成之台，作於羸（蔂）土。百仁（仞）之高，台（始）

於足【下。為之者敗之，執之者失之。聖人無為】也，【故】無敗【也】；無執也，故無失也。民之

從事也，恒於其成事而敗之。故慎終若始，則【無敗事矣。是以聖人】欲不欲，而不貴難得之貨

（貨）；學不學，而復眾人之所過；能輔萬物之自【然，而】弗敢為。

故曰：為道者非以明民也，將以愚之也。民之難【治】也，以其知（智）也。故以知（智）知邦，邦

之賊也；以不知（智）知邦，【邦之】德也；恒知此兩者，亦稽式也。恒知稽式，此胃（謂）玄德。

玄德深矣，與物【反】矣，乃【至大順】。

【江】海之所以能為百浴（谷）王者，以其善下之，是以能為百浴（谷）王。是以聖人之欲上民也，

必以其言下之；欲先【民也】，必以其身後之。故居前而民弗害也，居上而民弗重也。天下樂隼（推）

而弗猒（厭）也，非以其無諍（爭）與？故【天下莫能與】諍（爭）。

·小邦寡民，使十百人之器毋用，使民重死而遠送〈徙〉。有車周（舟）無所乘之，有甲兵無所陳

【之。使民復結繩而】用之。甘其食，美其服，樂其俗，安其居。粼（鄰）邦相壂〈望〉，雞狗之聲

相聞，民【至老死不相往來】。

【信言】不美，美言不【信。知】者不博，【博】者不知。善【者不多，多】者不善。聖人無【積，

既】以為【人，己愈有；既以予人，己愈多。故天之道，利而不害；人之道，為而弗爭】。

【天下皆謂我大，不肖。】夫唯【大，故不宵（肖）。若宵（肖），細久矣。我恒有三葆（寶），

之。一曰茲（慈），二曰檢（儉），【三曰不敢為天下先。夫慈，故能勇；儉，故能廣；不敢為天

下先，故能為成事長。今舍其茲（慈），且勇；舍其後，且先；則必死矣。夫茲（慈），【以戰】則

勝，以守則固。天將建之，女（如）以茲（慈）垣之。

善為士者不武，善戰者不怒，善勝敵者弗【與】，善用人者為之下。【是】胃（謂）不諍（爭）之

德。是胃（謂）用人，是胃（謂）天，古之極也。

・用兵有言曰：「吾不敢為主而為客，吾不進寸而芮（退）尺。」是胃（謂）行無行，襄（攘）無

臂，執無兵，乃（扔）無敵矣。旤（禍）莫於〈大〉於無適（敵），無適（敵）斤（近）亡吾葆（寶）

矣。故稱兵相若，則哀者勝矣。

吾言甚易知也，甚易行也；而人莫之能知也，而莫之能行也。言有君。事有宗。其唯無知也，是以不

【我知。知我者希，則】我貴矣。是以聖人被褐而襄（懷）玉。

【我知。】知不知，尚矣。不知不知，病矣。是以聖人之不病，以其【病病，是以不病】。

知不知，尚矣。不知不知，病矣。是以聖人之不病，以其【病病，是以不病】。

【民之不】畏畏（威），則【大威將至】矣。‧‧母（毋）閈（狎）其所居，毋猒（厭）其所生。夫唯

弗猒（厭），是【以不猒（厭）】。是以聖人自知而不自見也，自愛【而不自貴也】。故去被（彼）取此。

‧勇於敢者【則殺，勇】於不敢者則栝（活）。【知此兩者，或利或害。天之所惡，孰知其故？天之

道，不戰而善勝，】不言而善應，不召而自來，彈而善謀。【天網恢恢，疏而不失。】

【若民恒且不畏死，】奈何以殺思（懼）之也？若民恒是〈畏〉死，則而為者吾將得而殺之，夫孰敢

矣！若民【恒且】必畏死，則恒有司殺者。夫伐〈代〉司殺者殺，是伐〈代〉大匠斲也，夫伐〈代〉

大匠斲者，則【希】不傷其手矣。

‧人之饑也，以其取食逸（稅）之多也，是以饑。百姓之不治也，以其上有以為【也】，是以不治。

‧民之巠（輕）死，以其求生之厚也，是以巠（輕）死。夫唯無以生為者，是賢貴生。

‧人之生也柔弱，其死也𦲢仞賢（堅）強。萬物草木之生也柔脆，其死也楏（枯）槁（槁）。故曰：

堅強者，死之徒也；柔弱微細，生之徒也。兵強則不勝，木強則恒。強大居下，柔弱微細居上。

天下【之道，猶張弓】者也，高者印（抑）之，下者舉之，有餘者敗（損）之，不足者補之。故天之

道，敗（損）有【餘而補不足；人之道則】不然，敗（損）不足以奉有餘。孰能有餘而有以取奉

於天者乎？【惟有道者乎？】是以聖人為而弗有，成功而弗居也。若此其不欲】見賢也。

三六〇

天下莫柔【弱於水，而攻】堅強者莫之能【先】也，以其無【以】易【之】也。故柔勝剛，弱勝強，

天【下莫不知，而莫能】行也。故聖人之言云，曰：受邦之詢（詬），是胃（謂）社稷之主；受邦之

不祥，是胃（謂）天下之王。【正言】若反。

和大怨，必有餘怨，焉可以為善？是以聖右介（契）而不以責於人。故有德司介（契），【無】德司

㥄（徹）。夫天道無親，恒與善人。

道經

・道，可道也，非恒道也。名，可名也，非恒名也。無名萬物之始也。有名萬物之母也。【故】恒無

欲也，以觀其眇（妙）；恒有欲也，以觀其所噭。兩者同出，異名同胃（謂）。玄之有（又）玄，眾

眇（妙）之【門】。

天下皆知美為美，惡已；皆知善，訾（斯）不善矣。有、無之相生也，難、易之相成也，長、短之相

刑（形）也，高、下之相盈也，意〈音〉、聲之相和也，先、後之相隋（隨），恒也。是以聲（聖）

人居無為之事，行【不言之教】。萬物作而弗始】也，為而弗志（恃）也，成功而弗居也。夫唯弗居，

是以弗去。

不上賢，【使民不爭。不貴難得之貨，使】民不為【盜】。不【見可欲，使】民不亂。是以聲（聖）

人之【治也：虛其心，實其腹，弱其志，】強其骨。恆使民無知無欲也。使【夫知不敢，弗為而已，

則無不治矣。】

【道沖，而用之有弗】盈也，瀟（淵）呵（似）萬物之宗。銼（挫）其兌（銳），解其紛，和

其光，同【其塵。湛呵似】或存。吾不知【誰】子也，象帝之先。

天地不仁，以萬物為芻狗。聲（聖）人不仁，以百省（姓）【為芻】狗。天地【之】間，【其】猶橐

籥與？虛而不淈，踵（動）而俞（愈）出。多聞數窮，不若守於中。

浴（谷）神【不】死，是胃（謂）玄牝。玄牝之門，是胃（謂）【天】地之根。緜緜呵若存，用之不

堇（勤）。

天長，地久。天地之所以能【長】且久者，以其不自生也，故能長生。是以聲（聖）人芮（退）其身

而身先，外其身而身存。不以其無【私】與（與）？故能成其【私】。

上善治（似）水。水善利萬物而有靜（爭），居眾之所惡，故幾於道矣。居善地，心善瀟〈淵〉，予

善信，正（政）善治，事善能，蹱（動）善時。夫唯不靜（爭），故無尤。

揗（殖）而盈之，不【若其已。揣而】□之□之，□可常葆之。金玉盈室，莫之守也。貴富而驕

（驕），自遺咎也。功述（遂）身芮（退），天【之道也】。

【戴營魄抱一，能毋離乎？搏氣致柔，】能嬰兒乎？脩除玄藍（鑒），能毋疵乎？愛【民活國，能毋以知乎？天門啟闔，能為雌乎？明白四達，能毋以知乎？】生之，畜之，生而弗【有，長而弗宰，是謂玄】德。

卅【輻同一轂，當】其無，【有車】之用【也】。然（埏）埴為器，當其無，有埴器【之用也。鑿戶牖，】當其無，有【室】之用也。故有之以為利，無之以為用。

五色使人目明〈盲〉，馳騁田臘（獵）使人【心發狂】。難得之貨（貨），使人之行方（妨），五味使人之口�商（爽），五音使人之耳聾。是以聲（聖）人之治也，為腹不【為目】。故去罷（彼）耳〈取〉此。

龍（寵）辱若驚，貴大梡（患）若身。苛（何）胃（謂）龍（寵）辱若驚？龍（寵）之為下，得之若驚，失【之】若驚，是胃（謂）龍（寵）辱若驚。何胃（謂）貴大梡（患）若身？吾所以有大梡（患）者，為吾有身也。及吾無身，有何梡（患）？故貴為身於為天下，若可以迮（托）天下矣；愛以身為天下，女何以寄天下？

視之而弗見，名之曰微。聽之而弗聞，名之曰希。播之而弗得，名之曰夷。三者不可至（致）計

（詰），故困【而為一】。一者，其上不攸（皦），其下不忽。尋尋呵，不可名也，復歸於無物。是

胃（謂）無狀之狀，無物之【象】。是謂忽恍。隨而不見其後，迎】而不見其首。執今之道，以御今之

有。以知古始，是胃（謂）【道紀】。

【古之善為道者，微妙玄達，】深不可志（識）。夫唯不可志（識），故強為之容，曰：與呵其若冬

涉水，猶呵其若畏四【鄰，嚴】呵其若客，渙呵其若淩（凌）澤（釋），□呵其若楃（樸）沌

呵其若濁，湷呵其 若浴（谷）。濁而情（靜）之，余（徐）清。女以重（動）之，余（徐）生。

葆（保）此道不欲盈。夫唯不欲【盈，是】以能【敝而不】成。

至虛，極也；守情（靜），表也，萬物旁（並）作，吾以觀其復也。天物云（芸）云（芸），各復歸

於其【根，曰靜】。情（靜），是胃（謂）復命。復命，常也。知常，明也。不知常，市（妄），市

（妄）作凶。知常容，容乃公，公乃王，王乃天，天乃道，【道乃久，】沕（沒）身不怠。

大上下知有之，其次親譽之，其次畏之，其下母（侮）之。信不足，案有不信。【猶呵】其貴言也。

成功遂事，而百省（姓）胃（謂）我自然。

故大道廢，案有仁義。知（智）快（慧）出，案有大偽。六親不和，案有畜（孝）茲（慈）。邦家閭

（昏）亂，案有貞臣。

絕聲（聖）棄知（智），民利百負（倍）。絕仁棄義，民復畜（孝）茲（慈）。絕巧棄利，盜賊無

有。此三言也，以為文未足，故令之有所屬。見素抱【樸，少私寡欲】。

【絕學無憂。】唯與訶，其相去幾何？美與惡，其相去何若？人之【所畏】，亦不【可以不畏。恍呵

其未央哉！】眾人巸（熙）巸（熙），若鄉（饗）于大牢，而春登臺。我泊焉未佻（兆），若【嬰兒

未咳】。累呵如【無所歸】。眾人皆有餘，我獨遺。我禺（愚）人之心也，惷惷呵。鬻（俗）【人昭

昭，我獨若】胃（昏）呵。鬻（俗）人蔡（察）蔡（察），我獨閟（悶）閟（悶）呵。忽呵其若

【海】，望（恍）呵其若無所止。【眾人皆有以，我獨頑】以悝（俚）。吾欲獨異於人，而貴食母。

孔德之容，唯道是從。道之物，唯望（恍）唯忽。【忽呵恍】呵，中有象呵。望（恍）呵忽呵，中有

物呵。潯（幽）呵鳴（冥）呵，中有請（精）吔（呵）。其請（精）甚真，其中【有信】。自今及

古，其名不去，以順眾俫（父）。吾何以知眾俫（父）之然？以此。

炊者不立，自視（示）不章，【自】見者不明，自伐者無功，自矜者不長。其在道，曰：「粽（餘）

食贅行。」物或惡之，故有欲者【弗】居。

曲則全，枉則定（正），洼則盈，敝則新，少則得，多則惑。是以聲（聖）人執一，以為天下牧。不

【自】視（示）故明，不自見故章，不自伐故有功，弗矜故能長。夫唯不爭，故莫能與之爭。古【之

所謂曲全者，幾【語】才（哉）？誠全歸之。

希言自然。飄風不冬（終）朝，暴雨不冬（終）日。孰為此？天地【而弗能久，又況】於人乎？故從

事而道者同於道，德者同於德，者〈失〉者同於失。同德【者】，道亦德之。同於【失】者，道亦失

之。

有物昆（混）成，先天地生。繡（寂）呵繆（寥）呵，獨立【而不改】，可以為天地母。吾未知其

名，字之曰道。吾強為之名曰大。【大】曰筮（逝），筮（逝）曰遠，遠曰反。道大，地

大，王亦大。國中有四大，而王居一焉。人法地，【地】法【天】，天法【道，道】法【自然】。

【重】為巠（輕）根，清（靜）為趮（躁）君。是以君子眾（終）日行，不離其甾（輜）重。唯（雖）

有環官（館），燕處【則昭】若。若何萬乘之王而以身巠（輕）於天下？巠（輕）則失本，趮則失君。

【善】行者無礮（轍）迹，【善】言者無瑕適（讁），善數者不以檮（籌）筴（策）。善閉者無闑（關）

籥（籥）而不可啟也，善結者【無縲】約而不可解也。是以聲（聖）人恒善怵（救）人，而無

無棄財，是胃（謂）【一】明。故善【人，善人】之師；不善人，善人之齎（資也）。不貴其師，不愛其

齎（資），唯（雖）知（智）乎大眯（迷），是胃（謂）眇（妙）要。

知其雄，守其雌，為天下溪。為天下溪，恒德不雞〈離〉。恒德不雞〈離〉，復歸嬰兒。知其白，守

其辱，為天下浴（谷）。為天下【浴（谷）】，恒德乃【足】。德乃【足，復歸于樸】。知其【白】，守其黑，為天下式。為天下式，恒德不貣（忒）。恒德不貣（忒），復歸于無極。楃（樸）散【則為器，聖】人用則為官長，夫大制無割。

將欲取天下而為之，吾見其弗【得】已。天下，神】器也，非可為者也。為者敗之，執者失之。物或行或隨，或炅（熱）或【吹，或強或挫】，或坏（培）或櫊（墮）。是以聖（聖）人去甚，去大，去楮（奢）。

以道佐人主，不以兵強【於】天下。【其事好還，師之】所居，楚杋（棘）生之。善其果而已矣，毋以取強焉。果而毋驕（驕），果而【勿伐】，果而毋得已居，是胃（謂）【果】而不強。物壯而老，是胃（謂）之不道，不道蚤（早）已。

夫兵者，不祥之器【也。】物或惡之，故有欲者弗居。君子居則貴左，用兵則貴右。故兵者非君子之器也。【兵者】不祥之器也，不得已而用之，銛襲為上，勿美也。若美之，是樂殺人也。夫樂殺人，不可以得志於天下矣。是以吉事上左，喪事上右；是以便（偏）將軍居左，上將軍居右；言以喪禮居之也。殺人眾，以悲依（哀）立（莅）之；戰勝，以喪禮處之。

道恒無名，楃（樸）唯（雖）【小而天下弗敢臣，侯】王若能守之，萬物將自賓。天地相谷（合），

以俞甘洛（露）。民莫之【令，而自均】焉。始制有【名。名亦既】有，夫【亦將知止，知止】所以不【殆】。俾（譬）道之在【天下也，猶小】浴（谷）之與江海也。

知人者，知（智）也。自知【者，明也。勝人】者，有力也。自勝者，【強】也。知足者，富也。強行者，有志也。不失其所者，久也。死不忘者，壽也。

道，【汎呵其可左右也，成功】遂事而弗名也。萬物歸焉【而弗】為主，則恒無欲也，可名於小。萬物歸焉為主，可名於大。是【以聲（聖）】人之能成大也，以其不為大也，故能成大。

執大象，【天下】往。往而不害，安平大。樂與餌，過格（客）止。故道之出言也，曰：談（淡）呵其無味也。【視之，】不足見也。聽之，不足聞也。用之，不可既也。

將欲拾（翕）之，必古（固）張之。將欲弱之，【必固】強之。將欲去之，必古（固）與之。將欲奪之，必古（固）予之。是胃（謂）微明。友（柔）弱勝強。魚不脫于瀟（淵），邦利器不可以視（示）人。

道恒無名，侯王若守之，萬物將自憝（化）。憝（化）而欲【作，吾將鎮】之以無名之檋（樸）。

【鎮之以】無名之檋（樸），夫將不辱。不辱以情（靜），天地將自正。

老子乙本釋文

德經

上德不德，是以有德。下德不失德，是以無德。上德無為而無以為也。上仁為之而無以為也。上

〈義〉為之而有以為也。上禮為之而莫之應也，則攘臂而乃（扔）之。故失道而後德，失德而〈後〉

仁，失仁而句（後）義，失義而句（後）禮。夫禮者，忠信之泊（薄），而亂之首也。前識者，道

之華也，而愚之首也。是以大丈夫居【其厚不】居其泊（薄），居其實而不居其華。故去罷（彼）而

取此。

昔得一者，天得一以清，地得一以寧，神得一以需（靈），浴（谷）得一盈，侯王得一以為天下正。

其至也，胃（謂）天毋已清將恐蓮（裂），地毋已寧將恐發，神毋【已靈將】恐歇，谷毋已【盈】將

渴（竭），侯王毋已貴以高將恐欨（蹶）。故必貴以賤為本，必高矣而以下為基。夫是以侯王自胃

（謂）孤寡不𥂕（穀），此其賤之本與，非也？故至數輿（與）無輿（與）。是故不欲祿祿若玉，硌

硌若石。

上【士聞】道，董（勤）能行之。中士聞道，若存若亡。下士聞道，大笑之。弗笑，【不足】以為

道。是以建言有之曰：明道如費，進道如退，夷道如類。上德如浴（谷），大白如辱，廣德如不足。

建德如【偷，質【真如渝】，大方無禺（隅）。大器免（晚）成，大音希聲，天〈大〉象無刑

（形），道襃無名。夫唯道，善始且善成。

反也者，道之動也。【弱也】者，道之用也。天下之物生於有，有【生】於無。

道生一，一生二，二生三，三生【萬物。萬物負陰而抱陽，沖氣】以為和。人之所亞（惡），【唯

孤】寡不穀（穀），而王公以自【稱也】。物或益之而云（損），云（損）之而益。【人之所教，亦

議而教人。強梁者不得其死，】吾將以【為學】父。

天下之至【柔】，馳騁於天下【之至堅】。出於無有，入於【無間，吾是以【知無為之有益】也。不

【言之教，無為之益，天下希能及之】矣。

名與【身孰親？身與貨孰多？得與亡孰病？是故甚愛必大費，多藏必厚亡。故知足不辱，知止不殆，

可以長久。】

【大成如缺，其用不敝。大】盈如沖，其【用不窮。大直如詘，大巧如拙，【大辯如訥，大贏如

絀。趮（躁）朕（勝）寒，【靜勝熱。知清靜，可以為天下正。】

【天下有】道，卻走馬【以】糞。無道，戎馬生於郊。罪莫大可欲，禍【莫大於不知足，咎莫憯于欲

得。故知足之足，恒足矣。

不出於戶，以知天下。不窺（窺）於【牖，以】知天道。其出籭（彌）遠者，其知籭（彌）尠。是

以聖人不行而知，不見【而名，弗為而成。

為學者日益，聞道者日云（損），云（損）之有（又）云（損），以至於無【為，無為而無不為矣。

將欲】取天下，恒無事。及其有事也，【又不】足以取天【下矣】。

【聖】人恒無心，以百省（姓）之心為心。善者善之，不善者亦善之，【得】善也。信者信之，不信

者亦信之，德（得）信也。聖人之在天下也，欱（歙）欱（歙）焉；【為天下渾心，百】生（姓）皆

注其【耳目焉，聖人皆咳之】。

【出】生，入死。生之【徒十有三，死】之徒十又（有）三，而民生生，僮（動）皆之死地之十有

三，【夫】何故也？以其生生。蓋聞善執生者，陵行不辟（避）兕虎，入軍不被兵革。兕無【所揣其角，虎

無所措】其蚤（爪），兵【無所容其刃，夫何故】也？以其無【死地焉】。

道生之，德畜之，物刑（形）之，而器成之。是以萬物尊道而貴德。道之尊也，德之貴也，夫莫之爵

也，而恒自然也。道生之，畜【之，長之，育】之，亭之，毒之，養之，復（覆）【之。生而弗有，

為而弗恃，長而【弗宰，是胃（謂）玄德。

天下有始，以為天下母。既得其母，以知其子，既○知其子，復守其母，沒身不伝（殆）。塞其堄，

閉其門，冬（終）身不堇（勤）。啟其堄，齊其【事，終身】不棘。見小曰明，守【柔曰】強。用

【其光，復歸其明。無】遺身央（殃），是胃（謂）【襲】常。

使我介有知，行於大道，唯他（施）是畏。大道甚夷，民甚好徑。朝甚除，田甚蕪，倉甚虛，服文

采，帶利劍，猒（厭）食而齎（資）財【有餘，是謂】盜杅（竽），【盜杅（竽）】，非【道】也。

善建者【不拔，善抱者不脫，】子孫以祭祀不絕。脩之身，其德乃真。脩之家，其德有餘。脩之鄉，

其德乃長。脩之國，其德乃奉（豐）。脩之天下，其德乃博（溥）。以身觀身，以家觀【家，以國

觀】國，以天下觀天下。吾何【以】知天下之然茲（哉）？以【此】。

含德之厚者，比於赤子。蚰（蜂）癘（蠆）蟲蛇（虺）弗赫（螫），據鳥孟（猛）獸弗捕（搏），骨

筋弱柔而握固。未知牝牡之會而朘怒，精之至也。冬（終）日號而不嗄，和【之至也】。知和曰常，

知常曰明，益生曰【祥】，心使氣曰強。物【壯】即老，胃（謂）之不道，不道蚤（早）已。

知者弗言，言者弗知。塞其堄，閉其門，和其光，同其塵，銼（挫）其兌（銳）而解其紛。是胃（謂）

玄同。故不可得而親也，亦【不可】得而【疏；不可】得而○利，【亦不可】得而害；不可得而貴，

亦不可得而賤。故為天下貴。

以正之（治）國，以畸（奇）用兵，以無事取天下。吾何以知其然也才（哉）？夫天下多忌諱，而民

彌貧，民多利器，【而國家滋】昏。【人多智慧，而奇物滋起。法】物茲（滋）章，而盜賊【多有】。

是以【聖】人之言曰：我無為而民自化，我好靜而民自正，我無事而民自富，我欲不欲而民自樸。

其正（政）閲（悶）閲（悶），其民屯屯。其正（政）察察，其【民缺缺】。福，【禍】之所伏，孰

知其極？【其】無正也。正【復為奇】，善復為【妖。人】之悉（迷）也，其日固久矣。是以方而不

割，兼（廉）而不刺，直而不紲，光而不眺（耀）。

治人事天，莫若嗇。夫唯嗇，是以蚤（早）服。蚤（早）服是胃（謂）重積【德】。重【積德則無不

克，無不克則】莫知其【極】。莫知其【極】，可以有國。有國之母，可【以長】久。是胃（謂）

【深】根固氐（柢），長生久視之道也。

治大國若亨（烹）小鮮。以道立（莅）天下，其鬼不神。非其鬼不神也，其神不傷人也。非其神不傷

人也，【聖人亦】弗傷也。夫兩【不】相傷，故德交歸焉。

大國【者，下流也，天下之交也，牝恒以靜朕（勝）牡。為其靜也，故宜為下也。故

大國以下【小】國，則取小國。小國以下大國，則取於大國。故或下【以取，或】下而取。故大國者

不【過】欲并畜人，小國不【過】欲入事人。夫【各得】其欲，則大者宜為下。

道者，萬物之注也，善人之葆（寶）也，不善人之所保也。美言可以市，尊行可以賀（加）人。人之

不善，何【棄之有？故】立天子，置三鄉〈卿〉，雖有共之璧以先四馬，不若坐而進此。古【之所以

貴此道者何也？】不胃（謂）求以得，有罪以免與？故為天下貴。

為無為，【事無事，味無味。大小多少，報怨以德。圖難乎其易也，為大】乎其細也。天下之【難作

於】易，天下之大【作於細。是以聖人終不為大，故能成大。】夫輕若（諾）【必寡】信，多易必多

難，是以耵（聖）人【猶難】之，故【終於無難】。

【其安也易持，其未兆也易謀，其脆也易判，其微也易散。為之於其未有也。治之於其未亂也。合抱

之】木，作於毫末；九成之臺，作於纂土；百千之高，始於足下。為之者敗之，執者失之。是以耵

（聖）人無為【也，故無敗也；無執也，故無失也。】民之從事也，恒於其成而敗之。故曰：「慎冬

（終）若始，則無敗事矣。」是以耵（聖）人欲不欲，而不貴難得之貨；學不學，復眾人之所過；能

輔萬物之自然，而弗敢為。

古之為道者，非以明【民也，將以愚】之也。夫民之難治也，以其知（智）也。故以知（智）知國，

國之賊也；以不知（智）知國，國之德也；恒知此兩者，亦稽式也。恒知稽式，是胃（謂）玄德。玄

德深矣、遠矣，【與】物反也，乃至大順。

江海所以能為百浴（谷）【王者，以】其【善】下之也，是以能為百浴（谷）王。是以耶（聖）人之

欲上民也，必以其言下之；其欲先民也，必以其身後之。故居上而民弗重也，居前而民弗害。天下皆

樂誰（推）而弗猒（厭）也，不【以】其無爭與？故天下莫能與爭。

民至老死不相往來。

之。使民復結繩而用之。甘其食，美其服，樂其俗，安其居。哭（鄰）國相望，雞犬之【聲相】聞，

小國寡民，使有十百人器而勿用，使民重死而遠徙。又（有）周（舟）車無所乘之，有甲兵無所陳

俞（愈）有；既以予人矣，己俞（愈）多。故天之道，利而不害；人之道，為而弗爭。

信言不美，美言不信。知者不博，博者不知。善者不多，多者不善。耵（聖）人無積，既以為人，己

天下【皆】胃（謂）我大，大而不宵（肖）。夫唯不宵（肖），故能大。若宵（肖），久矣，其細也

夫。我恒有三琛（寶），市（持）而琛（寶）之，一曰茲（慈），二曰檢（儉），三曰不敢為天下

先。夫茲（慈），故能勇；檢（儉），故能廣；不敢為天下先，故能為成器長。【今】舍其

茲（慈），且勇；舍其檢（儉），且廣；舍其後，且先；則死矣。夫茲（慈），以單（戰）則朕

（勝），以守則固。天將建之，如以茲（慈）垣之。

故善為士者不武，善單（戰）者不怒，善朕（勝）敵者弗與，善用人者為之下。是胃（謂）不爭【之】

德。是胃（謂）用人，是胃（謂）肥（配）天，古之極也。

用兵又（有）言曰：「吾不敢為主而為客，不敢進寸而退尺」。是胃（謂）行無行，攘無臂，執無

兵，乃（扔）無敵。禍莫大於無敵，無敵近〇亡吾琛（寶）矣。故抗兵相若，而依（哀）者朕（勝）

【矣】。

吾言易知也，易行也；而天下莫之能知也，莫之能行也。夫言又（有）宗，事又（有）君。夫唯無知

也，是以不我知。知者希，則我貴矣。是以耵（聖）人被褐而裹（懷）玉。

知不知，尚矣，不知知，病矣。是以耵（聖）人之不【病】也，以其病病，是以不病。

民之不畏畏（威），則大畏（威）將至矣。毋伸（狎）其所居，毋猒（厭）其所生。夫唯弗毋猒

（厭），是以不毋猒（厭）。是以耵（聖）人自知而不自見也，自愛而不自貴也。故去罷（彼）而取

此。

勇於敢則殺，勇於不敢於栝（活），【此】兩者或利或害。天之所亞（惡），孰知其故？天之道，不

單（戰）而善朕（勝），不言而善應，弗召而自來，單（戰）而善謀。天罔（網）圣（恢）圣（恢），

疏而不失。

若民恒且○不畏死，若何以殺曈（懼）之也？使民恒且畏死，而為畸（奇）者【吾】得而殺之，夫孰

敢矣？若民恒且必畏死，則恒又（有）司殺者。夫代司殺者殺，是代大匠斲。夫代大匠斲，則希不傷

其手。

人之饑也，以其取食稅（稅）之多，是以饑。百生（姓）之不治也，以其上之有以為也，【是】以不

治。民之輕死也，以其求生之厚也，是以輕死。夫唯無以生為者，是賢貴生。

人之生也柔弱，其死也䐗信（伸）堅強。萬【物草】木之生也柔梓（脆），其死也槁（枯）槁。故

曰：堅強，死之徒也；柔弱，生之徒也。【是】以兵強則不朕（勝），木強則競。故強大居下，柔弱

居上。

天之道，酉（猶）張弓也，高者印（抑）之，下者舉之，有餘者云（損）之，不足者【補】之。故天之

道，云（損）有餘而益不足；人之道，云（損）不足而奉又（有）餘。夫孰能又（有）餘而【有】

以奉於天者，唯又（有）道者乎？是以耵（聖）人為而弗又（有），成功而弗居也。若此其不欲見

賢也。

天下莫柔弱於水，【而攻堅強者莫之能先，】以其無以易之也。水之朕（勝）剛也，弱之朕（勝）強

也，天下莫弗知也，而【莫之能行】也。是故耵（聖）人之言云曰：受國之詢（詬），是胃（謂）社

稷之主。受國之不祥，是胃（謂）天下之王。正言若反。

禾【和】大【怨，必有餘怨，安可以】為善？是以耵（聖）人執左芥（契）而不以責於人。故又（有）

德司芥（契），無德司勶（徹）。【天道无親，常與善人。】

《德》三千卌一。

道經

道，可道也，【非恒道也。名，可名也，非】恒名也。無名萬物之始也。有名萬物之母也。故恒無欲

也，【以觀其妙；】恒又（有）欲也，以觀其所噭。兩者同出，異名同胃（謂）。玄之又玄，眾眇

（妙）之門。

天下皆知美之為美，亞（惡）已。皆知善，斯不善矣。【有、無之相】生也，難、易之相成也，長、

短之相刑（形）也，高、下之相盈也，音、聲之相和也，先、後之相隋（隨），恒也。是以耵（聖）

人居無為之事，行不言之教。萬物昔（作）而弗始，為而弗侍（恃）也，成功而弗居也。夫唯弗居，

是以弗去。

不上賢，使民不爭。不貴難得之貨，使民不為盜。不見可欲，使民不亂。是以耵（聖）人之治也，虛

其心，實其腹；弱其志，強其骨。恒使民無知無欲也。使夫知不敢弗為而已，則無不治矣。

道沖，而用之有弗盈也，淵呵佁（似）萬物之宗。銼（挫）其兌（銳），解其芬（紛）；和其光，同其塵。湛呵佁（似）或存。吾不知其誰之子也，象帝之先。

天地不仁，以萬物為芻狗。耵（聖）人不仁，【以】百姓為芻狗。天地之間，其猷（猶）橐籥輿（與）？虛而不淈（屈），動而俞（愈）出。多聞數窮，不若守於中。

浴（谷）神不死，是胃（謂）玄牝。玄牝之門，是胃（謂）天地之根。綿綿呵，其若存，用之不堇（勤）。

天長，地久。天地之所以能長且久者，以其不自生也，故能長生。是以耵（聖）人退其身而身先，外其身而身存。不以其無私輿（與）？故能成其私。

上善如水。水善利萬物而有爭，居眾人之所亞（惡），故幾於道矣。居善地，心善淵，予善天，言善信，正（政）善治，事善能，動善時。夫唯不爭，故無尤。

捂（殖）而盈之，不若其已。掘（揣）而允之，不可長葆也。金玉盈室，莫之能守也。貴富而驕，自遺咎也。功遂身退，天之道也。

戴營袙（魄）抱一，能毋離乎？榑（搏）氣至柔，能嬰兒乎？脩除玄藍（覽），能毋有疵乎？愛民栝

（活）國，能毋以知乎？天門啟闔，能為雌乎？明白四達，能毋以知乎？生之，畜之。生而弗有，長

而弗宰也，是胃（謂）玄德。

卅楅（輻）同一轂，當其無有，車之用也。埏（埏）埴而為器，當其無有，埴器之用也。鑿戶牖，當

其無有，室之用也。故有之以為利，無之以為用。

五色使人目盲，馳騁田臘（獵）使人心發狂，難得之貨〇使人之行仿（妨）。五味使人之口爽，五音

使人之耳【聾】。是以耵（聖）人之治也，為腹而不為目。故去彼而取此。

弄（寵）辱若驚，貴大患若身。何胃（謂）弄（寵）辱若驚？弄（寵）之為下也，得之若驚，失之若

驚，是胃（謂）弄（寵）辱若驚。何胃（謂）貴大患若身？吾所以有大患者，為吾有身也。及吾無

身，有何患？故貴為身於為天下，若可橐（托）天下【矣】；愛以身為天下，女可以寄天下矣。

視之而弗見，【命】之曰微。聽之而弗聞，命之曰希。〇揗之而弗得，命之曰夷。三者不可至（致）

計（詰），故絽〈混〉而為一。一者，其上不謬，其下不忽。尋尋呵，不可命也，復歸於無物。是胃

（謂）無狀之狀，無物之象。是胃（謂）沕（忽）望（恍）。隋（隨）而不見其後，迎而不見其首。

執今之道，以御今之有。以知古始，是胃（謂）道紀。

古之口為道者，微眇（妙）玄達，深不可志（識）。夫唯不可志（識），故強為之容，曰：與呵其若

三八〇

冬涉水，猷（猶）呵其若畏四哭（鄰），嚴呵其若客，渙呵其若凌（凌）澤（釋），沌呵其若樸，湷

呵其若濁，湷呵其若浴（谷）。濁而靜之，徐清。女〈安〉以重（動）之，徐生。葆（保）此道【者

不】欲盈。是以能斃（敝）而不成。

至虛，極也；守靜，督也。萬物旁（並）作，吾以觀其復也。夫物祱（芸）祱（芸），各復歸於其

根。曰靜。靜，是胃（謂）復命。復命，常也。知常，明也。不知常，芒（妄），芒（妄）作凶。知

常容，容乃公，公乃王，【王乃】天，天乃道，道乃【久】。沒身不殆。

大上，下知又（有）【之】；其【次】，親譽之，其次，畏之，其下，母（侮）之。信不足，安有不

信。猷（猶）呵其貴言也。成功遂事，而百姓胃（謂）我自然。

故大道廢，安有仁義。知（智）慧出，安有【大偽。】六親不和，安又（有）孝茲（慈）。國家閻

（昏）亂，安有貞臣。

絕耵（聖）棄知，而民利百倍。絕仁棄義，而民復孝茲（慈）。絕巧棄利，盜賊無有。此三言也，以

為文未足，故令之有所屬。見素抱樸，少私而寡欲。

絕學無憂。唯與呵，其相去幾何？美與亞（惡），其相去何若？人之所畏，亦不可以不畏人。望（恍

呵，其未央才（哉）！眾人巸（熙）巸（熙），若鄉（饗）于大牢，而春登臺。我博（泊）焉未垗

（兆），若嬰兒未咳。累呵佁（似）無所歸。眾人皆又（有）餘。我愚人之心也，湷湷呵。鬻（俗）

人昭昭，我獨若閭（昏）呵。鬻（俗）人察察，我獨閩（閔）閩（閔）呵。沕（忽）呵，其若海。望

（恍）呵，若無所止。眾人皆有以，我獨門元（頑）以鄙。吾欲獨異於人，而貴食母。

孔德之容，唯道是從。道之物，唯望（恍）唯沕（忽）。沕（忽）呵望（恍）呵，中又（有）象呵。

望（恍）呵沕（忽）呵，中有物呵。幼（窈）呵冥呵，其中有請（精）呵。其請（精）甚真，其中有

信。自今及古，其名不去，以順眾父。吾何以知眾父之然也？以此。

炊者不立，自視（示）者不章，自見者不明，自伐者無功，自矜者不長。其在道也，曰：「粽（餘）

食、贅行」。物或亞（惡）之，故有欲者弗居。

曲則全，汪（枉）則正；窪則盈，斃（敝）則新；少則得，多則惑。是以耵（聖）人執一，以為天下

牧。不自視（示）故章，不自見也故明，不自伐故有功，弗矜故能長。夫唯不爭，故莫能與之爭。古

之所胃（謂）曲全者，几語才（哉）？誠全歸之。

希言自然。蘯（飄）風不冬（終）朝，暴雨不冬（終）日。孰為此？天地而弗能久，有（又）兄（況）

於人乎？故從事而道者同於道，德者同於德，失者同於失。同於德者，道亦德之。同於失者，道亦失

之。

有物昆（混）成，先天地生。蕭（寂）呵漻（寥）呵，獨立而不玹（改），可以為天地母。吾未知其名也，字之曰道。吾強為之名曰大。大曰筮（逝），筮（逝）曰遠，遠曰反。道大、天大、地大、王亦大。國中有四大，而王居一焉。人法地，地法天，天法道，道法自然。

重為輕根，靜為趮（躁）君。是以君子冬（終）日行，不遠其甾（輜）重。雖有環官（館），燕處則昭若。若何萬乘之王而以身輕於天下？輕則失本，趮（躁）則失君。

善行者無達迹，善言者無瑕適（謫），善數者不用檮（籌）筴（策）。善○閉者無關籥（籥）而不可啟也。善結者無纆約而不可解也。是以耶（聖）人恒善怵（救）人，而無棄人，物無棄財，是胃（謂）曳明。故善人，善人之師；不善人，善人之資也。不貴其師，不愛其資，雖知（智）乎大迷。是胃（謂）眇（妙）要。

知其雄，守其雌，為天下雞（溪）。為天下雞（溪），恒德不离（離）。恒德不离（離），復【歸於】嬰兒。知】其白，守其辱，為天下○浴（谷）。為天下浴（谷），恒德乃足。恒德乃足，復歸於樸。知其白，守其黑，為天下式。為天下式，恒德不貸（忒），恒德不貸（忒），復歸於無極。樸散則為器，耶（聖）人用則為官長，夫大制無割。

將欲取【天下而為之，吾見其弗】得已。夫天下，神器也，非可為者也。為之者敗之，執之者失之。○

物或行或隋（隨），或熱，或矬，或陪（培），或墮。是以耶（聖）人去甚，去大，去諸（奢）。

以道佐人主，不以兵強於天下。其【事好還，師之所處，荊】棘生之。善其果而已矣，毋以取強焉。

果而毋驕，果而勿矜，果【而毋】伐，果而毋得已居。是胃（謂）果而強。物壯而老，胃（謂）之不

道，不道蚤（早）已。

夫兵者，不祥之器也。物或亞（惡）之，故有欲者弗居。君子居則貴左，用兵則貴右。故兵者非

君子之器。兵者不祥【之】器也，不得已而用之，銛襲為上，勿美也。若美之，是樂殺人也。夫樂殺

人，不可以得志於天下矣。是以吉事【尚左，喪事尚右】；是以偏將軍居左，而上將軍居右，言以喪

禮居之也。殺【人眾，以悲哀】立（莅）【之；戰】朕（勝）而以喪禮處之。

道恒無名，樸唯（雖）小而天下弗敢臣，侯王若能守之，萬物將自賓。天地相合，以俞甘洛（露）。

【民莫之】令而自均焉。始制有名，名亦既有，夫亦將知止，知止所以不殆。俾（譬）【道之】在天

下也，猷（猶）小浴（谷）之與江海也。

知人者，知（智）也。自知，明也。朕（勝）人者，有力也。自朕（勝）者，強也。知足者，富也。

強行者，有志也。不失其所者，久也。死而不忘者，壽也。

道，渢（汎）呵，其可左右也，成功遂【事而】弗名有也。萬物歸焉而弗為主，則恒無欲也，可名於

小。萬物歸焉而弗為主，可命（名）於大。是以耵（聖）人之能成大也，以其不為大也，故能成大。

執大象，天下往。往而不害，安平大。樂與【餌】，過格（客）止。故道之出言也，曰：「淡呵其無味也。視之，不足見也。聽之，不足聞也。用之，不可既也。」

將欲擒（翕）之，必古（固）張之。將欲弱之，必古（固）○強之。將欲去之，必古（固）與之。將欲奪之，必古（固）予【之】。是胃（謂）微明。柔弱朕（勝）強。魚不可說（脫）于淵，國利器不可以示人。

道恒無名，侯王若能守之，萬物將自化。化而欲作，吾將闐（鎮）之無名之樸。闐（鎮）之以無名之樸，夫將不辱。不辱以靜，天地將自正。

《道》二千四百廿六。

附錄二 郭店竹簡《老子》甲乙丙三組釋文

甲組釋文

凵（絕）智（知）弃卞（辯），民利百伓（倍）。凵（絕）攷
（巧）弃利，覜（盜）測（賊）亡又（有）。凵（絕）僞（偽）
弃慮，民復（復）季〈孝〉子（慈）。三言以為貞（辨）不足，
或命（令）之或虖（乎）豆（屬）。視索（素）保僕（樸），少
厶（私）須〈寡〉欲。

江海（海）所以為百浴（谷）王，以其能為百浴（谷）下，是
以能為百浴（谷）王。聖人之才（在）民前也，以身後之！其才
（在）民上也，以言下之。其才（在）民上也，民弗厚也；其才
（在）民前也，民弗害也。天下樂進而弗詀（厭）。以其不靜
（爭）也，古（故）天下莫能與之靜（爭）。

四十六中下

皐（罪）莫厚虐（乎）甚欲，咎莫僉（憯）虐（乎）谷（欲）
得，化（禍）莫大虐（乎）不智（知）足。智（知）足之為足，
此互（恆）足矣。

三十上中

以衍（道）差（佐）人宔（主）者，不谷（欲）以兵強於天下。

善者果而已，不以取強。果而弗登（伐），果而弗喬（驕），果

而弗豫（矜），是胃（謂）果而不強。其事好。

十五

長古之善為士者，必非（微）溺玄達，深不可志（識），是以

為之頌（容）：夜（豫）虖（乎）奴（若）冬涉川，猷（猶）虖

（乎）其奴（若）悬（畏）四叟（鄰），敢（嚴）虖（乎）其奴

（若）客，觀（渙）虖（乎）其奴（若）懌（釋），屯虖（乎）

其奴（若）樸，坉虖（乎）其奴（若）濁。竺（孰）能濁以束

（靜）者，牳（將）舍（徐）清。竺（孰）能庀以迬者，牳（將）

舍（徐）生。保此衍（道）者不谷（欲）端（尚）呈（盈）。

為之者敗之，執之者遠之。是以聖人亡為古（故）亡敗；亡執

古（故）亡遊（失）。臨事之紀，誓（慎）冬（終）女（如）忻

（始），此亡敗事矣。聖人谷（欲）不谷（欲），不貴難得之貨，

孝（教）不孝（教），復眾之所＝佱（過）。是古（故）聖人能

專（輔）萬勿（物）之自肰（然），而弗能為。

三十七

衍（道）互（恆）亡為也，侯王能守之，而萬勿（物）牁（將）

自偽（化）。偽（化）而雒（欲）复（作），牁（將）貞（鎮）

之以亡名之數（樸）。夫亦牁（將）智（知）足，智（知）以束

（靜），萬勿（物）牁（將）自定。

為亡為，事亡事，未（味）亡未（味）。大少（小）之多惕
（易）必多戁（難）。是以聖人猷（猶）戁（難）之，古（故）
終亡戁（難）。

六十三

二

天下皆智（知）散（美）之為散（美）也，亞（惡）已；皆智
知善，此其不善已。又（有）亡之相生也，戁（難）惕（易）之
相成也，長耑（短）之相型（形）也，高下之相涅（盈）也，音
聖（聲）之相和也，先後之相墮（隨）也。是以聖人居亡為之事，
行不言之孝（教）。萬勿（物）復（作）而弗忉（始）也，為而
弗志（恃）也，成而弗居。天（夫）唯弗居也，是以弗去也。

道互（恆）亡名，僕（樸）唯（雖）妻（微），天陞（地）弗

敢臣，侯王女（如）能獸（守）之，萬勿（物）牔（將）自賓

（賓）。天陞（地）相合也，以逾甘露（露）。民莫之命（令）

天〈而〉自均安。訂（始）折（制）又（有）名。名亦既又（有），

夫亦牔（將）智（知）止，智（知）止所以不訂（殆）。卑（譬）

道之才（在）天下也，猷（猶）少（小）浴（谷）之與江海（海）。

又（有）牔蟲（蟲）成，先天陞（地）生，敓繆（穆）蜀

（獨）立不亥（改），可以為天下母。未智（知）其名，孚（字）

之曰道，虘（吾）弶（強）為之名曰大。大曰灋，灋曰連〈遠〉，

連〈遠〉曰反（返）。天大，陞（地）大，道大，王亦大。國中

天，天法道，道法自狀（然）。人法陞（地），陞（地）法

又（有）四大安，王尻（居）一安。

五中

而不屈，違（動）而愈出。

天陞（地）之勿（間），其猷（猶）㤒（橐）蘿〈籥〉與？虛

十六上

至虛，互（恆）也；獸（守）中，管（篤）也。萬勿（物）方

（旁）复（作），居以須復也。天道員員，各復其萅（根）。

六十四上

其安也，易杘也。其未菲（兆）也，易悔（謀）也。其霝（脆）也，易畔（判）也。其幾也，易後（散）也。為之於其亡又（有）也，紃（治）之於其未亂。合□□□□□□□【末】。九成之臺甲□□□□□□□□足下。

五十六

智（知）之者弗言，言之者弗智（知）。閉〈閉〉其逸（兌），賽（塞）其門，和其光，迵（同）其新（塵）＝，剉其䤵，解其紛，是胃（謂）玄同。古（故）不可得天〈而〉新（親），亦不可得而疋（疏）；不可得而利，亦不可得而害；不可得而貴，亦不可得而戔（賤）。古（故）為天下貴。

五十七

以正之（治）邦，以敧（奇）甬（用）兵，以亡事取天下。虗

（吾）可（何）以智（知）其肰（然）也。夫天多期（忌）韋

（諱），而民爾（彌）畔（叛）。民多利器，而邦慈（滋）昏。

人多智（知）天〈而〉敧（奇）勿（物）慈（滋）記（起）。法

勿（物）慈（滋）章（彰），覜（盜）惻（賊）多又（有）。是

以聖人之言曰：我無事而民自福（富）。我亡為而民自蟲（化）。

我好青（靜）而民自正。我谷（欲）不谷（欲）而民自樸。

五十五

含（含）惪（德）之厚者，比於赤子，蚰（蜂）蠆蟲它（蛇

弗薑（螫），攫鳥猛（猛）獸弗扣，骨溺（弱）堇（筋）桼（柔

而捉固。未智（知）牝戊（牡）之合然蓋（怒），精之至也。終

日虖（乎）而不嚘（憂），和之至也。和曰週〈棠（常）〉，智

（知）和曰明。賹（益）生曰羕（祥），心貞（使）燙（氣）曰

勥（強），勿（物）蟹（壯）則老，是胃（謂）不道。

四十四

名與身管（孰）新（親）？身與貨管（孰）多？賹（得）與貞

亡（亡）管（孰）疠（病）？甚惢（愛）必大賹（費），卮（厚）

贜（藏）必多貞（亡）。古（故）智（知）足不辱，智（知）止

不怠（殆），可以長舊（久）。

四十

返也者，道遑（動）也。溺（弱）也者，道之甬（用）也。天

下之勿（物）生於又（有），生於亡。

九

峉而湼（盈）之，不不若已。湍而群之，不可長保也。金玉湼（盈）室，莫能獸（守）也。貴福（富）喬（驕），自遺咎也。攻（功）述（遂）身退，天之道也。

五十九

給（治）人事天，莫若嗇。夫唯嗇，是以枭（早），是以枭（早）備（服）是胃（謂）……不＝克＝則莫智（知）其亙〈亟（極）〉，莫智（知）其亙〈亟（極）〉可以又（有）邨（國）。又（有）邨（國）之母，可以長……，長生舊（舊＝久）視之道也。

四十八上

學者日益，為道日員（損）。員（損）之或員（損），以至亡

為也，亡為而亡不為。

二十上

竺（絕）學亡惪（憂），唯與可（呵），相去幾可（何）？岜

（美）與亞（惡），相去可（何）若？人之所禔（畏），亦不可

以不禔（畏）。

十三

人寵（寵）辱若纓（驚），貴大患若身。可（何）胃（謂）寵

（寵）辱？寵（寵）為下也。得之若纓（驚），遊（失）之若纓

（驚），是胃（謂）龍（寵）辱纓（驚）。

（吾）所以又（有）大患者，為虗（吾）又（有）身，返（及）

虗（吾）亡身，或【可】（何）□□□□□□為天下，若可以厇

（託）天下矣。悉（愛）以身為天下，若可（何）以迲天下矣。

四十一

上士昏（聞）道，菫（勤）能行於其中。中士昏（聞）道，若

昏（聞）若亡。下士昏（聞）道，大芺（笑）之。弗大芺（笑），

不足以為道矣。是以建言又（有）之：明道女（如）孛（費），

遅（夷）道□□□道若退。上德恵（德）女（如）浴（谷），大

白女（如）辱，呈（廣）悳（德）女（如）不足，建悳（德）女

（如）□□貞（真）女（如）愉。大方亡禺（隅），大器曼成，

大音祇聖（聲），天象亡荆（形）……。

五十二中

閟（閉）其門，賽（塞）其�（兌），終身不恕。啟其�（兌），賽其事，終身不逨。

四十五

大成若夬（缺），其甬（用）不弊（敝）。大涅（盈）若中（盅），其甬（用）不穿（窮）。大夾（巧）若仳（拙），大成若詘，大植（直）若屈。喿（燥）勅（勝）蒼（滄），青（清）勅（勝）然（熱），清清（靜）為天下定（正）。

五十四

善建者不拔，善伓者不兌（脫）。子孫以其祭祀不屯。攸（修

之身，其惪（德）乃貞（真）。攸（修）之象（家），其惪（德）
又（有）舍（餘）。攸（修）之向（鄉），其惪（德）乃長。攸
（修）之邦，其惪（德）乃奉（豐）。攸（修）之天【下】□□
□□□□象（家），以向（鄉）觀向（鄉），以邦觀邦，以天下
觀天下。虗（吾）可（何）以智（知）天□□□□□。

丙組釋文

十七

太上下智（知）又（有）之，其即（次）新（親）譽之，其既
〈即（次）〉愄（畏）之，其即（次）炙（侮）之。信不足，安
又（有）不信。猷（猶）虖（乎）其貴言也。成事述（遂）社
（功），而百眚（姓）曰我自朕（然）也。

十八

古（故）大道癹（廢），安有惥（仁）義。六新（親）不和，安有孝孶（慈）。邦象（家）緡（昏）囗【安】又（有）正臣。

三十五

執大象，天下往。往而不害，安坪（平）大。樂與餌，怸（過）客止。古（故）道囗囗，淡可（呵）其無味也。視之不足見，聖（聽）之不足䎎（聞），而不可既也。

三十一中下

君子居則貴左，甬（用）兵則貴右。古（故）曰兵者囗囗囗囗囗得已而甬（用）之。銛䋣為上，弗媺（美）也。訽〈美〉之，囗得已而甬（用）之。銛䋣為上，弗媺（美）也。訽〈美〉之，

是樂殺人。夫樂□□□以得志於天下，古（故）吉事上左，喪事
上右。是以卞（偏）牉（將）軍居左，上牉（將）軍居右。言以
喪豊（禮）居之也。古（故）□□，則以恢（哀）悲位（莅）之，
戰勅（勝）則以喪豊（禮）居之。

六十四下

為之者敗之，執之者遊（失）之。聖人無為，古（故）無敗也；
無執，古（故）□□。斳（慎）終若訂（始），則無敗事喜
（矣）。人之敗也，互（恆）於其戱（且）成也敗之。是以□人
欲不欲，不貴難（難）得之貨；學不學，復眾人之所㐁（過），
是以能桷（輔）壃（萬）勿（物）之自狀（然），而弗敢為。

附錄三 老子校定文

《老子》書，錯簡、衍文、脫字及誤字不少，今依王弼本為藍本，參看簡本、帛書及傅奕本等古本，根據歷代校詁學者可取的見解，加以訂正。下面為校定全文。

一章

道可道，非常道；名可名，非常「名」。

無，名天地之始；有，名萬物之母。

故常無，欲以觀其妙；常有，欲以觀其徼。

此兩者，同出而異名，同謂之玄。玄之又玄，眾妙之門。

二章

天下皆知美之為美，斯惡已；皆知善之為善，斯不善已。

有無相生，難易相成，長短相形，高下相盈，音聲相和，前後相隨。

是以聖人處無為之事，行不言之教；萬物作而不為始，生而不有，為而不恃，功成而弗居。夫唯弗居，是以不去。

三章

不尚賢，使民不爭；不貴難得之貨，使民不為盜；不見可欲，使民不亂。

是以聖人之治，虛其心，實其腹，弱其志，強其骨。常使民無

知無欲。使夫智者不敢為也。為無為，則無不治。

四章

道沖，而用之或不盈。淵兮，似萬物之宗；湛兮，似或存。吾不知誰之子，象帝之先。

五章

天地不仁，以萬物為芻狗；聖人不仁，以百姓為芻狗。天地之間，其猶橐籥乎？虛而不屈，動而愈出。多言數窮，不如守中。

六章

谷神不死，是謂玄牝。玄牝之門，是謂天地根。綿綿若存，用之不勤。

七章

天長地久。天地所以能長且久者，以其不自生，故能長生。

是以聖人後其身而身先；外其身而身存。非以其無私邪？故能成其私。

八章

上善若水。水善利萬物而不爭，處眾人之所惡，故幾於道。

居善地，心善淵，與善仁，言善信，政善治，事善能，動善時。

夫唯不爭，故無尤。

九章

持而盈之，不如其已；

揣而銳之，不可長保。

金玉滿堂，莫之能守；

富貴而驕，自遺其咎。

功遂身退，天之道也。

十章

載營魄抱一，能無離乎？

專氣致柔，能如嬰兒乎？

滌除玄鑒，能無疵乎？

愛民治國，能無為乎？

天門開闔，能為雌乎？

明白四達，能無知乎？

十一章

三十輻，共一轂，當其無，有車之用。

埏埴以為器，當其無，有器之用。

鑿戶牖以為室，當其無，有室之用。

故有之以為利，無之以為用。

十二章

五色令人目盲；五音令人耳聾；五味令人口爽；馳騁畋獵，令

人心發狂；難得之貨，令人行妨。

是以聖人為腹不為目，故去彼取此。

十三章

寵辱若驚，貴大患若身。

何謂寵辱若驚？寵為下，得之若驚，失之若驚，是謂寵辱若驚。

何謂貴大患若身？吾所以有大患者，為吾有身，及吾無身，吾有何患？

故貴以身為天下，若可寄天下；愛以身為天下，若可託天下。

十四章

視之不見，名曰「夷」；聽之不聞，名曰「希」；搏之不得，名曰「微」。此三者不可致詰，故混而為一。其上不皦，其下不昧。繩繩兮不可名，復歸於無物。是謂無狀之狀，無物之象，是謂惚恍。迎之不見其首，隨之不見其後。

執古之道，以御今之有。能知古始，是謂道紀。

十五章

古之善為士者，微妙玄通，深不可識。夫唯不可識，故強為之容：

豫兮若冬涉川；

猶兮若畏四鄰；

儼兮其若客；

渙兮其若冰釋；

敦兮其若樸；

曠兮其若谷；

混兮其若濁；

孰能濁以靜之徐清；孰能安以動之徐生。

保此道者，不欲盈。夫唯不盈，故能蔽而新成。

十六章

致虛極，守靜篤。

萬物並作，吾以觀復。

夫物芸芸，各復歸其根。歸根曰靜，靜曰復命。復命曰常，知常曰明。不知常，妄作凶。

知常容，容乃公，公乃全，全乃天，天乃道，道乃久，沒身不殆。

十七章

太上，不知有之；其次，親而譽之；其次，畏之；其次，侮之。

信不足焉，有不信焉。

悠兮其貴言。功成事遂，百姓皆謂：「我自然。」

十八章

大道廢，有仁義；六親不和，有孝慈；國家昏亂，有忠臣。

十九章

絕智棄辯，民利百倍；絕偽棄詐，民復孝慈；絕巧棄利，盜賊無有。此三者以為文，不足。故令有所屬：見素抱樸，少私寡欲。

二十章

絕學無憂。唯之與阿，相去幾何？美之與惡，相去若何？人之

所畏，不可不畏。

荒兮，其未央哉！

眾人熙熙，如享太牢，如春登臺。

我獨泊兮，其未兆，如嬰兒之未孩；

儽儽兮，若無所歸。

眾人皆有餘，而我獨若遺。我愚人之心也哉！沌沌兮！

俗人昭昭，我獨昏昏。

俗人察察，我獨悶悶。

澹兮其若海，飂兮若無止。

眾人皆有以，而我獨頑且鄙。

我獨異於人，而貴食母。

二十一章

孔德之容，惟道是從。

道之為物，惟恍惟惚。惚兮恍兮，其中有象；恍兮惚兮，其中有物。窈兮冥兮，其中有精；冥兮窈兮，其中有信。

自今及古，其名不去，以閱眾甫。吾何以知眾甫之狀哉！以此。

二十二章

曲則全，枉則直，窪則盈，敝則新，少則得，多則惑。

是以聖人抱一為天下式。不自見，故明；不自是，故彰；不自伐，故有功；不自矜，故能長。

夫唯不爭，故天下莫能與之爭。古之所謂「曲則全」者，豈虛

言哉！誠全而歸之。

二十三章

希言自然。

故飄風不終朝，驟雨不終日。孰為此者？天地。天地尚不能久，而況於人乎？故從事於道者，同於道；德者，同於德；失者，同於失。同於德者，道亦德之；同於失者，道亦失之。

信不足焉，有不信焉。

二十四章

企者不立；跨者不行；自見者不明；自是者不彰；自伐者無功；

自矜者不長。

其在道也，曰：餘食贅形。物或惡之，故有道者不處。

二十五章

有物混成，先天地生。寂兮寥兮，獨立而不改，周行而不殆，可以為天地母。吾不知其名，強字之曰「道」，強為之名曰「大」。

大曰逝，逝曰遠，遠曰反。

故道大，天大，地大，人亦大。域中有四大，而人居其一焉。

人法地，地法天，天法道，道法自然。

二十六章

重為輕根，靜為躁君。

是以君子終日行不離輜重。雖有榮觀，燕處超然。奈何萬乘之主，而以身輕天下？

輕則失根，躁則失君。

二十七章

善行無轍迹；善言無瑕讁；善數不用籌策；善閉無關楗而不可開；善結無繩約而不可解。

是以聖人常善救人，故無棄人；常善救物，故無棄物。是謂襲明。

故善人者，不善人之師；不善人者，善人之資。不貴其師，不

愛其資，雖智大迷，是謂要妙。

二十八章

知其雄，守其雌，為天下谿。為天下谿，常德不離，復歸於嬰兒。知其白，守其辱，為天下谷。為天下谷，常德乃足，復歸於樸。樸散則為器，聖人用之，則為官長，故大制不割。

二十九章

將欲取天下而為之，吾見其不得已。天下神器，不可為也，不可執也。為者敗之，執者失之。是以聖人無為，故無敗；無執，故無失。

故物或行或隨；或噓或吹；或強或羸；或培或墮。

是以聖人去甚，去奢，去泰。

三十章

以道佐人主者，不以兵強天下。其事好還。師之所處，荊棘生焉。

善有果而已，不以取強。果而勿矜，果而勿伐，果而勿驕，果

而不得已，果而勿強。

物壯則老，是謂不道，不道早已。

三十一章

夫兵者，不祥之器，物或惡之，故有道者不處。

君子居則貴左，用兵則貴右。兵者不祥之器，非君子之器，不得已而用之，恬淡為上。勝而不美，而美之者，是樂殺人。夫樂殺人者，則不可得志於天下矣。

吉事尚左，凶事尚右。偏將軍居左，上將軍居右。言以喪禮處之。殺人之眾，以悲哀泣之，戰勝以喪禮處之。

三十二章

道常無名樸。雖小，天下莫能臣。侯王若能守之，萬物將自賓。

天地相合，以降甘露，民莫之令而自均。

始制有名，名亦既有，夫亦將知止，知止可以不殆。

譬道之在天下，猶川谷之於江海。

三十三章

知人者智，自知者明。

勝人者有力，自勝者強。

知足者富。

強行者有志。

不失其所者久。

死而不亡者壽。

三十四章

大道氾兮，其可左右。萬物恃之以生而不辭，功成而不有。衣養萬物而不為主，可名於小；萬物歸焉而不為主，可名為大。以

其終不自為大，故能成其大。

三十五章

執大象，天下往。往而不害，安平泰。

樂與餌，過客止。道之出口，淡乎其無味，視之不足見，聽之

不足聞，用之不足既。

三十六章

將欲歙之，必固張之；將欲弱之，必固強之；將欲廢之，必固

舉之；將欲取之，必固與之。是謂微明。

柔弱勝剛強。魚不可脫於淵，國之利器不可以示人。

三十七章

道常無為而無不為。侯王若能守之，萬物將自化。化而欲作，吾將鎮之以無名之樸。無名之樸，夫亦將不欲。不欲以靜，天下將自正。

三十八章

上德不德，是以有德；下德不失德，是以無德。

上德無為而無以為；上仁為之而無以為；上義為之而有以為。

上禮為之而莫之應，則攘臂而扔之。

故失道而後德，失德而後仁，失仁而後義，失義而後禮。

夫禮者，忠信之薄，而亂之首。

前識者，道之華，而愚之始。是以大丈夫處其厚，不居其薄；處其實，不居其華。故去彼取此。

三十九章

昔之得一者：天得一以清；地得一以寧；神得一以靈；谷得一以盈；萬物得一以生；侯王得一以為天下正。

其致之也，謂天無以清，將恐裂；地無以寧，將恐廢；神無以靈，將恐歇；谷無以盈，將恐竭；萬物無以生，將恐滅；侯王無以正，將恐蹶。

故貴以賤為本，高以下為基。是以侯王自稱孤、寡、不穀。此非以賤為本邪？非乎？故至譽無譽。是故不欲琭琭如玉，珞珞如石。

四十章

反者道之動；弱者道之用。

天下萬物生於有，有生於無。

四十一章

上士聞道，勤而行之；中士聞道，若存若亡；下士聞道，大笑

之。不笑不足以為道。故建言有之：

明道若昧；

進道若退；

夷道若纇；

上德若谷；

大白若辱；

廣德若不足；

建德若偷；

質真若渝；

大方無隅；

大器晚成；

大音希聲；

大象無形；

道隱無名。

夫唯道，善貸且成。

四十二章

道生一，一生二，二生三，三生萬物。萬物負陰而抱陽，沖氣以為和。

四十三章

天下之至柔，馳騁天下之至堅。無有入無間，吾是以知無為之有益。

不言之教，無為之益，天下希及之。

四十四章

名與身孰親？身與貨孰多？得與亡孰病？

故知足不辱，知止不殆，可以長久。

甚愛必大費；多藏必厚亡。

四十五章

大成若缺，其用不弊。

大盈若沖，其用不窮。

大直若屈，大巧若拙，大辯若訥。

躁勝寒，靜勝熱。清靜為天下正。

四十六章

天下有道，卻走馬以糞。天下無道，戎馬生於郊。

咎莫大於欲得；禍莫大於不知足。故知足之足，常足矣。

四十七章

不出戶，知天下；不闚牖，見天道。其出彌遠，其知彌少。

是以聖人不行而知，不見而明，不為而成。

四十八章

為學日益，為道日損。損之又損，以至於無為。無為而無不為。取天下常以無事，及其有事，不足以取天下。

四十九章

聖人常無心，以百姓心為心。善者，吾善之；不善者，吾亦善之；德善。信者，吾信之；不信者，吾亦信之；德信。聖人在天下，歙歙焉，為天下渾其心，百姓皆注其耳目，聖人皆孩之。

五十章

出生入死。生之徒，十有三；死之徒，十有三；人之生生，動之於死地，亦十有三。夫何故？以其生生之厚。

蓋聞善攝生者，陸行不遇兕虎，入軍不被甲兵；兕無所投其角，虎無所用其爪，兵無所容其刃。夫何故？以其無死地。

五十一章

道生之，德畜之，物形之，勢成之。

是以萬物莫不尊道而貴德。

道之尊，德之貴，夫莫之命而常自然。

故道生之，德畜之；長之育之；亭之毒之；養之覆之。生而不

有，為而不恃，長而不宰，是謂「玄德」。

五十二章

天下有始，以為天下母。既得其母，以知其子；既知其子，復守其母，沒身不殆。

塞其兌，閉其門，終身不勤。開其兌，濟其事，終身不救。

見小曰明，守柔曰強。用其光，復歸其明，無遺身殃；是為襲常。

五十三章

使我介然有知，行於大道，唯施是畏。

大道甚夷，而人好徑。朝甚除，田甚蕪，倉甚虛；服文綵，帶

利劍，厭飲食，財貨有餘；是謂盜夸。非道也哉！

五十四章

善建者不拔，善抱者不脫，子孫以祭祀不輟。

修之於身，其德乃真；修之於家，其德乃餘；修之於鄉，其德乃長；修之於邦，其德乃豐；修之於天下，其德乃普。

故以身觀身，以家觀家，以鄉觀鄉，以邦觀邦，以天下觀天下。

吾何以知天下然哉？以此。

五十五章

含德之厚，比於赤子。蜂蠆虺蛇不螫，攫鳥猛獸不搏。骨弱筋

柔而握固。未知牝牡之合而朘作，精之至也。終日號而不嗄，和之至也。

知和曰常，知常曰明。益生曰祥。心使氣曰強。物壯則老，謂之不道，不道早已。

五十六章

知者不言，言者不知。

塞其兌，閉其門，挫其銳，解其紛，和其光，同其塵，是謂「玄同」。故不可得而親，不可得而疏；不可得而利，不可得而害；不可得而貴，不可得而賤。故為天下貴。

五十七章

以正治國，以奇用兵，以無事取天下。吾何以知其然哉？以此：

天下多忌諱，而民彌貧；人多利器，國家滋昏；人多伎巧，奇物滋起；法令滋彰，盜賊多有。

故聖人云：「我無為，而民自化；我好靜，而民自正；我無事，而民自富；我無欲，而民自樸。」

五十八章

其政悶悶，其民淳淳；其政察察，其民缺缺。

禍兮福之所倚，福兮禍之所伏。孰知其極？其無正也。正復為奇，善復為妖。人之迷，其日固久。

是以聖人方而不割，廉而不劌，直而不肆，光而不耀。

五十九章

治人事天，莫若嗇。

夫唯嗇，是謂早服；早服謂之重積德；重積德則無不克；無不克則莫知其極；莫知其極，可以有國；有國之母，可以長久；是謂深根固柢，長生久視之道。

六十章

治大國，若烹小鮮。

以道莅天下，其鬼不神；非其鬼不神，其神不傷人；非其神不

傷人，聖人亦不傷人。夫兩不相傷，故德交歸焉。

六十一章

大邦者下流，天下之牝，天下之交也。牝常以靜勝牡，以靜為下。故大邦以下小邦，則取小邦；小邦以下大邦，則取大邦。故或下以取，或下而取。大邦不過欲兼畜人，小邦不過欲入事人。夫兩者各得所欲，大者宜為下。

六十二章

道者萬物之奧。善人之寶，不善人之所保。美言可以市，尊行可以加人。人之不善，何棄之有？故立天子，

置三公，雖有拱璧以先駟馬，不如坐進此道。古之所以貴此道者何？不曰：求以得，有罪以免邪？故為天下貴。

六十三章

為無為，事無事，味無味。

大小多少，〔報怨以德。〕圖難於其易，為大於其細；天下難事，必作於易，天下大事，必作於細。是以聖人終不為大，故能成其大。

夫輕諾必寡信，多易必多難。是以聖人猶難之，故終無難矣。

六十四章

其安易持，其未兆易謀。其脆易泮，其微易散。為之於未有，治之於未亂。

合抱之木，生於毫末；九層之臺，起於累土；千里之行，始於足下。

〔為者敗之，執者失之。是以聖人無為故無敗；無執故無失。〕

民之從事，常於幾成而敗之。慎終如始，則無敗事。

〔是以聖人欲不欲，不貴難得之貨；學不學，復眾人之所過，以輔萬物之自然而不敢為。〕

六十五章

古之善為道者，非以明民，將以愚之。民之難治，以其智多。故以智治國，國之賊；不以智治國，國之福。

知此兩者亦稽式。常知稽式，是謂「玄德」。玄德深矣，遠矣，與物反矣，然後乃至大順。

六十六章

江海之所以能為百谷王者，以其善下之，故能為百谷王。

是以聖人欲上民，必以言下之；欲先民，必以身後之。是以聖人處上而民不重，處前而民不害。是以天下樂推而不厭。以其不

爭，故天下莫能與之爭。

六十七章

〔天下皆謂我：「道大，似不肖。」夫唯大，故似不肖。若肖，久矣其細也夫！〕

我有三寶，持而保之。一曰慈，二曰儉，三曰不敢為天下先。慈故能勇；儉故能廣；不敢為天下先，故能成器長。

今舍慈且勇；舍儉且廣；舍後且先；死矣！

夫慈以戰則勝，以守則固。天將救之，以慈衛之。

六十八章

善為士者，不武；善戰者，不怒；善勝敵者，不與；善用人者，為之下。是謂不爭之德，是謂用人，是謂配天，古之極也。

六十九章

用兵有言：「吾不敢為主，而為客；不敢進寸，而退尺。」是謂行無行；攘無臂；扔無敵；執無兵。

禍莫大於輕敵，輕敵幾喪吾寶。

故抗兵相若，哀者勝矣。

七十章

吾言甚易知，甚易行。天下莫能知，莫能行。言有宗，事有君。夫唯無知，是以不我知。知我者希，則我者貴。是以聖人被褐懷玉。

七十一章

知不知，尚矣；不知知，病也。聖人不病，以其病病。夫唯病病，是以不病。

七十二章

民不畏威,則大威至。

無狎其所居,無厭其所生。夫唯不厭,是以不厭。

是以聖人自知不自見;自愛不自貴。故去彼取此。

七十三章

勇於敢則殺,勇於不敢則活。此兩者,或利或害。天之所惡,孰知其故?

天之道,不爭而善勝,不言而善應,不召而自來,繟然而善謀。

天網恢恢,疏而不失。

七十四章

民不畏死，奈何以死懼之？若使民常畏死，而為奇者，吾將得而殺之，孰敢？

常有司殺者殺。夫代司殺者殺，是謂代大匠斲。夫代大匠斲者，希有不傷其手矣。

七十五章

民之饑，以其上食稅之多，是以饑。

民之難治，以其上之有為，是以難治。

民之輕死，以其上求生之厚，是以輕死。

夫唯無以生為者，是賢於貴生。

七十六章

人之生也柔弱，其死也堅強。

草木之生也柔脆，其死也枯槁。

故堅強者死之徒，柔弱者生之徒。

是以兵強則滅，木強則折。

強大處下，柔弱處上。

七十七章

天之道，其猶張弓與？高者抑之，下者舉之；有餘者損之，不足者補之。

天之道，損有餘而補不足。人之道，則不然，損不足以奉有餘。

孰能有餘以奉天下，唯有道者。

是以聖人為而不恃，功成而不處，其不欲見賢。

七十八章

天下莫柔弱於水，而攻堅強者莫之能勝，以其無以易之。

弱之勝強，柔之勝剛，天下莫不知，莫能行。

是以聖人云：「受國之垢，是謂社稷主；受國不祥，是為天下王。」正言若反。

七十九章

和大怨，必有餘怨；〔報怨以德〕，安可以為善？

是以聖人執左契，而不責於人。有德司契，無德司徹。

天道無親，常與善人。

八十章

小國寡民。使有什伯人之器而不用；使民重死而不遠徙。雖有

舟輿，無所乘之；雖有甲兵，無所陳之。使民復結繩而用之。

甘其食，美其服，安其居，樂其俗。鄰國相望，雞犬之聲相聞，

民至老死，不相往來。

八十一章

信言不美，美言不信。

善者不辯，辯者不善。

知者不博，博者不知。

聖人不積，既以為人己愈有，既以與人己愈多。

天之道，利而不害；聖人之道，為而不爭。

附錄四　參考書目

一　先秦至六朝

1　《馬王堆漢墓帛書老子》

2　韓　非　《解老》《喻老》

3　河上公　《老子章句》

4　河上公　《老子道德經》

5　嚴　遵　《道德指歸論》

6　嚴　遵　《老子注》

7　王　弼　《道德真經註》

8　王　弼　《老子微旨例略》

9　谷神子　《道德指歸論注》

128　汪中　《老子考異》

129　王昶　《校老子》

130　鄧晅　《道德經輯註》

131　江有誥　《老子韻讀》

132　嚴可均　《老子唐本考異》

133　洪頤煊　《讀老子叢錄》

134　清陽子　《道德經述義》

135　王念孫　**《老子雜志》**（在《讀書雜志》內）

136　李涵虛　《道德經註釋》

137　魏源　《老子本義》

138　宋翔鳳　《老子章義》

139　吳雲　《老子道德經幢殘石校記》

140　陳澧　《老子注》

141　俞樾　《老子平議》（在《諸子平議》內）

180　王重民　《老子考》

181　錢基博　《老子道德經解題及其讀法》

182　王　力　《老子研究》

183　陳登澥　《老子今見》

184　劉成炘　《老子二鈔》

185　李　翹　《老子古註》

186　胡遠濬　《老子述義》

187　高　亨　《老子正詁》

188　丁展成　《老子補註》

189　孫思昉　《老子政治思想概論》

190　蔡尚思　《老墨哲學人生觀》

191　江俠菴　《譯老子原始》

192　繆爾舒　《老子新註》

193　胡懷琛　《老子學辨》

208　嚴靈峯　《老子章句新編》

209　嚴靈峯　《老子眾說糾繆》

210　嚴靈峯　《老莊研究》

211　嚴靈峯　《老子知見書目》（合在《老列莊三子知見書目》內）

212　嚴靈峯　《無求備齋老子集成》

213　嚴靈峯　《老子達解》

214　葉玉麟　《白話句解老子道德經》

215　蕭天石　《老子哲學闡微》

216　陸世鴻　《老子現代語解》

217　張純一　《老子通釋》

218　許大同　《老子哲學》

219　張起鈞　《老子》

220　譚正璧　《老子讀本》

221　朱謙之　《老子校釋》

236　吳靜宇　《老子義疏註》

237　鍾應梅　《老子新詮》

238　趙文秀　《老子研究》

239　唐子長　《老子重編》

240　田幹吾　《老子》

241　吳常熙　《老子正義》

242　蕭純伯　《老子道德經語釋》

243　葛連祥　《老子會通》

244　紀敦詩　《老子正解》

245　封思毅　《老子述解》

246　龔樂羣　《老莊異同》

247　王　淮　《老子探義》

248　余培林　《新譯老子讀本》

249　周紹賢　《老子要義》

264　黃　釗　《帛書老子校注析》

265　高　明　《帛書老子校注》

266　丁原植　《郭店竹簡老子釋析與研究》

校後記

今年八月中旬，由北大哲學系和香港道教學院合作主辦的「道家文化國際學術研討會」在北京召開，這是一次前所未有的學術盛會，會上收到中外學者有關道家文化研究的論文約一百五十篇（外國學者占三分之一）。會後我們將會議論文略作整理，計劃陸續在我主編的《道家文化研究》上結集發表。

在這些論文中，有關老子的部分在道家各派中占的比重最大，可見中外學者對老學的研究至今仍長盛不衰。其中湖北省博物館彭浩教授的論文討論了三年前在湖北荊門出土的一批和《老子》有密切聯繫的竹簡。日後，這批珍貴文獻的公布，勢必再度引起老學研究的高潮。關於這批竹簡的出土，近兩年來報刊曾有零星報導，將其稱作「中國最早的『書』」，所以有關這方面的研究，一直受到學界的關注，但是該報導誤將其說成是「對話體」的《老子》，以致海內外以訛傳訛。這次國際會議上，我特地請參加整理這批竹簡的彭浩先生給大會提交了一份報告（他的文章稍後將在《道家文化研究》上刊出），在此我先簡要地作一介紹：

一九九三年冬，在湖北省荊門市郭店村的一座楚墓中出土了一批竹簡，其中部分簡文的內容與通行本《老子》相同（以下稱「簡本」）。簡本的文字是典型的楚國文字，有三個顯著的特點：

（一）它是由三組竹簡組成，各組簡的長度和編線位置各異，由此可知它們是各自成冊的；

（二）簡本中有兩組的文字和內容與通行本《老子》相同，但句序不同，另一組的文字中有近一半的內容不見於通行本《老子》；

（三）與通行本《老子》對照，簡本僅是《老子》的一部分另行組合成文。

由此初步推斷，郭店楚墓中發現的簡本是一部戰國時期流傳於楚地並與《老子》相關甚密的作品。

與時代較晚的西漢帛書本《老子》對比，簡本的絕大部分文字與帛書本相同或相近，只是次序迥異，它不分作《德經》和《道經》，也多不分章。據此分析，簡本的來源有兩種可能，一是由於口相傳授的方式，戰國時期楚地流傳著兩種以上的《老子》抄本，簡本是其中之一；一是簡本是根據《老子》摘編而成的。總之，簡本的出現證明《老子》成書年代的下限應早於戰國早期。

由於這批竹簡的整理工作尚未完成，所以彭浩先生對於具體的內容並沒有進一步的透露。這批竹簡及其釋文近年可望問世，屆時將為學界關於《老子》傳本、內容和成書年代等方面的研究提供更多資料。

本書校對期間，恰逢北大高明教授的《帛書老子校注》出版，拜讀之後給我很多啟發，也使我對帛書《老子》與今本間的異同之研究更加留意。三校時採用了高明教授的許多高見，特在此致意。

陳鼓應　一九九六年十一月

古籍今註今譯

老子今註今譯及評介

編　　　者—王雲五
註　譯　者—陳鼓應
發　行　人—王春申
總　編　輯—張曉蕊
責任編輯—徐平
校　　　對—趙蓓芬

封面設計—吳郁婷
業務組長—王建棠

出版發行—臺灣商務印書館股份有限公司
　　　　　23141 新北市新店區民權路 108-3 號 5 樓（同門市地
址）電話：(02)8667-3712　傳真：(02)8667-3709
讀者服務專線：0800056196
郵撥：0000165-1
E-mail：ecptw@cptw.com.tw
網路書店網址：www.cptw.com.tw
Facebook：facebook.com.tw/ecptw

局版北市業字第 993 號
初版一刷：1970 年 5 月
二版一刷：2013 年 6 月
三版一刷：2017 年 7 月
三版六刷：2023 年 9 月
印刷廠：沈氏藝術印刷股份有限公司
定價：新台幣 450 元
法律顧問：何一芃律師事務所
有著作權・翻印必究
如有破損或裝訂錯誤，請寄回本公司更換

老子今註今譯及評介／陳鼓應註譯. --三版.
　-- 新北市：臺灣商務，2017.07
　　面 ； 公分

　ISBN 978-957-05-3089-6(平裝)

　1. 老子 　2. 注釋

121.311　　　　　　　　　　　1006008233